山东省职业教育规划教材
供护理、助产及其他医学相关专业使用

护理心理学

主　编　黄向群　邢　爽

副主编　贾新静　鞠小莉

编　者（按姓氏汉语拼音排序）

黄向群（山东省济宁卫生学校）
贾新静（山东省泰山护理职业学院）
鞠小莉（山东省威海市卫生学校）
孟　文（山东省泰山护理职业学院）
邢　爽（山东省聊城职业技术学院）
于超然（山东省威海市卫生学校）
周生彬（山东省青岛卫生学校）
朱丽媛（山东省聊城职业技术学院）

科学出版社

北　京

内 容 简 介

本教材为山东省职业教育规划教材之一，共 9 章，包括绪论、心理过程、人格、心理发展与心理卫生、心理防御与心理应激、心理障碍、医患关系与心理沟通、心理评估、心理治疗与心理咨询等，体系完整，内容翔实，图文并茂。每章设计了引言、案例导入与案例分析、考点、知识链接、小结和自测题，符合学生的认知规律和职业成长规律，真正体现学生的主体地位，发挥学生的能动性和创造性。全书有理论和实践两大模块，涵盖了临床护理工作中必备的心理学基本知识和技能。

本教材供护理、助产及其他医学相关专业使用，也可作为广大护理工作者的学习参考用书。

图书在版编目（CIP）数据

护理心理学 / 黄向群，邢爽主编．—北京：科学出版社，2019.3
山东省职业教育规划教材
ISBN 978-7-03-060642-6

Ⅰ．护…　Ⅱ．①黄…　②邢…　Ⅲ．护理学-医学心理学-职业教育-教材　Ⅳ．R471

中国版本图书馆 CIP 数据核字（2019）第 037039 号

责任编辑：张立丽　孙岩岩 / 责任校对：张凤琴
责任印制：赵　博 / 封面设计：图阅盛世

科学出版社 出版
北京东黄城根北街 16 号
邮政编码：100717
http://www.sciencep.com
石家庄继文印刷有限公司 印刷
科学出版社发行　各地新华书店经销
*
2019 年 3 月第　一　版　开本：787×1092　1/16
2023 年 1 月第四次印刷　印张：9 1/2
字数：225 000
定价：35.00 元
（如有印装质量问题，我社负责调换）

山东省职业教育规划教材质量审定委员会

Preface 前言

本教材为山东省职业教育规划教材之一，是山东省教育厅规划、审定的省版规划教材建设项目，教材的编写旨在规范全省职业教育教学工作，整体提升全省职业教育办学水平和质量。

本教材的编写紧紧围绕护理教育“应用型”人才的培养目标，贯彻山东省职业教育护理专业教学指导方案精神。教材内容严格按照教学指导方案中护理心理学课程标准，紧扣护士执业资格考试大纲。

教材包括理论和实践两大模块，理论模块涵盖了临床护理工作中必备的心理学基本知识，包括绪论、心理过程、人格、心理发展与心理卫生、心理防御与心理应激、心理障碍、医患关系与心理沟通、心理评估、心理治疗与心理咨询等。实践模块主要对学生进行心理学基本技能的实训。通过学习可以使学生掌握人的心理活动规律及个体心理发展的规律，培养良好的心理品质和健全的人格，提高社会适应能力和承受挫折的能力。帮助学生树立现代医学模式及整体护理观念，掌握医患关系与心理沟通技巧，具备心理卫生宣教和心理护理的基本能力，为学习其他医学课程奠定良好的人文知识基础。

本教材每章设计了引言、案例导入与案例分析、考点、知识链接、小结和自测题，符合学生的认知规律和职业成长规律，真正体现学生的主体地位，发挥学生的能动性和创造性。

本教材的编写得到了各编者所在学校领导、老师及科学出版社的大力支持、帮助，在此表示衷心感谢。限于时间仓促和编者水平所限，书中疏漏之处在所难免，恳请广大师生在使用过程中提出宝贵意见，以利再版时修正和完善。

黄向群　邢　爽

2019 年 2 月

Contents 目录

第1章 绪 论

引 言

为什么同样面临一个新的环境，有的人很快就能适应，有的人却久久无所适从？为什么会“见仁见智”“人心不同，各如其面”？我们怎样去解释这些心理活动？心理活动是怎么发生的，又是怎么发展的，遵循了什么样的规律？人的心理活动又是由哪个器官产生的呢？这些问题都是心理学需要解答的问题。

第1节 心理学概述

一、心理学的概念

心理学是研究人的心理现象发生、发展规律的科学。人的心理现象绚丽多姿、丰富多彩，是宇宙间最复杂、最迷人的现象，恩格斯曾把它喻为“地球上最美的花朵”。心理现象是人内部世界的精神活动，具有多种多样性、复杂多变性，并且不具形体性，使他人无法直接认识和了解，但可以通过对人的行为进行观察和分析，客观地研究人的心理。因此，心理学还要研究人的行为与心理变化的关系。

考点：心理学的概念

二、心理学的研究对象

心理学的研究对象是心理现象。心理现象包括两个相互联系的方面：心理过程和人格。

考点：心理现象包括的内容

1．心理过程　就是人的心理活动的动态过程，即人脑对客观现实的反映过程，它是运动、发展、变化的过程，包括认识过程、情绪情感过程和意志过程。认识过程是人最基本的心理活动，人具有自觉、能动地认识世界的能力，能够认识客观事物的本质和规律。认识过程是人脑对客观事物的属性及其规律的反映。感觉是人最简单、最低级的心理活动，通过人的视觉、听觉、触觉、嗅觉、味觉及内脏感觉反映事物的个别属性。感觉是认识过程的开始，人们通过多种感觉器官的相互作用和经验，经过大脑的整合，将事物的多种属性联合起来，形成对事物综合、整体的认识，这就是知觉。人们感知过的事物能够在大脑中留下痕迹，当事物再次出现时认识它，在必要时也能回忆起它的形象、特征及名称等，这就是记忆。人的大脑对曾经感知过的客观事物的形象可以留下印象，即表象，还可以对表象进行加工改造形成新形象，这种心理现象是想象。人在认识客观事物的过程中，常常遇到问题、困难等，需要通过大脑的分析、判断去解决，这就是思维过程。此外，人们在感知事物、回忆往事、思考问题时，通常都要集中精力，这样才能看清、听清，能够记住，找出有效解决问题的办法，这就是注意。感觉、知觉、记忆、想象、思维、注意都是属于客观事物的认识活动，都是为了弄清客观事物的性质和规律而产生的心理活动，这种心理活动在心理学上统称为认识过程。

人在认识客观事物时能够反映主体和客体之间的关系，即客观事物能否满足个体的需要，从而形成满意和不满意、愉快和不愉快等态度体验，这在心理学上称为情绪或情感过程。

人不但能够认识客观事物并对它产生一定的态度体验，而且为了满足某种需要，人还会自觉地确定目的，制订计划，克服困难，努力达到预期目的，这类活动就称为意志行动。在意志行动中，为达到预期目的与克服困难相联系的心理活动就称为意志。

2．人格　心理过程是人类共有的心理现象。由于每个人的先天素质不同，后天的生活环境和所受教育不同，以及各自从事的实践活动不同，许多共性的心理现象在每个具体人身上发生时就会表现出具体人的特点，这就是人格。所谓的“人心不同，各如其面”，就说明了人和人之间的人格差异。人格是心理学研究的又一个方面，人与人之间的差异很大，它决定了人对现实的态度和积极性的倾向，它包括了人格心理特征（如能力、气质、性格）、人格倾向性（如需要、动机、兴趣、信念、世界观等）及自我意识。

人的心理过程与人格既有区别又有联系，不可分割。心理过程从心理现象的组成来看，它有发生、变化的共性规律。人格则是从心理现象在个体的表现上分析，它较稳定、经常地表现出有别于他人的特征，并具有差异性规律。对二者的区别进行分析研究是为了深入了解人的各种心理现象；将二者结合起来考察，则是为了掌握人的心理全貌。

三、心理学的研究原则和方法

（一）心理学的研究原则

1．客观性原则　所谓客观性原则，就是对任何心理现象，必须按它的本来面貌加以研究和考察，不附加任何主观意愿的原则。人的心理虽是在头脑里进行的活动，但它是对客观现实的反映，一切心理活动都是由内外刺激引起的，并通过一系列的生理变化，在人的外部活动中表现出来。研究人的心理，就是要从这些可以观察到的、可以进行检查的活动中去研究。人的心理活动无论如何复杂或作出何种掩饰，都会在行动中表现出来。因此，在心理学的研究中切忌采取主观臆测和单纯内省的方法，应根据客观事实来探讨人的心理活动规律。

2．联系性原则　人生活在极其复杂的自然环境和社会环境中，人的每一心理现象的产生要受自然和社会诸多因素的影响和制约，在不同的时间、环境和主体情况下，人们对某种刺激的反应，往往不同。因此，在对人的某种心理现象进行研究和实验时，要严格控制条件。不仅要考虑与之相联系的其他因素的影响，还要在联系和关系中探讨心理活动的真正规律。

3．发展性原则　世界上一切事物都是运动、变化和发展的，心理现象也是如此。这就要求心理学研究也要从心理史前发展、意识发展、个性心理发展及环境和教育条件变化等不同方面，揭示人心理发生和发展的规律。

4．系统性原则　至少包括以下两层意思：其一，心理、意识虽然是很复杂的现象，但可以通过剖析将其分解为各种形式进行专门的考察研究，而后通过综合将其看成有机联系的整体加以理解；其二，在研究某一种心理形式与现实条件的依存关系时，也可以分别地考察某一条件在其中所起的作用，而后将其揭示的各种规律加以综合运用。

考点：1879年，冯特在德国莱比锡大学建立世界上第一个心理实验室（标志，意义）

（二）心理学的研究方法

自 1879 年冯特在德国莱比锡大学建立第一个心理实验室以来，心理学在研究方法上遵循了一般科学研究的路线，一切结果来自严格的实验过程。常用的研究方法如下：

知识链接

科学心理学的诞生

冯特（1832—1920），德国心理学家、生理学家，早年专攻生理学，后来致力于心理学研究。1867年，他在海德堡大学开设生理心理学讲座。他提倡用生理学的实验方法研究心理现象，并于 1879 年在莱比锡大学创建了世界上第一个心理实验室，这标志着心理学成为一门独立的学科。心理学界公认 1879 年为科学心理学诞生之年，冯特被誉为“实验心理学之父”。

1．观察法　研究者通过有目的的直接观察和记录个体与团体的行为活动，了解事实，最终发现问题的方法称为观察法。观察法是科学研究中最古老、应用最广泛的一种方法，几乎所有的心理学研究都要用到。人的外貌、衣着、举止、言语、表情，人际交往的兴趣、爱好、风格，对人对事的态度、面临困难时的应对等，都可以作为观察的内容。观察法一般分为两种。

（1）自然观察法：是在没有任何人为干涉的自然情景中对人进行观察的方法。优点是方法简便，不使被观察者产生紧张等反应，材料来源接近实际；缺点是费时、费力，得到的结果具有偶然性。

（2）控制观察法：是在预先控制观察的情景和条件下进行观察，其结果带有一定的规律性和必然性。其优点是快速，所得资料容易做横向比较分析；缺点是容易对被观察者产生影响，有时观察者不容易掌握真实情况。进行观察时应当注意结果的客观性和代表性。为了避免观察活动对被观察者行为的影响，原则上不宜让被观察者发现自己被人观察。可在实验室设监控电视，或在隔墙上装单向玻璃，也可通过照相、录音、录像等方法，防止观察者主观因素带来的偏差。对同一方式的重复观察进行时间抽样比较，综合分析得到的资料才具有较大的代表性。

2．调查法　是预先设计表格、确定问题，让被调查者自由表达其态度或意见，了解客观事实的一种方法。根据调查方式不同分为问卷法和访问法两种。调查范围包括家庭、学校、工作单位等。问卷法可以用不见面的方式在问卷上答题；而访问法则由访问者按被访问者对问题的反应，随时代答或记录，二者只是填答方式的差异。该方法的优点是简便易行，信息量大。

调查结果的效度主要取决于样本的代表性和回答的可靠性，故在调查时若提供信息者与被调查者并非一人，应当注意他们之间的关系，信息是否有夸大、缩小或歪曲，要判断真实程度，因此要对调查获得的资料加以取舍、修正。

观察法和调查法都并非严谨的科学研究方法，只能了解事实是什么，而不能回答事实发生的原因，所以常常用其他方法加以充实。

3．实验法　是在实验室内或自然环境下观察受试者，研究一定情境中某种因素（因变量）和可操作因素之间因果关系的方法。自变量为设想的原因事件，因变量是可测量的反应，因变量随自变量的变化而变化。在实验室内的研究能够比较容易地控制影响实验结果（因变量）的其他因素，便于有计划地操作自变量的变化，以观察因变量随之改变的情况，并可以使用各种先进的仪器设备和计算工具，因而结果比较可靠。自然环境下的实验研究情境更加接近现实生活，但许多情况下难以实现对实验条件的控制，因而实验结果难以判断，若分析不当，则会做出错误的解释。

实验法在具体操作时，一般都要严格按照实验设计的基本原则进行分组、抽样，对获得的数据进行统计学处理和显著性检验。与观察法、调查法比较，它不仅研究问题是什么，而且注重研究为什么。因此，这种方法是心理学研究中公认的比较严谨的方法，可用于对某一学说的证实和某种干预方法的效果评价等。

4．个案法　是以某个人或某一团体（家庭、工作单位等）作为对象进行研究的一种方法。事实上，个案法并非某种单一具体的研究方法，而只是强调把个案作为研究的对象，在具体实施过程中仍采用前述几种方法。因为个案研究多半需要纵向追踪其生活经历等背景资料，所以又称为个案史法。

个案法必须建立在丰富翔实的个案资料基础上，需要收集的基本资料包括身体健康状况、家庭生活背景、受教育史、职业婚姻史、社会生活背景等。这些资料构成一个系统的传记，是一个发展变化的历史记录，对研究具有价值。

有时个案法可用于某些研究的早期阶段，以便为进一步严密的大规模研究提供依据。

第2节 心理的实质

心理的实质是什么？唯物论和唯心论的理解是根本对立的。随着自然科学的发展，唯物主义哲学对心理现象的理解，日益建立在科学水平之上。唯物主义认为，物质是世界的本源，人的心理是客观现实在人脑中的反映。人脑是产生心理活动的器官，客观现实是产生心理活动的源泉，实践活动是心理发生发展的基础。人对客观现实的反映是客观和主观的统一，心理是脑的功能，是对客观现实主观能动的反映。这一论断科学地阐述了心理现象的本质属性。

一、心理是脑的功能

（一）物质发展到一定阶段产生心理

1．动物的心理发展以脑的进化为物质基础　物质发展到生命阶段，当动物有了神经系统才出现心理这种功能。随着神经系统的不断发展和不断完善，动物的心理现象也逐步由初级发展到高级。一般来说，动物的心理发展经历了感觉阶段、知觉阶段和思维萌芽阶段。

（1）感觉阶段：这是心理发展过程的最初阶段，在这个阶段中，动物能够形成对刺激的个别属性的稳定反应。无脊椎动物的心理发展，基本上属于感觉阶段。例如，腔肠动物（水蛭、水母等）、环节动物（蚯蚓等）、节肢动物（蜜蜂、蚂蚁等），只有某一感觉器官，只能对具有生物学意义的信号刺激做出反应。

（2）知觉阶段：由无脊椎动物进化到脊椎动物，是动物进化史上的一个重大飞跃。脊椎动物有了脊髓和大脑，神经系统有了很大的发展，如蛇、青蛙、鸽子等，它们有了各种感觉器官，能认识到事物的各种属性，而不只是事物的个别属性，即有了知觉的心理现象。

（3）思维萌芽阶段；高级脊椎动物是指哺乳动物，灵长类是它们的高级代表，如大猩猩的神经系统已发展到相当完善的程度，它们的大脑皮质对外界刺激的分析和综合能力大大提高，其心理发展水平不限于感觉、知觉阶段而是能够借助表象和简单的概括能力，在一定程度上反映事物之间的关系，解决复杂的问题。这表明灵长类动物的心理发展水平已相当高，到了思维萌芽阶段。

2．个体的心理发展以脑的发育为物质基础　脑的发育是个体心理发展的物质基础。一个刚出生的婴儿脑重约为390g，大约有1000亿个神经元细胞，而这些细胞仅为胞体，此时心理活动只有激动和哭叫。出生后9个月脑重已达660g，神经突触的数量和长度不断增加，神经髓鞘开始形成，此时心理活动有了很大的发展，开始理解言语并有模仿行为，有明显的注意力和初步的记忆力，开始爬行，情绪有积极和消极之分。2.5～3岁时脑重达 900～1000g，细胞体积增大，神经纤维增长，神经纤维髓鞘化过程迅速发展，大脑和脊髓的传导通路已形成，第二信号系统开始发展。此时心理活动发展迅速，已能随意独立行走，行动有了随意性，手的动作发展较快，能准确玩弄和操纵熟悉的物体，口语迅速发展，词汇量明显增多，动作思维进一步发展，除了正常的情绪反应外，开始产生较为复杂的情感体验，如与小朋友交往时有同情心、羞耻感、嫉妒心等。7岁时脑重达1280g，大脑皮质的髓鞘化基本完成，神经系统的兴奋过程和抑制过程增加，表现为觉醒时间延长及自我控制能力加强，能做一些精确的活动，此时心理发展趋于成熟，能自如地与他人交谈，表达自己的想法和意愿，自我意识逐渐形成，形象思维进一步发展，开始进行抽象的逻辑思维，表现为从事各种游戏活动，初步体验成人的情绪，社会性情感开始形成，如友谊感、道德感和理智感。12岁儿童脑重已达到成年人水平（1400g），脑的兴奋过程与抑制过程趋于平衡（图1-1）。此时心理发展已渐成熟，语言能力由口头语言向书面语言发展，记忆力发展迅速，表现为机械记忆向理解记忆发展、无意记忆向有意记忆发展，以抽象逻辑思维占主导地位，情感的深刻性不断增加，能运用道德感来评价事物的好坏与是非。

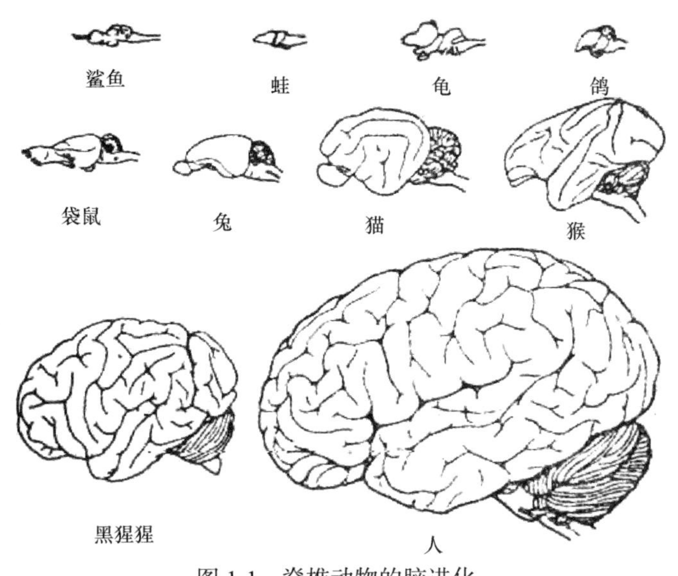

图 1-1　脊椎动物的脑进化

考点：动物的心理发展经历了哪几个阶段？

（二）心理的器官是脑

历史上，曾有人把心脏看作人产生心理活动的器官。直到 19 世纪后期才把脑确定为人心理活动的器官。1861 年，法国医生布罗卡通过对失语症患者的尸体解剖，在大脑左半球发现了语言中枢，才确定脑是掌管心理活动的器官。实践证明，脑是产生心理活动的器官，心理是脑的功能，如脑部受损伤的人，其心理活动可以受到严重的破坏，出现对客观现实的歪曲认知，情绪变得不稳定，意志活动消失或增强，或出现记忆、言语、思维等紊乱；一旦脑功能恢复正常，心理活动也随之改善。对裂脑人、半脑人的研究也充分说明了这一点。

知识链接

裂脑实验

20 世纪 60 年代，美国神经心理学家斯佩里做了“割裂脑”的实验。割裂脑手术就是切断连接左右两个半球的神经纤维束——胼胝体，把两个半球分裂开来。裂脑手术的两个患者是右利手，手术前，他们的两只手都能写字、画画，手术后，右手只受左半球支配，左手只受右半球支配；右手能写字，左手能画画；右手不再会画画，左手不再会写字。这一实验结果进一步证明：对于右利手的人来说，他的左半球言语功能占优势；右半球空间知觉和形象思维功能占优势。

大脑两半球的解剖结构基本上是对称的，但其功能又是不对称的，有不同的优势。大脑两半球的分工与生活中用手的习惯有关。惯用右手的人左半球言语功能占优势，和言语有关的，如概念形成、逻辑推理、数学运算这些活动左半球也占优势。右半球占优势的功能是不需要语言参加的空间知觉和形象思维活动，如音乐、美术活动、情绪的表达和识别等。左利手的人和右利手的相反，有的没有单侧化的现象。左右手的分工形成以后，右利手的人如果左半球受损伤，言语功能便会发生障碍，而且难以在右半球再建立起言语的中枢（图 1-2）。

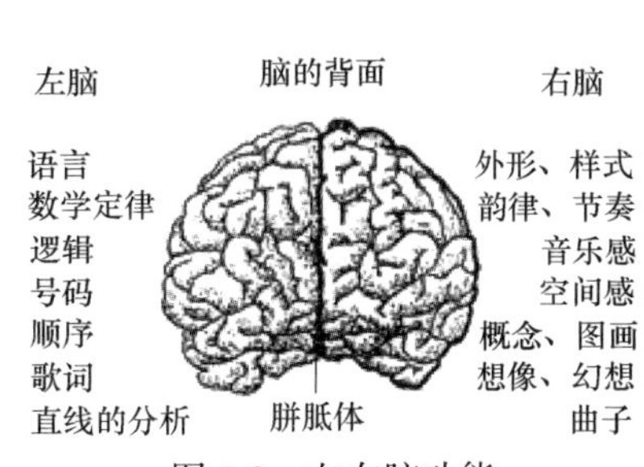

图 1-2　左右脑功能

知识链接 **"布洛卡区"**

1860年，法国外科医生布洛卡发现，有两个右利手的人，他们的大脑右半球是完好的，左半球的额叶受到损伤，却导致了运动性失语症，即患者虽然发音器官并没有毛病，却失去了说话的能力。但是，该患者仍保留了听懂别人说话及写字和阅读的能力。布洛卡的发现已经证明，对于右利手的人来说，他们的左半球言语功能占优势。为纪念布洛卡的发现，人们把主管言语表达的区域称为"布洛卡区"。

（三）心理在反射活动中实现

反射是有机体与环境相互作用的基本形式。脑在反射中起异常复杂的联系转换作用，即整合作用，既可同时接受各种刺激，还受过去所经历过的刺激影响，加之反馈的作用，就使得在反射的中间环节产生的心理变得极为复杂。了解心理产生的物质过程，掌握神经系统和脑的组织与工作，以及内分泌系统对人的心理和行为的调节，是学习心理学非常重要和有必要的一步。

二、心理是对客观现实主观能动的反映

心理作为脑的功能是以活动的形式存在的，脑的神经活动是生理的、生化的过程，在这些过程中发生的对现实外界刺激作用的反映活动就是心理活动。环境刺激事件是心理活动的源泉和内容，神经过程就是对这些信息的加工和处理，即心理活动。因此，一切心理活动就是通过神经过程携带的、对现实刺激的反映。心理对客观现实的反映有以下特点。

（一）心理活动的内容来自客观现实

人对客观现实的反映，不仅有目前面对的事物，还涉及与这些事物有关的以往经历，而且后者又会影响对前者的认识。人还可以想象出从来没有见过的事物，如发明、幻想等。心理活动的内容虽然可以超过面临的客观现实，但总是受所处时代的限制，不能脱离客观现实。人一旦脱离客观现实，其心理活动也将会停滞。所以，客观现实是心理活动产生与发展的源泉。

知识链接 **狼孩的故事**

1920年，在印度加尔各答东北部的森林边上，人们发现了两个狼孩，大的七八岁，小的约两岁，这两个女孩被送到附近的孤儿院去抚养，孤儿院的工作人员给她们分别取名卡玛拉和阿玛拉。到了第二年阿玛拉去世了，而卡玛拉一直活到1929年。这就是曾经轰动一时的"狼孩"一事。据研究，卡玛拉刚被发现时，她只懂得一般6个月婴儿所懂得的事，2年后才会直立行走，4年内只学会6个词，能听懂几句简单的话，到她17岁去世时，卡玛拉的智力水平只相当于三四岁的孩子。"狼孩"的事实证明：心理是社会的产物，离开了人类社会，即使有了人的大脑，也不能自发地产生人的心理。

（二）心理活动的社会制约性

人心理活动的选择性取决于两方面，一是生物性，即特定的生物学需要，即衣食住行等；二是人的社会制约性，人经常思考的事物，什么事能引起他的注意、深思和兴趣，这都是由他在社会关系中所处的地位来决定的，即所谓人的社会制约性。另外，尽管人有高度复杂的需要，使人的心理有了高度复杂的主观能动性，但也不是可以由主观任意放纵的，因为人的需要本身还是由客观存在决定的。

（三）心理是客观世界的主观能动的反映

人对社会环境的反映并非像镜子照人那样机械地决定人的心理活动，而是根据自己的兴趣、爱好、理想、信念、动机、目的、价值观等有选择地反映，表现出每个人的主观能动性，或称人格积极性。人的主观能动性是在每个人的自我意识调节、控制下进行的，所以在反映客观世界的

过程中表现出人的不同人格。因此，不同的人对同样的事物可以有不同的反映。心理学的目的就是要研究人的心理是怎样在实践中产生、发展、变化的，以便探索影响人心理活动规律的各种因素，更好地发挥人的主观能动性。

考点：心理的实质

第3节 医学模式的转变及其影响

一、医学模式的概念

医学模式是指一定的历史条件下人们对健康和疾病总的看法。它包括健康观、疾病观、诊疗观，其成为这一时期医学发展的指导思想。

医学模式是不同时期生产力和生产关系、科学技术和哲学思想的产物，因此不同历史时期有不同的医学模式。从人类发展的历史上看，医学模式经历了如下演化：①神灵主义医学模式；②自然哲学的医学模式；③生物医学模式；④生物-心理-社会医学模式。目前，医学模式正处于由生物医学模式向生物-心理-社会医学模式转化的阶段。

考点：医学模式的概念及演化阶段

二、生物医学模式及其影响

生物医学模式是中世纪欧洲文艺复兴后逐渐形成和发展起来的。不同历史时期的科学家为此做出了卓越的贡献，从而使医学科学有了长足的发展。从哈维提出的血液循环理论到琴纳制成牛痘疫苗；从施莱登和施旺的细胞学说到魏尔啸的细胞病理学；从断肢再植到器官移植；从 DNA 双螺旋结构的确立到克隆；特别是 20 世纪对基因图谱的解密及 2003 年 4 月对基因图谱的成功绘制，更使生物科学达到了一个巅峰阶段。

生物医学模式的基本观点认为，每一种疾病都能在人体某一特定的器官、细胞乃至生物分子水平上发现形态或化学的变化，从而确定生物或理化变化的原因并制订相应的治疗措施。

然而生物医学模式的片面、局限性也是显而易见的：①注重人的生物属性而忽略了人的社会属性。②注重人的躯体而忽略了人是有复杂心理活动的心身统一的整体。③注重生物因素而忽略了心理社会因素对健康和疾病的影响。

在生物医学模式的影响下，护理工作形成了以下特点：①护理模式是以疾病为中心的“疾病护理模式”。②护理对象是有病的人。③护理工作的着眼点是患者的躯体。④护理服务的范围局限在医院。⑤医护关系是从属关系，护士是医生的助手。⑥护理方式是以执行医嘱和完成护理操作为目的的功能制护理。⑦护士的职能是执行医嘱，配合手术、检查，进行各种护理技术操作，并提供生活护理。由此形成了护理技术是衡量专业水平的唯一标准。

三、生物-心理-社会医学模式及其影响

20 世纪中叶以后，随着生产力和社会的迅速发展，人们的生活与工作方式也发生了巨大变化，人际关系日趋广泛和复杂，在追求多层次需要的同时，心理社会因素对人类健康与疾病的影响也日益突出。无论是发达国家还是发展中国家，对“疾病谱”和死亡原因的调查都表明：当今威胁人类健康、造成死亡的主要原因已并非昔日的战争、营养不良和传染病等，而是恶性肿瘤、心脑血管疾病及意外事故等。在这一背景下，生物医学模式已不能概括和解释现代医学所面临的全部课题，而对一些功能性障碍及行为问题更是束手无策，显露出这一模式的内在缺陷。

1977 年美国罗彻斯特大学教授恩格尔在《科学》杂志上撰文《需要一种新的医学模式——对

生物医学的挑战》，批评了生物医学模式的“心身二元论”，并提出了现代医学模式，即生物-心理-社会医学模式。这一模式并不排斥生物医学的研究，而是要求生物医学模式以系统论为概念框架，以“心身一元论”为基本的指导思想。在致病因素方面，既要考虑到生物因素，也要充分考虑到心理社会因素的特点，将所有这些因素都看成是相互联系、相互影响的。因此，对于疾病和健康而言，无论是致病、治病，还是预防、康复等都应将人视为一个整体，综合地考虑各方面因素的交互作用。

在生物-心理-社会医学模式的影响下，护理工作形成了以下特点：①护理模式是以提高健康水平为中心的“系统化整体护理模式”。②护理对象不仅是患者，而且包括健康的人。③护理的出发点是人的整体。④护理服务的范围由医院扩展到家庭和社区。⑤医护既是合作关系，又各有一定的独立性。⑥护理方式是以护理程序为核心的系统化整体护理。⑦护士的职能是全方位的，既是护理的提供者、决策者、管理者和研究者，又是教育者、沟通者和代理人。

总之，医学模式的转变是社会进步和现代医学发展的必然，只有从生物、心理、社会三个维度综合研究健康与疾病问题，才能全面实现 1989 年 WHO 所提出的 21 世纪健康新概念：“健康不仅是没有疾病，而且包括躯体健康、心理健康、社会适应良好和道德健康。”

小　结

心理学是研究心理现象的科学。心理现象包括心理过程和人格两大方面，心理过程包括认识过程（感觉、知觉、记忆、思维、想象、注意等）、情绪情感过程和意志过程；人格包括人格倾向性（需要、动机、兴趣、理想、信念、世界观等）、人格心理特征（能力、气质、性格）和自我意识。

大脑是心理活动的器官，是物质基础；客观现实是心理活动的源泉，是心理发展的前提。

医学模式是指一定的历史条件下人们对健康和疾病的总的看法。从人类发展的历史上看，医学模式经历了如下演化：①神灵主义医学模式；②自然哲学的医学模式；③生物医学模式；④生物-心理-社会医学模式。生物-心理-社会医学模式，强调了心理社会因素在健康和疾病中的重要作用和影响。

自 测 题

选择题

A_1 型题

1. 以下哪一项不属于认识过程的范畴（　　）

A. 知觉　　B. 想象
C. 记忆　　D. 需要
E. 思维

2. 以下哪一项属于人格倾向性的内容（　　）

A. 需要　　B. 气质
B. 认识　　D. 自我认识
E. 人格特征

3. 以下哪一项反映人对客观事物的态度体验过程（　　）

A. 认识过程　　B. 心理过程
C. 情感过程　　D. 意志过程
E. 人格特征

4. 创建世界上第一个心理实验室的心理学家是（　　）

A. 埃里克森　　B. 冯特
C. 艾宾豪斯　　D. 弗洛伊德
E. 马斯洛

5. 心理现象分为（　　）

A. 心理过程和人格
B. 认知过程和人格心理特征
C. 情感过程和人格心理特征

D. 意志过程和人格心理特征
E. 自我意识和心理过程

6. 心理的实质是（ ）
A. 心脏的功能 B. 思维的结果
C. 脑的功能 D. 个性的发展
E. 气质的类型

7. 现代医学模式是（ ）
A. 神灵主义医学模式
B. 自然哲学医学模式
C. 生物医学模式
D. 生物-心理-社会医学模式
E. 朴素唯物主义医学模式

8. 生物-心理-社会医学模式的提出者是（ ）
A. 马斯洛 B. 恩格尔
C. 罗杰斯 D. 坎农
E. 哈维

（鞠小莉）

第2章 心理过程

引言

心理过程（mental process）是指心理活动发生、发展和消失的动态过程，是人脑对客观现实主观能动的反映过程。整个心理过程包括认识过程、情绪情感过程和意志过程，三者不是孤立存在的，而是相互影响、相互制约、相互渗透的统一整体。

第1节 认识过程

认识过程（cognitive process）是人对客观世界的认知和察觉，是人接受、储存、加工和理解各种信息的过程，即人脑对客观事物的现象和本质的反映过程。它包括感觉、知觉、记忆、想象、思维和注意。其中，思维是认识过程的核心。

一、感觉

案例 2-1

同学们，试想一下这样的时刻：吃完糖再吃橘子，刷完牙再吃草莓，吃完苦味的药再喝白开水……

问题：这些感觉怎么样？为什么会这样呢？

（一）感觉的概念

感觉（sensation）是人脑对直接作用于感觉器官的客观事物的个别属性的反映。例如，看到花儿颜色、听到鸟儿叫声、尝到草莓滋味、闻到香水气味、摸到物体知道软硬和冷热等都是客观事物的不同个别属性，而人脑通过感觉器官对这些个别属性的反映就是感觉。感觉是最简单的心理活动，是人认识客观世界的开始，是一切较高级、较复杂的心理活动产生的基础。感觉也是人们正常生存的基础，著名的"感觉剥夺"实验证明了这一点。

知识链接

感觉剥夺实验

1954年，加拿大心理学家赫布（Hebb）和贝克斯顿（Bexton）首先进行了感觉剥夺实验。实验中让被试者进入一个专设的黑暗、隔音的房间，戴上半透明的护目镜，使其难以产生视觉；用空气调节器发出单调的声音限制其听觉；手臂戴上纸筒套袖，双手戴上手套，腿脚用夹板固定，限制其触觉。感觉剥夺实验对被试者的要求是在这样的条件下尽可能保持更长的时间。被试者每待一天将得到20美元的报酬。实验开始时，被试者很快安然入睡，但几小时后开始感到烦躁、恐慌，甚至产生幻觉……在实验室待了三四天的被试者产生了许多病理心理现象：注意力无法集中，不能进行连续而清楚的思维，产生错觉、幻觉；精神几近崩溃，无法忍受。这些病理心理现象在实验后数日方能消失。

这个实验说明，在日常生活中人们接受的各种外界刺激及由此产生的感觉对维护人们正常的心理活动是不可缺少的。

考点：感觉的概念

（二）感觉的分类

根据产生感觉的刺激物的来源，将感觉分为外部感觉和内部感觉两大类。

1．外部感觉　是外部感受器接受外部世界刺激而产生的感觉，包括视觉、听觉、嗅觉、味觉和皮肤感觉（包括痛觉、温度感觉和触压觉）。

2. 内部感觉　是机体内部感受器接受机体内部的各种刺激而产生的感觉，包括运动觉、平衡觉和机体觉。运动觉是反映身体各部分的运动和位置状态的感觉。平衡觉是由于人体位置、重力、方向发生的变化刺激前庭感受器而产生的感觉。机体觉是指机体内部器官受到刺激而产生的感觉。

（三）感受性与感觉阈限

感受性是感觉器官感受刺激的能力。衡量感受性大小的指标是感觉阈限，感觉阈限是指能够引起感觉的刺激量。感觉阈限分为绝对感觉阈限和差别感觉阈限。刚刚能引起某种感觉的最小刺激量称为绝对感觉阈限，觉察出最小刺激量的能力称为绝对感受性；刚刚能引起差别感觉的刺激的最小变化量是差别感觉阈限，觉察出同类刺激物之间最小差别量的能力是差别感受性。感受性与感觉阈限成反比关系，阈限低，感受性高，感觉敏锐；反之，阈限高，感受性低，感觉迟钝。

（四）感觉的特性

1. 感觉的适应　是指感觉器官在刺激物的持续作用下感受性发生的变化。适应可以使感受性提高，也可以使感受性降低。适应是感觉中的普遍现象，如视觉中的明、暗适应和嗅觉的适应现象“入芝兰之室，久而不闻其香……入鲍鱼之肆，久而不闻其臭”。人具有很高的适应性，适应机制使人能够在变动的环境中比较容易地进行精细分析，从而实现较准确的反映。但人的适应是有限度的，不断的适应和过度的适应则易使人疲劳，降低感受性。

2. 感觉的对比　是指感觉器官在不同刺激物作用下感受性发生变化的现象。感觉对比分为同时对比和继时对比两种。同时对比发生于几种刺激物同时作用于同一感觉器官时，如同一刺激因背景不同而产生感觉差异，把它放在较暗的背景中看起来明亮些，放在较亮的背景中看起来暗些。继时对比发生于不同刺激物先后作用于同一感觉器官，如先吃糖再吃苹果感觉苹果酸，而先吃杨梅再吃苹果感觉苹果甜。

3. 联觉　是指当某一种感觉器官受到刺激时引发另一种感觉器官的感觉和表象。生活中常见的是色觉产生的联觉，如红色、橙色、黄色等暖色调往往使人产生温暖的感觉；蓝色、绿色、青色等冷色调往往使人感到凉爽。人们常说的甜蜜的声音、沉重的乐曲等，都是联觉现象。

4. 感觉的相互作用　是指不同类型的感觉因相互影响而产生感受性变化，如在绿光照射下，听觉感受性提高；在红光照射下，听觉感受性下降；微弱声音的听觉刺激，可以提高同时发生的视觉感受性，而强烈噪声的听觉刺激则可降低视觉感受性。在口腔手术中，音乐和噪声的适当结合可以镇痛。

5. 感受性的补偿与发展　感受性的补偿是指当某种感受器受到损伤之后，在社会生活与实践活动的影响下，其他感受器的感受性大大提高的现象，如盲人的听觉、触觉和嗅觉特别灵敏，以此来补偿丧失了的视觉功能，但这种补偿作用是经过长期的不懈练习才获得的。感受性的发展是指人的感受性在生活和劳动实践的长期锻炼中可以得到大大的提高和发展，特别是通过某些特殊训练，甚至可提高到常人不可能达到的水平，如音乐家的听音能力、画家的色彩辨别能力及空间知觉之所以比一般人发达，正是长期实践活动的结果。

6. 感觉后像　是指当外界刺激停止作用于感觉器官后感觉并不立即消失的现象，如“余音绕梁，三日不绝”指的就是听觉后像。

考点：感觉的特性

（五）特殊感觉——痛觉

痛觉（pain）是个体在现实刺激和已储存的经验相互作用下而产生的主观感受和体验。痛觉不仅包含感觉成分，还包含情感成分，并伴有自主神经活动改变和运动反应。例如，个体感受疼痛时常伴有紧张、焦虑、恐惧甚至抑郁等情绪变化，同时还有血压、心率、呼吸、汗腺等自主神经功能的改变，出现畏缩、逃避等运动反应。

疼痛是临床常见的症状之一，几乎每个人都曾有过疼痛的体验。

1. 疼痛的意义

（1）生物学意义：疼痛是机体组织受到伤害的一种信号，它可以提醒人们采取一系列保护性措施，因而是一种有益的警告，具有重要的保护意义。

（2）心理学意义：疼痛发生时伴有情绪变化和自主神经功能改变，可以促使人们去寻求医生的帮助或者获得身边人的关注，因而疼痛也具有重要的心理学意义，可以被看作一种求助信号。

2. 影响疼痛的心理社会因素　心理学家和医学研究者都认识到，疼痛并不完全是躯体问题，还具有很大的心理成分，因此心理活动可以夸大或者降低疼痛的强度及改变耐受性。安慰剂常常能解除或者减轻疼痛的事实证明疼痛具有心理成分。

（1）早期经验：就某种意义而言，疼痛也是经验的总结，以往经受过的疼痛体验，特别是幼年时期的经验，对疼痛可产生明显影响。

（2）对情境的认知评价：美国学者毕彻（Beecher）发现，第二次世界大战期间，身负重伤的士兵只有1/3的人诉说剧烈疼痛需要吗啡，大多数伤兵无须用止痛药。而战后受外伤的患者80%以上诉说剧烈疼痛需要使用吗啡。因此，毕彻认为，对一个受伤的战士来说，从战场上死里逃生使他感到庆幸；对一个和平环境的市民来说，受伤接受手术是一场灾难。

（3）注意力：如果将注意力集中在自身的疼痛上，疼痛会更加明显；相反，如果把注意力转向疼痛以外的事物（特别是一些美好的事物），疼痛就会减轻。例如，参加竞赛的运动员有时即使受伤也感受不到剧烈的疼痛，但当比赛结束后，一旦意识到伤情，便会感到疼痛难忍。

考点：影响痛觉的心理社会因素有哪些？对于护理专业学生来说有什么启发？

（4）暗示：是通过语言或安慰剂的作用影响人的心理状态进而影响对疼痛的感受。研究发现，外科手术后的疼痛，30%的人可被安慰剂缓解，而大剂量的吗啡也只能使70%的患者疼痛减轻。相反，负性暗示作用也可引起或者加重疼痛。

（5）情绪状态：一般情况下，愉快、兴奋等积极的情绪会使痛阈提高；相反，焦虑、悲伤等消极情绪则使痛阈降低。对疼痛的焦虑和恐惧，会导致比实际更严重的疼痛。

（6）人格：疼痛的敏感性和对疼痛的表达方式与人格类型有很大的关系。易受暗示的人痛阈和耐痛阈变化较大，自尊心强的人常表现出较高的疼痛耐受性。一般情况下，刚毅、勇敢者对疼痛的忍耐力较强；脆弱、敏感者对疼痛的忍耐力较差。

案例 2-1 分析

吃完糖再吃橘子会觉得橘子特别酸；刷完牙吃草莓会觉得草莓特别难吃，没有酸甜味；吃完苦味的药再喝白开水会感觉白开水特别甜。这是因为感觉的继时对比的作用。

二、知　觉

知觉和感觉一样，都是刺激物直接作用于感觉器官而产生的，都是我们对现实的感性反映形式。知觉的产生以头脑中的感觉信息为前提，与感觉同时进行，是对感觉信息的选择、组织和解释过程。知觉以感觉为基础，还包含了记忆、思维和言语活动等。知觉属于高于感觉的感性认识阶段。

（一）知觉的概念

知觉（perception）是人脑对直接作用于感觉器官的客观事物整体属性的反映。例如，我们通过视觉器官看到它圆圆的形状、红红的颜色；通过嗅觉器官闻到它特有的芳香气味；通过手的触摸感到它硬中带软；通过口腔品尝到它的酸甜味道，于是我们把这个事物反映成苹果，这就是知觉。

考点：知觉的概念

（二）知觉的分类

根据客观事物的特征，知觉可分为空间知觉、时间知觉和运动知觉。

1．空间知觉　是人脑对客观事物空间属性的反映。空间知觉包括形状知觉、大小知觉、深度知觉和方位知觉。

2．时间知觉　是人脑对客观事物的延续性和顺序性的反映。时间知觉包括对时间的估量、对时间的分辨、对时间的确认和对时间的预测。

3．运动知觉　是人脑对物体在空间位移和移动速度方面的知觉。运动知觉包括真动知觉、诱动知觉、似动知觉和自主运动。

（三）知觉的基本特性

1．知觉的选择性　是指在面对复杂多样的刺激时，人不可能在瞬间全部清楚地感知到，但可以按照某种需要和目的，主动地选择少数事物（或事物的某一部分）为知觉的对象，或无意识地被某种事物所吸引，以它作为知觉对象，对它产生鲜明、清晰的知觉映象，而把周围其余的事物当成知觉的背景，只产生比较模糊的知觉映象。知觉的选择性既受知觉对象特点的影响，又受知觉者本人主观因素的影响。影响知觉选择性的客观因素有对象的背景差别、对象的活动性、刺激物的新颖性和刺激物的强度。影响知觉选择性的主观因素有兴趣、动机、爱好、情绪、知识经验、观察能力或分析能力等。知觉中对象和背景的关系并不是固定不变的，它依一定的主客观条件经常转换（图 2-1）。

2．知觉的整体性　知觉的对象有不同的属性，由不同的部分组成，但我们并不把它感知为个别孤立的部分，而把它知觉为一个有组织的整体，知觉的这种特性称为知觉的整体性或知觉的组织性。刺激物的性质与特点和知觉主体的经验是影响知觉整体性的两个重要因素。如当人嗅到某种熟悉的气味时，立刻能完整地知觉发出该气味的物体；临床医师根据患者疾病的典型特征给疾病做出完整正确的诊断都是知觉整体性的体现（图 2-2）。

图 2-1　知觉的选择性

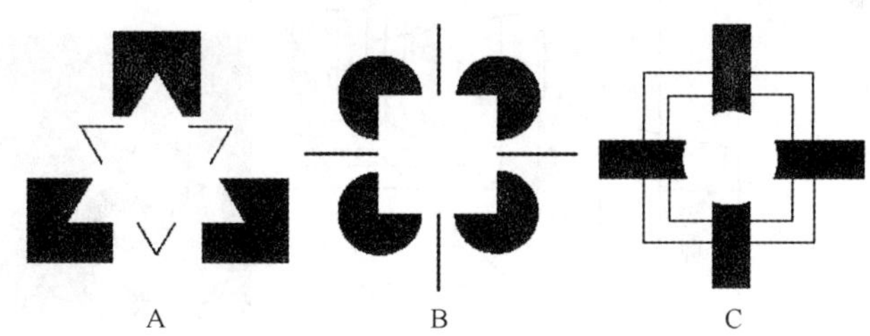

图 2-2　知觉的整体性

3．知觉的理解性　是指人在感知当前的事物时，总是借助于以往的知识经验来理解它们，并用词把它们表示出来，这种特性称为知觉的理解性。知觉的理解性使人的知觉更为深刻、精确和迅速。知觉的理解性会受到情绪、意向、价值观和定势等的影响。一块像小狗的石头，也许开始看不出来，但如果有人提醒，就会越看越像（图 2-3）。

4．知觉的恒常性　是指当知觉对象的物理特性在一定范围内发生了变化时，被知觉的对象的映象仍然保持相对不变的特性。例如，一个人站在离我们不同的距离上，他在我们视网膜上的空间大小是不同的，但是我们总是把他知觉为一个同样大小的人；一个圆盘，无论如何倾斜旋转，而事实上所看到的可能是椭圆甚至线段，我们总是把它知觉为圆盘。视知觉的恒常性特别明显，有大小、亮度、形状和颜色恒常。知觉的恒常性有利于人们正确地认识和精确地适应环境，因此知觉的恒常性在我们日常生活、工作和学习中有重要的意义（图 2-4）。

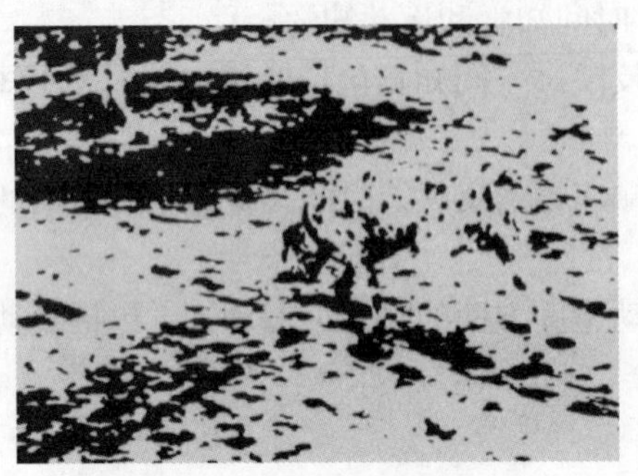

图 2-3 知觉的理解性

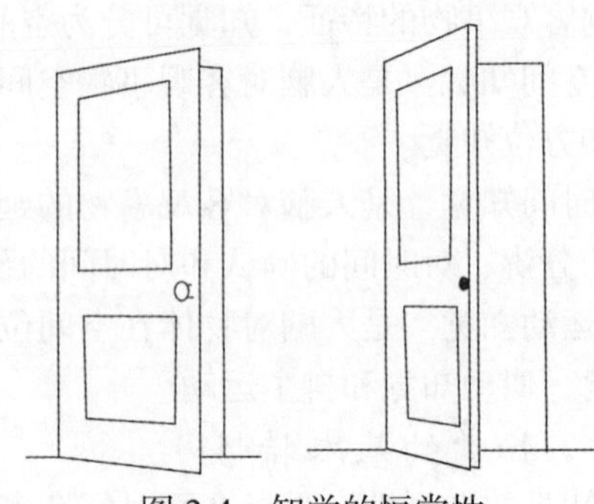

图 2-4 知觉的恒常性

考点：知觉的基本特性

（四）错觉和幻觉

1．错觉（illusion） 是对客观事物歪曲的知觉，也就是把实际存在的事物歪曲地感知为与实际事物完全不相符的事物。这种歪曲常有固定倾向，只要条件具备，它就必然产生。健康人也会出现错觉，只是健康人对错觉都能自行矫正。错觉是一种普遍的心理现象，视错觉现象比较常见，如图形错觉、大小错觉、形重错觉、形状方向错觉等。引起错觉的原因很多，如感知条件不佳、客观刺激不清晰、视听觉功能减退、强烈情绪影响、想象、暗示及意识障碍等。在病理状态下，尤其在各种不同程度的意识障碍时，常出现错觉，如在感染、中毒或躯体疾病引起的谵妄状态时，患者可将门上挂的衣衫视为鬼怪。在情感性精神病时也会出现错觉，如抑郁症患者常把别人的谈话听成是在议论他的罪恶，甚至将要把他处死等（图 2-5、图 2-6）。

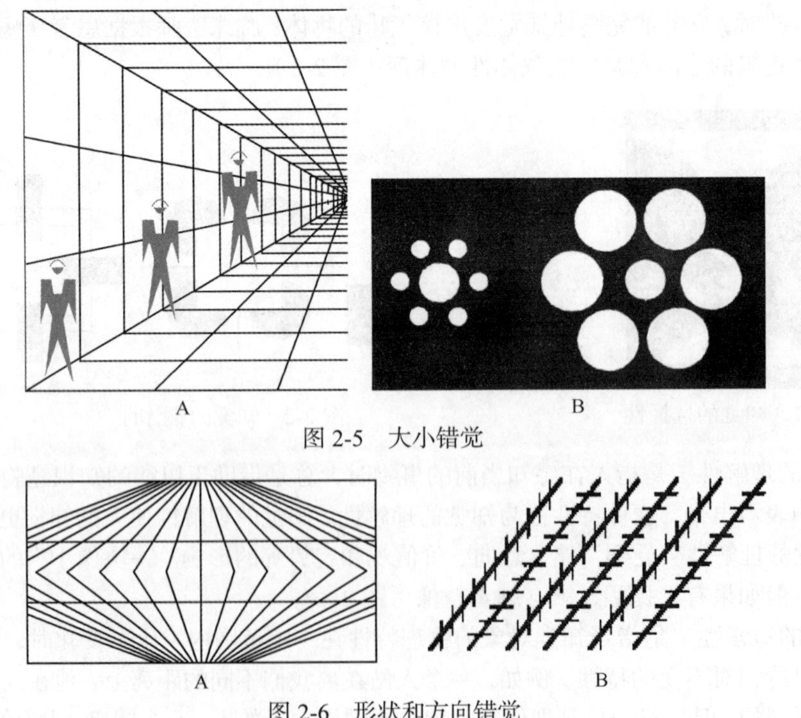

图 2-5 大小错觉

图 2-6 形状和方向错觉

2．幻觉（hallucination） 是指外界不存在某种事物而患者感知到这种事物，也就是客观环境中没有相应的现实刺激作用于感觉器官而出现的知觉体验。正常人有时可偶尔出现幻觉，如疲劳状态、入睡前或睡醒后，但时间短暂。如反复出现或持续很久，则是病理现象。常见的幻觉有幻听、幻视、幻嗅、幻味、幻触及内感受器与本体感受器的幻觉。幻觉是一种严重的病理性感知觉，是精神病态的表现，当出现幻觉时，应及时去医院诊治。

三、记 忆

（一）记忆的概念

记忆（memory）是过去的经历在人脑中的反映。过去的经历可以是见过的、听过的、品尝过的、触摸过的、思考过的、体验过的事物及做过的运动和操作。对过去经历的反映方式有两种，一种是当经历过的事物再次出现时能够把它正确地分辨出来；另一种是经历过的事物在人脑中重新出现的过程。一个完整的记忆包括识记、保持、再认（或回忆）三个过程。从信息加工的角度来看，记忆过程就是对输入信息的编码、储存和提取的过程。信息的输入编码是识记过程；信息的储存是保持过程；信息的提取是再认和回忆过程。

（二）记忆的分类

1．根据记忆的内容不同分类

（1）形象记忆：是以感知过的客观事物的形象为内容的记忆，如对人们生活过的地方的记忆、对解剖标本的记忆都是形象记忆。这种记忆在人脑中所保留的是事物的具体、生动的形象，具有鲜明的直观特点，它以表象的形式在人脑中储存过去的经验。

（2）逻辑记忆：是个体以词语所概括的事物之间的关系以及事物本身的意义和性质为内容的记忆，如对概念、规则、定理、公式的记忆是逻辑记忆。它具有抽象性、概括性、理解性和间接性的特点。

（3）情绪记忆：是以体验过的情绪和情感为内容的记忆，如触景生情是情绪记忆。这种体验是深刻的、自发的、情不自禁的，所以记忆的内容可以被深刻牢固地保持在人脑中。有的情绪记忆带有经久不忘的特点。

（4）运动记忆：是以做过的运动和操作为内容的记忆，如经过学习、训练、操作，人们形成许多的熟练技能、技巧、行为习惯、动作等，都是运动记忆，它是培养各种技能的基础。运动记忆的巩固较缓慢，一经巩固下来，不容易遗忘。

2．根据信息加工与记忆阶段分类

（1）瞬时记忆：又称感觉记忆，是感觉信息的瞬间储存，储存信息时间为0.25～2.00秒，以感觉映象的形式储存。外部刺激作用于感觉器官，产生感觉映象，刺激作用停止后，这个映象仍可保持极短的时间，这种现象被称为感觉后象，感觉后象就是一种瞬时记忆。瞬时记忆的容量要比短时记忆容量大。

（2）短时记忆：又称工作记忆，瞬时记忆的信息受到主体的注意选择，就被输入到短时记忆中去，短时记忆储存信息时间为5～20秒，最长不超过1分钟，记忆痕迹有随时间而自动消退的特征。短时记忆的容量为7±2个组块。例如，手机号码中的开头三位130、133、135等可作为一个组块进入短时记忆。

（3）长时记忆：短时记忆的信息经过复习进入长时记忆，长时记忆储存信息时间在1分钟以上，有的可储存一生。长时记忆中，信息是以意义编码形式储存的，并且容量巨大。

感觉记忆、短时记忆和长时记忆是相互联系、相互影响的。任何信息都必须经过感觉记忆和

考点：根据信息加工与记忆阶段，记忆分为哪几类？

短时记忆才可能转入长时记忆，没有感觉记忆的登记和短时记忆的加工，信息就不可能长时间储存在头脑中（图 2-7）。

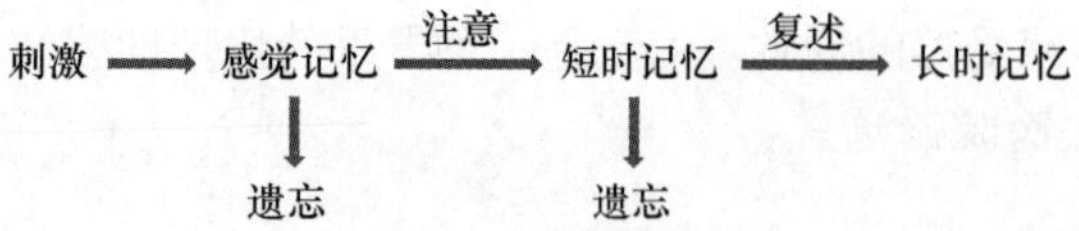

刺激 ⟶ 感觉记忆 —注意→ 短时记忆 —复述→ 长时记忆
感觉记忆 ↓ 遗忘；短时记忆 ↓ 遗忘

图 2-7　记忆结构图

（三）记忆的基本过程

1．识记

（1）识记的概念：识记（memorization）是人们识别并记住客观事物，在人脑中留下痕迹，形成暂时神经联系的过程。识记是记忆的开端和基础，要想提高记忆效果，要有良好的识记作基础。

（2）识记的分类：根据有无预定目的，识记分为有意识记和无意识记两种。有意识记是指有目的，需要意志努力的识记；无意识记是指没有目的，不需要意志努力的识记。例如，人们学习系统科学知识的识记主要运用有意识记；对设计新颖广告留下的印象，记住某些愉快或痛苦的经历是无意识记。心理学研究表明，有意识记的效果要优于无意识记。

根据对识记材料的理解程度，识记分为意义识记和机械识记两种。意义识记是指根据事物的内部联系，反复领会理解，提示其实际意义的识记；机械识记是指根据事物的外部联系、表面特征，采取机械重复的识记方法。如中学生在学习理解唐诗基础上的背诵，是意义识记；而幼儿通过反复多次、死记硬背的背诵属于机械识记。日常经验和心理实验都证实，意义识记比机械识记有更大的优越性。

2．保持（retention）　是信息的储存，也是暂时神经联系的巩固过程。保持是记忆过程的中心环节。

3．再认和回忆　再认（recognition）是对过去识记过的对象再次接触时有熟悉之感，知道它是经历过的某个对象。再认是否准确、迅速、稳定取决于人脑中信息储存的巩固程度及新旧刺激物之间的类似程度。回忆（reproduction）是过去经历过的事物不在主体面前，由其他刺激作用而在人脑里重新出现的过程。再认要比回忆容易，能回忆的必能再认，反过来就不一定成立。

考点：记忆的基本过程

（四）遗忘

1．遗忘（forgetting）的概念　识记过的内容在一定条件下不能恢复与提取，或者产生错误的再认与回忆，都称为遗忘。一般性遗忘是一种正常的心理现象。

2．遗忘的分类　遗忘可分为暂时性遗忘和永久性遗忘两类。暂时性遗忘是指已进入长时记忆的内容暂时不能被提取，但在适宜条件下还可能恢复，这是一种与线索有关的遗忘。而永久性遗忘是指识记材料未经复习而消失，这是因记忆信息的消退而引起的遗忘。

3．遗忘的规律与特点　根据遗忘的原因及影响因素，遗忘的规律与特点如下。

（1）不重要的和未经复习的内容容易遗忘。

（2）遗忘的进程不均衡，有先快后慢的特点。德国心理学家艾宾豪斯（Ebbinghaus）早在 1885 年就对遗忘现象作了系统研究。研究结果表明：遗忘的发展进程是不均衡的，在识记后的最初阶段遗忘速度最快，之后逐渐缓慢，稳定在一个水平上，几乎不再有更多的遗忘。证明这一规律的曲线被称为“艾宾豪斯遗忘曲线”（图 2-8）。

（3）抽象材料比形象材料，无意义材料比有意义材料容易遗忘。

（4）前摄抑制和倒摄抑制对遗忘有重要影响，前摄抑制是指先学习的材料对后学习材料的影响；倒摄抑制是指后学习材料对先学习材料的影响。

（5）遗忘还受兴趣、情绪和动机等心理因素的影响。

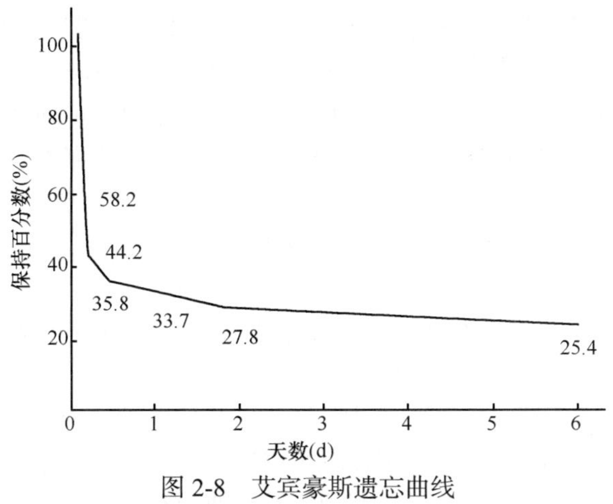

图 2-8 艾宾豪斯遗忘曲线

考点：遗忘的规律

四、注 意

案例 2-2

考前复习时有的学生眼睛盯着书本，却总不翻动，再仔细一看学生的眼睛，原来已经“神游”去了。

问题：你知道这是怎么回事吗？

（一）注意的概念

注意（attention）是日常生活中人们非常熟悉的一种心理现象。注意是指心理活动对一定对象的指向和集中。指向性和集中性是注意的两个特点。指向性是指人的心理活动不能同时朝向一切对象，而是有选择、有方向地指向特定的客体；集中性是指人的心理活动能在特定的方向上保持并深入下去。上课走神就是注意仅有指向性没有集中性的表现。

考点：注意的概念和注意的两个特点

注意本身不是一种独立的心理活动，不能单独进行或完成，是心理活动的一种属性或特性，伴随着心理活动过程的始终。

（二）注意的分类

根据有无目的及是否需要意志努力，注意分为以下三类。

1．无意注意　是指没有预定目的，也不需要意志努力的注意，如学生正在专心听课，突然有人手机铃声响起，大家都会把注意指向铃声响起的方向，这就是无意注意。无意注意是一种初级的、被动的注意形式。

2．有意注意　是指有预定目的，需要意志努力的注意，如教师备课、设计人员进行产品设计、运动员参加比赛时的注意状态都是有意注意。有意注意是注意的一种高级形式，人们在劳动、工作和学习中都需要大量的有意注意才能完成任务。

3．有意后注意　是指有自觉目的，但不需要意志努力的注意，它是在有意注意的基础上发展起来的，如人们在熟练地打字、开车等活动中的注意状态都是有意后注意。

（三）注意的品质

良好的注意具有以下四个特点。

1．注意的适当范围（注意的广度）　是指在单位时间内（0.1 秒）能够注意到的客体的数量。在 0.1 秒的时间内，人眼只能知觉对象一次，那么这一次知觉到的数量就是注意的范围。

在心理学实验中成人的注意范围为4～6个孤立的物体，而幼儿只能注意到2～3个。现实生活中无论是成人还是幼儿注意范围都有明显的个体差异，其影响因素与被知觉对象的特点有关，如客体的复杂程度和客体间的关系：颜色相同、大小相同、排列规则及有联系的对象注意范围就广，客体越简单注意范围越广。此外，注意范围还与环境因素、个体的知识经验及情绪状态有关。

2. 注意的稳定性　是指在较长时间内，人服从某个目的把注意指向并集中在某一种活动或对象上的特性，这是注意品质在时间上的特性，如学生聚精会神地听完一节课、外科医师全神贯注地完成一例手术都体现了注意的稳定性。注意的稳定性与个体意识的积极活动状态和意志力相联系，是个体顺利完成某种活动的基本条件之一。

3. 注意的分配　是指在同一时间内人把注意同时指向两种或两种以上活动或对象中去的能力。这是注意在效率方面的特性，如学生上课时可以边听教师的讲解边记笔记，边看文稿边打字，司机开车时同时看路况和倒车镜、把方向、踩刹车及加油。能够进行注意分配可提高活动的效率，但它是有条件的，即同时从事的两种活动，必须有一种达到动作自动化的程度，同时从事多种活动，其中最多只能允许有一种活动不够熟练。

4. 注意的主动转移　是指根据新任务的要求，主动把注意从一种活动转移到另一种活动上去的特性。灵活而正确的转移，是人正常学习和工作、适应环境、完成各项任务不可缺少的品质之一。

案例 2-2 分析

“神游”现象是注意仅有指向性而没有集中性的表现，即生活中所说的“视而不见”。很多学生“走神”是注意仅仅有指向性而没有集中性的缘故。因此，要提高记忆力，首先要提高注意的指向性和集中性。

五、思　维

思维同感知觉一样是人脑对客观现实的反映。思维是在感知觉的基础上发展起来的，是一种更复杂、更高级的认知活动。感知觉所反映的是事物的个别属性，而思维所反映的是一类事物共同的、本质的属性和事物间内在、必然的联系。例如，作为临床医师在工作中能够感知到患者疾病的症状表现，如呼吸困难、发热、咳嗽等这些疾病的表面现象，医师会进一步研究患者为什么会出现这些症状，病因是什么，需要做哪些相关检查，最后综合患者症状表现及辅助检查结果给患者疾病做出诊断，这个过程就是深入到疾病的本质特征及疾病导致症状的内部规律的思维活动。

考点：思维的概念和思维的基本特征

（一）思维的概念

思维（thinking）是人脑对客观事物的概括和间接反映，它反映的是事物的本质属性和事物的内部规律性。间接性和概括性是思维的基本特征。在日常生活中，我们每时每刻都离不开思维，我们用它学习知识、解决问题，用它探索新知、创造未来。

（二）思维的分类

1. 根据思维活动的凭借物不同分类

（1）动作思维：是一种依据实际动作来解决问题的思维过程，它具有明显的外部特征，以直观的具体形式的实际动作表现出来。动作思维是通过实际操作解决具体直观问题时的思维过程，是在人们边做边想时发生的，如调试新的医疗仪器设备的各种性能，需要通过动作思维边感知边调节。在个体的心理发展过程中，3岁以前的幼儿就可形成初级的动作思维，如用手指数数、摆积木盖房子等，他们所思考的只是当时直接感知到并正在操作的物体，如果感知和动作中断，思维也就停止了。

（2）形象思维：是凭借事物的具体形象和表象的联想来进行的思维活动。表象是思维的材料，思维过程往往表现为对表象的概括和加工。形象思维具有形象性、整体性和可操作性等特点，如建筑设计师在设计时，要通过对他脑中各种各样的建筑物或其他事物的表象加以联系、加工和改造而完成；艺术家也要通过对各种各样人物的表象加以概括，而塑造出典型人物的艺术形象。

（3）抽象思维：是运用概念、判断、推理的形式进行的思维。抽象思维需要借助语言符号进行，具有抽象性和程序性的特点，如人们对数理化问题的解答、科研假设与实验论证、社会问题与心理问题的分析都属于抽象思维。抽象思维是人类思维的核心形态，也是人与动物思维水平的根本不同之处。

在成年人身上，三种思维是互相联系、互相渗透的，只单独地使用一种思维来解决问题是极为罕见的。哪一种思维占优势并不能表明思维发展水平的差异。

2．根据思维活动的指向性不同分类

（1）求同思维（聚合思维）：是把问题所提供的各种信息聚合起来得出一个正确答案（或一个最好的解决方案）。它是把提供的各种信息重新加以组织，找出人们已知的一个答案的过程，如归纳推理就是一种求同思维。

（2）求异思维（发散思维）：是一种沿着各种不同的方向去思考，去探索新的远景，去追求多样性的思维。求异思维的过程是从提供的信息中产生多种信息的过程，它不拘泥于一个途径、一个方法，如演绎推理，数学题的一题多解就是求异思维。

（三）解决问题的思维过程

心理学家把解决问题的思维过程分为四个阶段，即提出问题、明确问题、提出假设和检验假设。

1．提出问题　是解决问题的开端，善于提出问题才有可能解决问题。提出问题有赖于人的思维的积极活动。提出问题也依赖于人的认真负责的态度，人的责任感和认真负责的态度有助于发现问题。

2．明确问题　就是分析问题、抓住关键、找出问题原因的过程。明确问题的基本条件是全面系统地掌握感性材料，并在此基础上进行分析和归类，使人的思维活动有明确的方向性。

3．提出假设　就是提出解决问题的方案。解决问题的方案通常不是一下就可以确定下来的，因此需先以假设的形式出现，然后通过验证逐步得到完善。假设的提出与已有知识经验、直观的感性形象、尝试性的实际操作及创造性构想等有关。

4．检验假设　就是通过理论和实践形式检验假设，这是解决问题的最后步骤。实践检验有两种形式，即直接检验和间接检验。直接检验就是依据实践结果直接判断某一假设真伪，如手机没有声音的多种原因中，提出“可能是信号不好”的假设，只要亲自看一下手机上的信号强度的标志，便可断定该假设的真伪。间接检验是依据实验结果，间接推论假设的真伪（如思维推论），下象棋、解智力题就运用了间接假设。

（四）影响问题解决的心理因素

案例 2-3

这是一个趣味活动。准备一支蜡烛、几枚图钉、一盒火柴，要求把蜡烛点燃并固定在教室直立的墙壁上。据调查，只有50%的大学生能完成。

问题：你认为该怎样解决这个问题呢？

影响问题解决的因素有很多，既有情境因素也有个人因素，既有主观因素也有客观因素，在这些因素中影响问题解决的心理因素有以下几种。

1．定势　是指解决问题时心理活动的一种准备状态。人们在解决问题时都要受到定势的影响，会对问题解决情境以某种习惯方式进行反应。定势有时有助于问题的解决，有时会妨碍问题的解决。

2．迁移　是指已经获得的知识和技能对学习新知识和技能的影响。迁移分为正迁移和负迁移两种。正迁移是指一种知识技能的掌握对另一种知识技能的掌握起促进作用，如已经学习了解剖、生理知识对学习病理学知识有帮助。负迁移是指一种知识技能的掌握对另一种知识技能的掌握起干扰作用，如已经熟练掌握了五笔打字法，对学习拼音打字法有一定的干扰。

3．功能固着　是一种特殊类型的定势。它是指个体看到某一物体某一惯常的功用或联系后，就很难看出它的其他新用途，如果初次看到的功用越重要，也就越难看出它的其他用途。

考点：影响问题解决的心理因素有哪些？

4．动机的强度　动机是解决问题的内部动力。动机的强度水平会对问题解决产生不同的影响。一般情况下，中等强度的动机最有利于问题的解决，动机过强或过弱都会降低问题解决的效率。

5．情绪状态　肯定积极的情绪状态（如愉快、满意、喜爱等）有利于问题的解决；而否定消极的情绪状态（如不愉快、不满意、厌烦等）不利于问题的解决。

案例 2-3 分析

解决这个问题的方法很简单，只需用火柴把蜡烛点燃，然后用图钉把空火柴盒固定在墙上，再用蜡油把蜡烛粘在火柴盒上。

有些同学之所以没能想出这一解决问题的方法，原因是他们在思考解决问题的过程中，只是把火柴盒看作装火柴用的，而没想到它还可以用来固定蜡烛。“功能固着”现象使我们趋向于以习惯的方式使用物品，从而妨碍以新的方式去运用它来解决问题。

六、想　象

（一）想象的概念

想象（imagination）是人脑对已有储存表象加工改造形成新形象的心理过程。而表象（image）是指感知过的事物不在面前时在头脑中出现该事物的形象。表象是想象的素材，但想象不是表象的简单再现，而是对表象进行加工改造，重新组合形成新形象的过程。人的想象是在广泛的感知、丰富的经验、渊博的知识基础上产生的。想象力属于人所特有的高级认识过程，作家进行人物构思、产品设计人员进行新产品的设计、科学家的创造性活动等都要运用到想象力。想象与创新相联系，有想象才能有创新，因此想象力也是个体的重要心理品质。

考点：想象的概念

（二）想象的分类

根据有无目的可将想象分为有意想象和无意想象。有一定目的、自觉进行的想象是有意想象；在刺激作用影响下，没有目的、不由自主地进行的想象是无意想象。如设计人员工作中运用的想象是有意想象；看到天上的云彩形状浮想联翩是无意想象，梦是无意想象的极端情况。

根据有意想象内容的新颖程度分为再造想象和创造想象。再造想象是根据已有的言语描述或图样的示意，在人脑中形成相应新形象的过程；创造想象是根据一定的目的任务，不依赖于已有的言语描述或图表示意，独立创造出新形象的过程，如人们读小说、观看艺术作品时进行的想象是再造想象；而作家、艺术家在进行构思和创作过程中的想象是创造想象。幻想是创造想象的特殊形式。

第2节 情绪情感过程

案例2-4

刘奶奶，73岁。患有高血压、冠心病。不愿与他人交往，对护士的日常工作挑剔、不配合。有时脾气暴躁，不服药或把药物藏起来。经常自己坐着发呆，看着窗外流泪，常出现心境不佳的状态。

问题： 1．如何理解刘奶奶心境不佳的情绪状态？这是一种不好的情绪吗？

2．如何改善刘奶奶的情绪，使患者有良好的心境、配合治疗、早日康复？

人们在认识世界的实践活动中，表现出不同的好恶态度，对这些态度的体验就是情绪和情感。情绪不同于认知，认知是对事物客观的反映，情绪是一种主观体验。情绪最能表达人的内心状态，可以说它是人的心理状态的晴雨表。情绪和情感是人们维护心理健康的关键成分之一，其中情商与人们的事业能否成功息息相关。

一、情绪与情感概述

（一）情绪与情感的概念

情绪与情感（emotion and feeling）是人对客观事物是否满足自己的需要而产生的态度体验。当客观事物满足自己的需要时就会产生高兴等积极的情绪，当客观事物不满足自己的需要时就会产生失望等消极的情绪。生活中客观事物不可能总能满足我们的需要，因此，当我们的需要得不到满足时所体验的消极情绪是普遍存在的。既然积极情绪和消极情绪的产生与需要是否满足有关，因此情绪本身并没有好坏对错之分。虽然生活中，我们一般把喜欢的积极情绪称为好的情绪，不喜欢的消极情绪称为坏的情绪，其实即使是消极情绪，只要是适度的也有存在的价值和意义。例如，考试时的适度焦虑可以使学生有更好的表现。了解了以上几点，将有助于我们纠正生活中对情绪的认识偏差，从而正确地认识情绪。

考点：情绪的概念

（二）情绪与情感的区别

情绪与情感在心理学中的概念是相同的，但二者之间还是有一定区别的，具体表现在以下几点。

1．从需要的角度来看　情绪往往与个体的生理需要是否获得满足相联系。例如，由于饮食的需求而引起满意或不满意的情绪，由于危险情境引起的恐惧和搏斗相联系的愤怒等都是情绪体验。而情感大都与人的社会需要相联系，如人对交往、友谊、成功、荣誉的需要是否获得满足而产生的是情感体验。

2．从发生的角度来看　情绪发生较早，为动物和人类共有。但是，人的情绪在本质上与动物的情绪有所不同。即使人类最简单的情绪，在它产生和起作用的时候，都受社会生活方式、社会习俗和文化教养的影响和制约。例如，难闻的气味能引起人厌恶的情绪，素雅整洁的房间使人产生恬静舒适的心情。而情感发生较晚，是人类特有的心理现象。

3．从反映的角度来看　情绪带有情境性、不稳定性和易变性的特点，有明显的外部表现；而情感具有持久性、稳定性，并且外部表现不明显，往往蕴藏在人的内心。

二、情绪与情感的分类

（一）原始情绪（基本情绪）分类

所谓原始情绪，是指人和动物共有的与本能活动相联系的情绪，也称基本情绪。近代关于情绪分类研究中，通常把快乐、愤怒、恐惧和悲哀列为四种基本情绪。

1．快乐　是指盼望的目标达到和需要得到满足之后，继而带来的紧张性解除时的情绪体验。快乐的程度取决于愿望满足程度、目的愿望突然达到的程度和意外程度。快乐按其程度不同可分为满意、愉快、欢乐和狂喜。

2．愤怒　是由于外界干扰使愿望实现受到压抑，目的受到阻碍，从而逐渐积累紧张性而产生的情绪体验。愤怒的程度取决于干扰的程度、次数及挫折的大小。愤怒按其程度不同可分为不满意、生气、愠、怒、忿、激愤、狂怒等。

3．恐惧　是指个体在面临并企图摆脱某种危险情境而又无能为力时产生的情绪体验。引起恐惧的因素是多方面的，如人们熟悉的环境发生了意想不到的变化，奇怪、陌生、可怕的事物突然出现，黑暗、巨响、凶猛动物、歹徒及他人恐惧情感的感染等，但最关键的因素是个体缺乏摆脱危险情境的能力。恐惧的程度可分为担心、害怕、惧怕、恐惧、恐怖等。

考点：基本情绪的分类

4．悲哀　是指喜欢、热爱对象的丧失、破裂或所盼望的目标幻灭而带来的情绪体验。悲哀的程度取决于所失去东西的价值，另外个体的意识倾向和个性特征对个体的悲哀程度也有重要影响。悲哀的程度可分为遗憾、失望、难过、悲伤和极度哀伤。

（二）根据情绪发生时的强度、速度及持续时间不同分类

情绪根据发生时的强度、速度及持续时间不同分类，分为心境、激情和应激三种状态。

1．心境　是一种微弱、持久、带有弥散特点的情绪状态，如心情愉快时，干什么都有兴致；心情烦躁时，见到谁都烦。

引起心境变化的原因可以是生活中的一般事件，如人际关系状况等；也可以是人体生物节律，如情绪的最佳状态的周期性变化；此外在实践中形成的理想、信念和世界观等人格倾向对心境的产生也具有决定性的影响。

心境对人的工作、学习和生活有很大的影响。良好的心境有助于个体积极性的发挥，克服困难，从而提高工作与学习的效率，并促进良好意志品质的培养；消极不良的心境则会妨碍工作和学习，影响身心健康。因此，培养和保持良好的心境状态对个体有积极的意义。

2．激情　是一种强烈、短暂、爆发式的情绪状态，如欣喜若狂、暴跳如雷等。

引起激情的原因可以是生活中的重大事件和强烈刺激，如亲人死亡或极端的喜悦、过度的抑制和兴奋都可能导致激情的发生。

激情有双重作用，积极的激情是人行为的巨大动力；消极的激情可产生不良后果。因为在激情发生时，意识范围缩小，意识对行为的控制能力明显降低，理解力和判断力减弱，往往做出不理智的行为甚至触犯法律的事情。人的理智和意志可主宰和驾驭情绪冲动，采取合理释放、艺术升华、转移等方法都有控制、调节与缓和消极情绪的作用。

3．应激　是出乎意料的紧急情况引起的情绪状态。例如，突然发生的火灾、地震、交通事故等都会使个体处于应激状态。

应激对个体既有积极的作用，也有消极作用。一般的应激状态是个体的一种保护和防御机制，会使机体精力旺盛，使人的活动更积极、迅猛，思维清晰精确，动作敏捷准确，使人更加机智勇敢，集中精力应对突发事件，有利于个体摆脱危险。

考点：情绪的三种状态

但如果应激状态持续时间较长时，会导致全身兴奋，注意和知觉的范围缩小，言语不规则、不连贯，行为动作紊乱，应激状态的延续能击溃人的生物化学保护机制，导致胃溃疡、胸腺退化等严重疾病，甚至发生临床休克或死亡。

（三）高级社会情感的分类

情感反映的是客观事物与人的需要之间的关系，而人的需要包括生理需要和社会需要，凡是由社会需要引起的情感都称为高级社会情感。高级社会情感是人类特有的情感体验，是人的情感生活中的主导因素，按其内容可分为道德感、理智感和美感。

1．道德感 是人们运用一定的道德标准评价自身或他人行为时所产生的一种情感体验。如果自己或他人行为符合道德标准则产生满意、肯定的情感体验，如爱慕、敬佩、赞赏、热爱等；如果行为不符合道德标准则产生消极、否定的情感体验，如羞愧、憎恨、厌恶等。

2．理智感 是人对认识活动进行评价时所产生的情感体验，例如，人的认识活动中的成就感，对新对象的好奇心与新异感，对矛盾事物的怀疑与惊讶感，对下判断证据不足时的不安感，对科学的热爱、真理的追求，对偏见、迷信的憎恨等。理智感不仅产生于认识活动中，而且也是推动人们探索、追求真理的强大动力。

3．美感 是人对客观事物或审美对象美的特征的情感体验。它是由具有一定审美观点的人对外界事物美进行评价时产生的一种肯定、满意、愉悦、爱慕的情感。美感是人对审美对象的一种主观态度，是对审美对象是否满足主体美需要的关系反映，因而随着个人的需要、立场、观点及主体和客体的关系不同，美的情感体验也不相同。

三、情绪与情感的生理变化和外部表现

当个体感受到情绪与情感体验的同时，也会随之产生相应的生理变化和外部表现。

（一）生理变化

个体在不同情绪状态下发生的生理变化，人是不能主观加以控制的，因此可作为评价情绪变化的客观指标之一。情绪变化带来的生理变化表现在以下几方面。

1．呼吸系统的变化 在不同的情绪状态下，呼吸的频率、深浅、快慢、是否均匀都会发生变化，如人在愉快、高兴状态下约为每分钟 17 次；消极悲伤时约为每分钟 9 次；恐惧时约为每分钟 64 次；愤怒时约为每分钟 40 次。

2．循环系统的变化 在不同的情绪状态下，一方面表现为心跳速度和强度的变化；另一方面表现为外周血管的舒张与收缩的变化。在平静状态下，人的心跳正常，血管舒张；在愤怒或恐惧时，心跳加快，血管收缩，血压升高。

3．内外分泌腺体的变化 在不同的情绪状态下，外分泌腺体会发生相应的改变；人在悲伤时会流泪；恐惧紧张时会出冷汗，口腔唾液腺的分泌减少；焦虑不安时会抑制消化腺的分泌和胃肠蠕动，因而食欲减退。当个体发生情绪变化时，内分泌腺体也会发生变化，从而影响激素的分泌。情绪紧张时，肾上腺的活动增强，促进肾上腺激素的分泌；愤怒者血液中去甲肾上腺素增加。

4．脑电波的变化 在不同的情绪状态下，脑电波的波形也会发生变化。人在安静、闭目时，脑电波呈现α波；在紧张、焦虑状态下，会出现高频率、低振幅的β波；在熟睡时，则出现低频率、高振幅的δ波。

（二）外部表现

个体发生情绪与情感变化时的外部表现主要表现为表情，表情又可分为面部表情、身段表情和言语表情。

1．面部表情 是指通过眼部肌肉、颜面肌肉和口部肌肉的变化来表现不同的情绪状态。眉毛、眼睛、鼻孔、口在不同情绪状态下都可发生相应的变化，表达不同的情感内容，如喜悦时的“眉开眼笑”、忧愁时的“愁眉不展”、气愤时的“怒目而视”、惊恐时的“目瞪口呆”、憎恨时的

“咬牙切齿”。有心理学家提出人面部的不同部位在表达情感方面的作用是不同的，如眼睛对表达忧伤最重要；口部对表达快乐与厌恶最重要；前额表达惊奇最重要；眼睛、口和前额对表达愤怒情绪都是重要的。

2．身段表情　是以不同的身体动作表达情绪情感的变化，如得意时的“摇头晃脑”、紧张时的“坐立不安”、喜悦时的“手舞足蹈”、悔恨时的“捶胸顿足”、讨好时的“卑躬屈膝”等。在身段表情中手势最为重要，如表示欢迎的鼓掌、表示加油的握拳、表示友好的握手、表示告别的挥手；此外，摩拳擦掌、手足无措也都传递了一定的情感变化。

3．言语表情　是指讲话时的音质、音量、语调、语速、节奏等可表达情绪情感的变化，如呻吟表达痛苦、笑声表达愉快、尖锐的叫声表达恐惧。不同情绪状态下，言语表情可有显著的差别，如喜悦时，语调高昂，语速较快；悲哀时，语调低沉，语速较慢；愤怒时，语速加快，音量提高。同样一句话，用不同的言语表情传递出来，表达的情感也不相同。

四、情绪与情感对个体的影响

情绪与情感作为重要的心理活动，它对个体的影响主要表现为以下几方面。

（一）情绪与情感影响人的身心健康

首先，情绪与情感可以影响人的身体健康。现代医学心理学研究表明，积极愉快的情绪可使个体的生理活动处于积极活跃状态；积极的情绪还能使个体增强对疾病的抵抗力。而长期消极负性情绪体验及对负性情绪的不表达可导致某些心身疾病的发生，如原发性高血压发病就与长期存在的紧张刺激有关，对负性情绪的不表达可成为癌症的易感因素。其次，情绪与情感还可影响人的心理健康，如不良情绪体验是某些神经症及精神疾病的发病原因，长期情绪紧张可导致神经衰弱的发生。

（二）情绪与情感影响人的智力活动

美国学者曾分别对在有充分关心和爱的家庭环境下成长的儿童与同龄的孤儿院寄养儿童做了智力测验的对照研究，结果前者智商明显高于后者，说明情绪与情感因素对智力发展也有影响。

（三）情绪与情感影响学习、工作效率

如果人们对所要从事的活动有喜欢热爱的情感，那么情感可成为促进个体从事该项活动的动力。愉快、平稳而持久的积极情绪能使人的大脑及整个神经系统处于良好的活动状态，它可以驱动人从事活动，并放大和增强其作用，从而更有力地激发有机体的行动，发挥潜能，提高人的活动效率。不良的心境、强烈的激情和应激状态下，情绪也可以阻碍人的行为。

（四）情绪与情感影响人的社会交往和人际关系

情绪与情感具有传递信息、沟通思想的功能，情绪与情感的信号功能是通过表情来实现的，如微笑表示友好，点头表示同意，可以使得人际间关系和睦；相反，如果皱眉、怒目，会使得人际关系变得紧张。在人际交往过程中个体会产生相应的情感体验，这种情感直接影响和反映着人与人交往关系的亲近程度。

知识链接　**踢猫效应**

一父亲在公司受到了老板的批评，回到家把在沙发上跳来跳去的孩子臭骂了一顿。孩子心里窝火，狠狠地去踹身边的猫。猫逃到街上，正好一辆卡车开过来，司机赶紧避让，却把路边的孩子撞伤了。

这就是心理学上著名的“踢猫效应”，是一种典型的坏情绪的传染所导致的恶性循环。

五、情商及其意义

（一）情商的概念

EQ（情商）是情绪商数的简称，是代表一个人情绪智力（emotional intelligence）的指数。1990年，美国心理学家约翰·梅耶和彼得·萨洛维首先提出了情商的概念。1995年，丹尼尔·戈尔曼出版了《情绪智力》一书，在全世界掀起了一股EQ热。戈尔曼接受了萨洛维和梅耶关于情绪智力的详细定义，他们把情绪智力扩展为5个主要的领域。

1. 了解自身情绪　自我意识，即感受发生时能识别到感受的发生，是情绪智力的基石。如果无法注意到自身的真实感受，我们就只能听命于感受的操控。对自身情绪更加确定的人对生活有更强的掌控能力。

2. 管理情绪　恰当地处理情绪是一种建立在自我意识基础上的能力。情绪调节能力差的人常常受到痛苦情绪的困扰，而情绪调节能力强的人则可以更快地从生活挫折和烦恼中恢复。

3. 自我激励　能够依据活动的某种目标，调动、指挥情绪的能力，它能使人走出生命的低谷，重新出发。

4. 识别他人的情绪　能够通过细微的社会信号，敏感地感受他人的需求和欲望，认知他人的情绪，这是和他人正常交往、顺利沟通的基础。

5. 处理人际关系　调控自己与他人情绪反应的技巧，可以更好地处理人际关系。

（二）情商的意义

情商是个体的重要生存能力，是一种发掘情感潜能、运用情感能力影响生活各个层面和人生未来的关键品质，它决定了一个人其他心智能力的表现。人的情绪失控就会导致诸多麻烦，情商表现之一为管理情绪的能力，而良好的情商可以帮助一个人面对悲伤、失恋、离婚等诸多生活的不如意；可以帮助一个人面对压力、家庭变故、突发事件时妥善地处理；可以更好地处理各种人际关系问题，拥有和谐的人际关系。在事业取得成功的过程中，20%靠的是智商，80%要靠其他因素，其中最重要的是情商，因此良好的情商可以助力事业的成功。良好的情商还可以使我们保持积极乐观的心态和拥有健康的身体。因此，良好的情商有助于我们人生的幸福！

案例2-4分析

1. 刘奶奶心境不佳的情绪状态是因为需求没有得到满足，是正常的情绪，就情绪本身来说，并没有好坏之分，但是其情绪影响了身体的康复，需要引起关注。

2. 首先，在以上认识的基础上，了解刘奶奶暴躁、心境不佳等情绪下的哪些需要没有被满足。其次，尝试满足刘奶奶的需要或者认同她的情绪并给予支持和安慰。最后，引导刘奶奶配合护士的日常护理工作，为早日康复树立信心。

知识链接

名人名言

真正决定一个人成功与否的关键是情商而非智商。

——戈尔曼

适当的悲哀可以表示感情的深切，过度的伤心却可以证明智慧的欠缺。

——莎士比亚

任何人都会生气——这很简单。但选择正确的对象，把握正确的程度，在正确的时间，出于正确的目的，通过正确的方式——这却不简单。

——亚里士多德

第3节 意志过程

案例 2-5

弗罗伦斯·南丁格尔生于英国一个上流社会家庭。年轻时，生活有人服侍，在舞会、沙龙中与贵族们周旋。但南丁格尔内心却感到十分空虚，一直到她决心选择将为人民服务的护士作为自己一生的天职后，她才强烈感受到充实的生命意义。在克里米亚战争中，英国的战地战士死亡率高达 42%。南丁格尔主动申请，自愿担任战地护士。她竭尽全力排除各种困难，为伤员解决必需的生活用品和食品，对他们进行认真的护理。仅仅半年左右的时间伤病员的死亡率就下降到 2.2%。每个夜晚，她都手执风灯巡视，伤病员们亲切地称她为“提灯女神”。

在中外历史中，能以坚持的信念，排除一切困难并建立特殊功业的人物向来不多，尤其女性人物更为鲜见，而南丁格尔就是这样的人。为了纪念她的成就，1912 年，国际护士会（ICN）倡议各国医院和护士学校在每年 5 月 12 日南丁格尔诞辰日举行纪念活动，并将 5 月 12 日定为国际护士节，以缅怀和纪念这位伟大的女性。

问题：请用意志的相关知识分析南丁格尔的伟大成就。

一、意志的概念

意志（will）是人们非常熟悉的心理现象，人们经常谈论某人“意志坚强”，某人“意志薄弱”。在心理学中意志是指人自觉地确立行动目的，并根据目的调节和支配自己的行动，克服困难去实现预定目的的心理活动。例如，同学们进医学院校学习，立志从事医疗事业，这首先要确定行动目的，然后根据这个目的顽强地刻苦学习，参加体育锻炼，克服各种困难，争取在德智体各方面都得到发展，成长为合格的临床医护人员。在这些行动过程中，不仅意识到自己的需要和目的，还以此调节自己的行动以实现预定的目标。意志就是在这样的实际行动中表现出来的。

考点：意志的概念

二、意志行动的特征

意志总是表现在人们的实际行动中，因此也称为意志行动。但并不是人的一切行动都是意志行动，如人的一般性的行为习惯、自动化的动作、无意识的动作等就不是意志行动。意志行动具有如下特点。

（一）有自觉的行动目的

意志行动是人特有的自觉确定目的的行动。所谓目的，就是对自己行动的正确性和重要性有充分的认识。人在行动前，行动的结果已经作为行动的目的以观念的形式存在于人脑之中，并以这个目的去调节支配自己的行动，使个体的意志服从这个目的，这就决定了人在自己的活动过程中总是有自觉的追求，人的行动是以自觉目的为特征的意志行动。

（二）以随意运动为基础

人的复杂行为包括意志行为都是由简单动作组成的，而人的动作根据是否受意识的调节和支配分为随意动作和不随意动作两种。不随意动作是指不受意识调节和支配的动作，如自动化的习惯性动作、睡眠状态的动作及人的无条件反射动作等都是不随意动作。随意动作是指受意识调节和支配的动作，具有一定目的方向性的动作，是在后天的生活实践中学习获得的，如教师的板书、运动员的加速冲刺都是随意动作。随意动作是意志行动的必要组成部分。

（三）与克服困难相联系

克服困难是意志行动的重要特征，意志行动本身就是有目的的行动，在实现目的的过程中总会遇到来自内部与外部的困难，只有克服了这些困难才能够实现目的，因此战胜困难、克服困难的过程，也就是意志行动的过程。内部困难是指人在行动时内心所发生的相反愿望的干扰，如不同动机、不同目的之间的矛盾冲突，或由于知识经验及能力的不足、时间紧张等引起的内心矛盾的干扰；外部困难指来自客观条件方面的干扰和限制，如缺少信息来源、没有必要的设备条件、诱因干扰等。

考点：意志行动的特征

三、意志的基本品质及培养

（一）意志的基本品质

构成意志力的稳定因素称为意志品质。人们的意志品质存在着巨大的个体差异。主要的意志品质有自觉性、果断性、坚韧性和自制性。

1. 自觉性　意志的自觉性是指个体自觉地确定行动目的，并独立自主地采取决定和执行决定，使行动达到既定目的。

自觉性是意志水平高低的首要标准，它反映了一个人在活动中坚定的立场和始终如一的追求目标。它贯穿于意志行动的始终，也是意志行动进行和发展的重要动力。具有自觉性的人，能独立支配自己的行动，不受外界的影响，自觉排除各种干扰和诱惑，不依赖他人；既有原则性又有灵活性，经常使自己的行动服从于目的。

与自觉性相反的表现是盲目性、易受暗示和独断。盲目性、易受暗示指缺乏主见，毫无分析和批判地接受影响，易轻信别人，易受干扰；独断指容易从主观出发，一意孤行，拒绝他人的正确劝告。

2. 果断性　意志的果断性是善于迅速地明辨是非，能及时地坚决地采取决定和执行决定。果断不同于轻率，它是以充分的根据、经过周密思考为前提的。果断的人对自己的行为目的、方法和可能的后果，都有深刻的认识和清醒的估计，所以当事态发展到最紧急关头时，能当机立断，及时行动，毫不动摇。它反映一个人在行动中的决策速度和深度。

与果断性相反的品质是优柔寡断和冒失。优柔寡断是面临选择常犹豫不决、顾虑重重等软弱性的表现；冒失行为是一种缺乏思考，凭一时冲动轻率决定而不顾后果的品质。这两个方面都是意志品质果断性缺乏的表现。

3. 坚韧性　意志的坚韧性是指在执行决定阶段能矢志不渝，坚持到底，遇到困难和挫折时能顽强乐观地面对和克服而把决定贯彻始终的品质。

与坚韧性相反的品质是动摇性、执拗和顽固性。动摇性是遇到困难便怀疑预定目标，放弃对预定目标的追求，半途而废，缺乏韧性的软弱意志品质；执拗和顽固性是固执己见、我行我素、执迷不悟的表现，这也是意志薄弱的一种表现。

4. 自制性　意志的自制性是指能够完全自觉、灵活地控制自己的情绪，约束自己言行的意志品质。

具有自制性的人，有很强的组织纪律性，情绪稳定，注意力集中，通常被称为意志坚定的人，他们知道做自己应该做的事。具有自制性的人既能发动合乎目的性的行动，又能抑制与行动目标不一致或相违背的行动。

与自制性相反的表现是任性和怯懦。前者容易受情感左右，缺乏理智，常在需要克制冲动时任意为之，意气行事。后者表现为在需要采取行动，迎接挑战时却临阵退缩，不敢有所行动。这两种都是意志不坚定、缺乏自制性的表现。

（二）意志品质的培养

良好的意志品质，是完善人格、事业成功的重要因素。

1. 树立崇高的理想　伟大的目标会产生巨大的动力。远大的理想是前进的指路灯，只有确立了远大的理想、坚定的信念，才能使自己的行为具有高度的自觉性，才能以顽强的毅力克服重重阻碍实现目标。

2. 脚踏实地，从点滴做起　远大理想的实现，要靠脚踏实地、一点一滴的行动，把大目标分解成小目标，一个一个逐步去实现，就会离理想越来越近。意志品质也在生活中一件件具体小事中得到磨炼。

3. 针对自身特点，有的放矢地培养　不同的人意志品质存在差异，在分析自己意志品质的基础上，有针对性地进行锻炼。

案例 2-5 分析

南丁格尔的伟大成就与她的意志有着密不可分的关系。

首先，南丁格尔自觉地确立目标：选择为人民服务的护士作为自己一生的天职。其次，在战争中，南丁格尔竭尽全力排除各种困难，为伤员解决必需的生活用品和食品等，并认真护理伤病员，仅半年左右的时间伤病员的死亡率就急剧下降。

南丁格尔就是以坚持的信念，排除一切困难并建立特殊功业的人。

知识链接

名 人 名 言

如果我坚持什么，就是用大炮也不能打倒我。

——巴甫洛夫

要记住！情况越严重，越困难，就越需要坚定、积极、果敢，而越无为就越有害。

——列夫·托尔斯泰

小　结

心理过程包括认识过程、情绪情感过程和意志过程，三者不是孤立存在的，而是相互影响、相互制约、相互渗透的统一整体。人们在认识客观事物的过程中，会产生相应的体验并引发相应的行为。同时，人们的情感和意志也将使认识活动得以进一步深化。

认识过程是人对客观世界的认知和察觉。它包括感觉、知觉、记忆、想象、思维和注意。其中思维是认识过程的核心；感觉、知觉是人脑对当前事物外部属性的反映，是认识的初级阶段；思维以间接、概括的方式反映事物内在规律性；想象是思维的特殊形式，都是认识的高级阶段；记忆是人脑对感知过的信息加工处理的过程；注意是心理过程的伴生现象，存在于心理过程的始终。

情绪、情感是人们对客观事物是否符合自己需要所产生的态度体验。愤怒、快乐、悲哀、恐惧是人类的基本情绪；情绪状态包括心境、激情、应激；社会情感有道德感、理智感、美感；情绪具有明显的生理反应成分，心理活动都是在一定的情绪基础上进行的，所以情绪是身心联系的纽带。

意志是自觉地确立目的，并根据目的来支配、调节自己的行动，通过克服困难，从而实现目的的心理过程。良好的意志品质包括自觉性、果断性、坚韧性、自制性，这是实现预定目标的保证。

自测题

选择题

A_1 型题

1. “入芝兰之室，久而不闻其香”，这是（ ）

A. 嗅觉的绝对感觉阈限较高
B. 联觉现象
C. 感觉的对比
D. 感觉的相互作用
E. 感觉的适应

2. 我们用彩笔将课文中的重点内容勾画出来，是利用知觉的（ ）

A. 选择性 B. 整体性
C. 理解性 D. 恒常性
E. 对比性

3. 从近距离观察某一座标志性建筑时，虽然落在视网膜上的成像会很小，但并不改变我们对其实际大小的知觉，这是因为知觉的（ ）

A. 理解性 B. 整体性
C. 选择性 D. 错觉
E. 恒常性

4. 根据记忆保持时间的长短，记忆可分为短时记忆、长时记忆和哪种记忆（ ）

A. 瞬时记忆 B. 机械记忆
C. 理解记忆 D. 运动记忆
E. 形象记忆

5. 艾宾豪斯遗忘曲线揭示的遗忘规律是（ ）

A. 遗忘速度先慢后快
B. 遗忘速度先快后慢
C. 遗忘速度保持不变
D. 遗忘是一种不好的心理现象
E. 以上都不对

6. “感时花溅泪，恨别鸟惊心”体现了情绪状态中的（ ）

A. 心境 B. 激情
C. 应激 D. 感动
E. 仇恨

7. 人类制订行动目标，调节自身行动，克服困难，努力实现预定目标的心理过程为（ ）

A. 需要 B. 想象
C. 注意 D. 意志
E. 情绪

8. 对行动的目的和意义有充分的认识，并能随时控制自己的行动，使之符合社会要求的心理品质是意志的（ ）

A. 盲目性 B. 自觉性
C. 果断性 D. 自制性
E. 坚韧性

9. 遗忘曲线是哪位心理学家的研究结果（ ）

A. 弗洛伊德 B. 艾宾豪斯
C. 马斯洛 D. 艾丽斯
E. 罗杰斯

10. 记忆过程包括识记和什么以及再认或者回忆（ ）

A. 感知 B. 注意
C. 保持 D. 思维
E. 验证

11. 保持在1分钟以内的记忆是（ ）

A. 感觉记忆 B. 短时记忆
C. 长时记忆 D. 瞬时记忆
E. 情绪记忆

12. 一般认为，短时记忆的容量为（ ）

A. 5组块 B. 7组块
C. 5～9组块 D. 2组块
E. 9组块

13. 思维的重要特征是（ ）

A. 间接性和概括性
B. 抽象性和具体性
C. 分析性和综合性
D. 深刻性和本质性
E. 思考性和表达性

14.“余音绕梁，三日不绝”是（　　）

A. 感觉的适应

B. 感觉的对比

C. 感觉的相互作用

D. 感觉后像

E. 感觉的发展与补偿

15. 生活中，有时会发生“视而不见”“听而不闻”的现象，这是注意的哪个特点没有被满足的结果（　　）

A. 指向性　　B. 集中性

C. 广度　　D. 稳定性

E. 转移

16. 强烈的、短暂的、爆发式的情绪状态是（　　）

A. 心境　　B. 激情

C. 应激　　D. 情绪

E. 愤怒

17. 人对客观事物是否满足自己的需要而产生的态度体验称为（　　）

A. 情绪　　B. 性格

C. 个性　　D. 意志

E. 认知

18. 知觉的基本特性有知觉的选择性、理解性、恒常性和（　　）

A. 整体性　　B. 分析性

C. 综合性　　D. 对比性

E. 适应性

19. 在执行决定阶段能矢志不渝、坚持到底，遇到困难和挫折时能顽强乐观地面对和克服而把决定贯彻始终的品质是（　　）

A. 意志的自觉性

B. 意志的果断性

C. 意志的坚韧性

D. 意志的自制性

E. 以上都是

B 型题

（20、21 题共用答案）

A. 错觉　　B. 有意想象

C. 无意想象　　D. 幻觉

E. 幻想

20. 做梦是一种（　　）

21.“杯弓蛇影”反映了哪一心理现象（　　）

（22～24 题共用答案）

A. 感觉　　B. 知觉

C. 记忆　　D. 思维

E. 注意

22. 人脑对直接作用于感觉器官的客观事物的个别属性的反映是（　　）

23. 人脑对直接作用于感觉器官的客观事物的整体属性的反映是（　　）

24. 心理活动对一定对象的指向和集中指的是（　　）

（周生彬）

第3章 人　　格

引　言

人们常说："世界上没有两片完全相同的叶子，更没有完全相同人格的两个人。"现实生活中正是如此，每个人有不同的人格心理特征及其人格倾向性，你想了解自己和他人的人格特点吗？那就让我们一起学习关于人格的相关知识吧。

第1节　概　　述

案例 3-1

300 多年前，在普鲁士王宫里，大哲学家莱布尼茨正在滔滔不绝地向王室成员和众多贵族宣传他的宇宙观。话锋一转，他说"世界上没有两片完全相同的叶子"，听者哗然，不少人摇头不信。于是，好事者就请宫女到王宫花园中去找两片完全相同的叶子，谁知数十人寻个遍也无法找到。人们惊愕，原来大千世界如此丰富多彩。后来人们把莱布尼茨的这句话比作人的人格。"世界上没有两片完全相同的叶子，更没有完全相同人格的两个人"。

问题：上述说法体现了人格的哪个一般特性？

一、人格的概念

"人格"一词来源于希腊语"persona"，又称个性，它有两方面含义：①原指演员在舞台上所戴的面具，后来演变为一个人在生命舞台上所扮演的角色。②指能独立思考、具有独特行为特征的人。根据不同的心理学者对人格研究的角度不同、所持观点不同，其定义也不尽相同。

考点：人格的概念

目前我国多数心理学教材将人格定义为一个人整体的精神面貌，即具有一定倾向性和比较稳定的心理特征的总和。

二、人格的一般特性

人格是人类独有的、由先天获得的遗传素质与后天环境相互作用而形成的、能代表人类灵魂本质及个性特点的性格、气质、品德、品质、信仰、良心以及由此形成的尊严、魅力等，人格主要有以下几方面特性。

（一）自然性与社会性

人格是在个体的遗传和生物基础上形成的，受个体生物特性的制约，这体现了人格的自然性。

但人格并非单纯自然的产物，它是在个体生活过程中逐渐形成的，受个人信念、性格、价值观等社会因素的影响，因此每个人的人格类型中都带有他成长的社会环境的烙印，所以说人格也具有一定的社会性。由此可见，人格是自然性与社会性的综合。

（二）稳定性与可塑性

"3 岁看大，7 岁看老"，这句中国自古就有的谚语，充分体现了人格的稳定性，即人格及其特征一旦形成，我们就可以从他的儿童时期的人格特征推测到成人时期可能的人格特征，在没有重大外界变革的情况下，一般是不容易改变的。正是人格的这种稳定性的特点，才能把一个人与另一个人从心理特征、精神面貌上区别开。

但是人格的稳定性是相对的，并不是一成不变的，随着现实生活的复杂多变及个人的生活历程，人格的特征也会发生一定的变化，但这种变化是比较缓慢的，所以说人格也具有一定的可塑性。由此可见，人格是稳定性与可塑性的统一。

（三）独特性与共同性

一个人的人格是在遗传、环境、教育等因素的相互作用下形成的。不同的遗传、生存及教育环境，形成了各自独特的心理特点。就像世界上没有两片完全相同的叶子一样，人与人也没有完全一样的人格特点。所谓“人心不同，各如其面”也充分体现了人格所具有的独特性。但是，人格的独特性，并不意味着人与人之间的个性毫无共同之处。人格的共同性是指某一群体某个阶级或某个民族在一定的群体环境、生活环境、自然环境中形成的共同的、典型的心理特点。正是人格具有的独特性和共同性才组成了一个人复杂的心理面貌。

综上所述，人格的特征并非是独立存在的，而是由多个特征组合而成的复杂的整体特征，它表现一个人在不断变化中的全体与综合。

三、人格的形成与发展

现代心理学认为，人格是在遗传与环境的相互作用下逐渐发展而成的。

（一）生物遗传因素

由于人格具有较强的稳定性特征，因此人格研究者更注重遗传因素的作用。许多心理学家认为双生子研究是研究人格遗传因素的最好方法，并提出了双生子的研究原则：同卵双生子具有相同的基因，他们之间的任何差异都可归结为环境因素的作用。异卵双生子的基因虽然不同，但在环境上有许多相似性。心理学家经过大量研究，普遍认为：①遗传是人格不可或缺的影响因素。②遗传因素对人格的作用程度因人格特征的不同而异。通常在智力、气质这些与生物因素相关较大的特质上，遗传因素较为重要；而在价值观、信念、性格等与社会因素关系紧密的特征上，后天环境因素更为重要。

（二）社会文化因素

每个人都处在特定的社会文化环境中，文化对人格的影响是很重要的。社会文化对人格有一定的塑造性，社会文化塑造了社会成员的人格特征，使其成员的人格结构朝着相似性的方向发展，这种相似性维系了社会的稳定，使每个人能稳固地“嵌入”整个文化形态里。社会文化对人格的塑造作用，还表现在不同文化的民族有其固有的民族性格。例如，米德（Mead）等观察了新几内亚原始部落社会中三个民族的人格特征，这三个民族住在不同自然环境中，有着不同的社会文化背景。他们在民族性格上的差异，反映了社会文化环境和自然环境对人格的影响。

（三）家庭环境因素

家庭对一个人人格的养成起着至关重要的作用。家庭的经济、政治地位，父母的受教育水平、教育观点和方法，家庭成员间的关系、气氛，子女在家庭中的角色等都影响着人格的形成。一般研究者把家庭的教养方式分成三类，即权威型教养方式、放纵型教养方式和民主型教养方式，这三类方式造就了具有不同人格特征的孩子。在民主型教养方式中父母与孩子在家庭中处于一个平等和谐的氛围中，父母尊重孩子，给孩子一定的自主权，并给孩子以积极正确的指导。父母的这种教育方式多能使孩子形成一些积极的人格品质，如活泼、快乐、直爽、自立、彬彬有礼、善于交往、容易合作、思想活跃等。

不同家庭教养方式对孩子的人格特征确实具有不同的影响。另外家庭成员的态度与行为方式，如父母的关系、邻里的关系、对老人的态度、待人接物等，都对儿童人格的形成具有重要的作用。由此可见，家庭是“人类性格的工厂”，它塑造了人们不同的人格特征。

（四）早期童年经验

历年来，人格心理学家较为重视人生早期所发生的事情对人格的影响。西方一些国家的调查发现，“母爱丧失”的儿童（包括受父母虐待的儿童），在婴儿早期往往会出现神经性呕吐、厌食、慢性腹泻、阵发性绞痛、不明原因的消瘦和反复感染。这些儿童还表现出胆小、呆板、迟钝、不愿与人交往、敌对情绪、攻击和破坏行为等人格特点，这些人格特点会影响他们一生的顺利发展，出现情绪障碍、社会适应不良等问题。

总之，人格的发展的确受到童年经验的影响，幸福的童年有利于儿童发展健康人格，不幸的童年也会使儿童形成不良的人格。但二者之间不存在一一对应的关系，如在逆境中成长的儿童，可能会磨炼出坚强的性格。

（五）自然物理因素

生态环境、气候条件、空间拥挤程度等物理因素都会影响人的形成和发展。另外，气温也会提高人的某些人格特征的出现频率。例如，天热会使人烦躁不安，对他人产生负面的反应，可能会发生反社会行为。但是自然物理环境对人格不起决定性的作用，在相同的物理环境中，人可以表现出不同的行为特点。

案例 3-1 分析

上述说法体现了人格一般特性中的独特性。

第 2 节　人格心理特征

案例 3-2

3 月 15 日是世界消费者权益日，某大型零售企业为了改善服务态度、提高服务质量，向消费者发出意见征询函，调查内容是“如果您去商店退换商品，销售员不予退换怎么办？”。要求被调查者写出自己遇到这种事时的做法。其中有这样几种答案：①耐心诉说。尽自己最大努力，苦口婆心慢慢解释退换商品原因，直到解决。②自认倒霉。认为申诉也没用，商品质量不好又不是商店生产的，自己吃点亏下回长经验。③灵活变通。找好说话的售货员申诉，找营业组长或值班经理求情，只要有一人同意退换就可望解决。④据理力争。绝不求情，脸红脖子粗地与售货员争到底，不行就网络曝光，再解决不了向工商局、消费者协会投诉。

问题： 1. 气质的体液说将气质分为哪几种类型？

2. 四种答案各反映出消费者哪些气质特征？对其进行分析。

人格心理特征是指心理活动进行时经常表现出的稳定特点，由能力、气质和性格三方面组成。

一、能　　力

（一）能力的概念

能力（ability）是一个人能顺利完成某种活动所必须具备的心理特征，是直接影响活动效率的关键因素。

人们能顺利完成某种活动，除了需要能力外，还需要相关的知识、技能与智力，它们之间是有区别的，属于不同的范畴。能力是一个人能顺利完成某种活动所必须具备的心理特征，经常、稳定地表现出来，属于个性心理特征的范畴；知识是人类经验的概括和总结，是人类的认识成果；技能是个体运用已有的知识经验，通过练习而形成的一定的动作方式或智力活动方式；智力则是指人认识、理解客观事物并运用知识、经验等解决问题的能力。能力的发展，需要知识的积累、技能的掌握及智力的开发，由此可见它们之间既有不同，又相互联系，所以能把这些能力结合起来顺利完成某种活动就称为才能。

考点：能力的概念

（二）能力的分类

能力的种类多样，按照不同的标准将能力分为以下几种类型。

1．按照能力的功能　将能力分为认知能力、操作能力和社交能力。

（1）认知能力：指人脑加工、储存和提取信息的能力，如观察力、记忆力、注意力、思维力和想象力等。

（2）操作能力：指人们操作自己的肢体以完成各项活动的能力，如护士为患者进行静脉输液的操作能力是其职业的基本要求。

（3）社交能力：指人们在社会交往活动中表现出来的能力，如言语表达能力、组织管理能力、交际能力等。

2．按照能力适应范围　将能力分为一般能力和特殊能力。

（1）一般能力：又称为普通能力，指个体从事的各种活动中共同需要的能力，是人共有的基本能力，如观察力、注意力、分析能力、判断能力等。一般能力的综合体就是通常所说的智力。

（2）特殊能力：又称为专门能力，指在某种专业活动中表现出来的能力，如运动能力、音乐能力、写作能力、绘画能力等。

一般能力与特殊能力是相互联系、密不可分的。一般能力的发展为特殊能力的发展提供基础，同时特殊能力的发展有利于一般能力的提高。由此可见，一个人的发展离不开一般能力与特殊能力，二者相互作用才能促进人类活动的完成。

3．按照创造程度的不同　将能力分为模仿能力和创造能力。

（1）模仿能力：又称再造能力，指人们通过观察别人的行为、活动来模仿他人的言行举止，然后以相同的方式作出反应的能力，如儿童在成长的过程中经常模仿他人的动作、表情，模仿电视节目中演员的声音表演等。

（2）创造能力：指产生新的思想和发明新的产品的能力，如创造新方法、新理论，创作新作品，发明新设备等。

模仿力和创造力有密切的关系，人们一般在模仿的基础上进行创造，由此可见模仿能力中包含创造性因素，而创造能力又离不开一定的模仿能力，它们互相渗透与联系。

4．按照能力的发展趋势及能力与社会文化因素的关系　将能力分为液体能力和晶体能力。

（1）液体能力：又称为液体智力，指在信息加工和问题解决过程中所表现的能力，如认识能力、类比及演绎推理能力、形成抽象概念的能力等。

（2）晶体能力：又称晶体智力，指获得知识的能力，它取决于后天的学习，与社会文化有密切的关系。

（三）能力的发展与个体差异

1．能力的发展　能力的发展随年龄增长而变化，具有一定的规律性，其趋势大致如下。

（1）12 岁之前，智力的发展与年龄的增长几乎等速，此后，随着年龄增加，智力发展趋于缓和。

（2）人的智力在 18～25 岁达到顶峰。

（3）成年是人生最漫长的时期，也是能力发展最稳定的时期。

（4）人的液体智力在中年之后有下降趋势，而人的晶体智力在人的一生中却是稳步上升的。

（5）能力发展趋势存在个体差异。

2．能力发展的个体差异

（1）能力表现早晚的差异：人才早慧，指在人生早期就表现出卓越的才华。从古至今，我国呈现出不少人才早慧的杰出人物，“王戎早慧”就是典型的案例。但是早慧不等于将来必有过人的成就，它只是显露较早的某方面的天赋（或潜质），更重要的是后天的努力与培养，方仲永就是早慧失败的案例；中年成才，大部分发明家、科学家都是在中青年时代获得成功。中年人精力充沛，有丰富的实践经验和扎实的基础知识，创造力、想象力强，善于思考与批判，因而是出成果的最佳时期；大器晚成，指有些人才表现较晚。这些人年轻时并未展现出出众的才华，中年以后才崭露头角，表现出超人的才智，古代姜子牙是大器晚成的典型。

（2）能力水平的差异：是指人与人之间各种能力的发展程度不同，所具有的水平不同。例如，正常的人均具有记忆能力，人与人之间的记忆力强度不同；正常的人也都有思维能力，但思维的广度和深度也不同。一般情况下能力水平在人群中的分布为：能力低下者和天才极少，能力一般者占绝大多数，有才能者较少。

（四）影响能力形成与发展的因素

1．遗传因素　指的是一个人与生俱来的解剖生理特点，包括感觉器官、运动器官及神经系统构造和功能的特点。能力的形成和发展建立在遗传因素基础之上，没有这个基础，任何能力都很难产生，也不可能发展。例如，先天失明的人，很难形成与发展绘画才能，也不能成为画家。

2．环境因素　遗传决定了能力发展的可能的范围或限度，而环境则决定了在遗传所决定的范围内能力发展的具体程度。研究表明，遗传潜势不同的人，在不同的环境中，其能力发展会有不同的情况。遗传潜势较好的人，能力发展可塑的范围大，环境的影响也大，例如，在环境差的条件下，他们的智商发展可能只有 50～60；在好的环境条件下，他们的智商可能发展到 180 左右。遗传潜势差的人，他的遗传条件限制了他智力发展的可能，环境能够起到的作用也比较小。

3．教育因素　包括家庭教育和学校教育。家庭生活方式、家庭成员的职业、文化修养、兴趣爱好以及家长对孩子的教育方法与态度，对儿童能力的形成与发展有极大的影响。此外，学校教育对儿童能力的形成及发展也起着至关重要的作用。学校通过对学生有目的、有计划、有组织的教育，不仅能够使学生掌握知识与技能，还发展了他们的能力及其他心理品质。

考点：影响能力形成与发展的因素

4．实践活动　人的能力最终是在社会实践活动中形成的，实践活动是人与客观现实相互作用的过程，是人所特有的积极主动的运动形式。上述提到的环境、教育的重要因素只有在实践活动中才能影响能力的形成与发展。由此可见，实践活动是能力形成与发展的必要条件。

二、气　　质

（一）气质的概念

气质（temperament）是指一个人与生俱来的典型和稳定的心理活动的动力特征。主要表现在心理活动过程的强度、速度和灵活性，以及心理活动的指向性等方面。例如，有的人性情温和，遇事沉着冷静；有的人性情急躁，遇事不易控制自己的情绪；有的人动作灵敏，言语迅速而有力量，易适应变化了的环境；有的人行动缓慢，言语乏力。这些心理活动的动力特征，给个体的心理表现涂上了一层色彩，体现出人的气质特征。

考点：气质的概念

（二）气质的类型

从古至今，众多学者、心理学家对气质的生理机制进行了研究，提出了多种气质学说，如气质的体液说、气质的激素说、气质的体型说、气质的高级神经活动类型说等。本书重点介绍气质的体液说和气质的高级神经活动类型说。

1．气质的体液说　古希腊著名医学家希波克拉底认为每个人的气质是不同的。他认为人体中有来自不同器官的四种体液，黄胆汁来自肝脏，黑胆汁来自胃部，血液来自心脏，黏液来自脑部。所以提出了胆汁质、多血质、黏液质和抑郁质四种气质的类型，其行为表现特征如表 3-1 所示。

表 3-1　气质类型行为表现特征

类型	行为特征
胆汁质	属于兴奋类型。精力旺盛，反应迅速，情感体验强烈，智力活动灵活，性格直率热情。但有时易冲动、急躁，缺乏自制力和耐心，理解问题有粗枝大叶、不求甚解的倾向
多血质	属于活泼类型。活泼好动，反应迅速，适应能力强，善于交际，平易近人。但有时情感体验不深，注意力不易集中，意志方面缺乏耐力
黏液质	属于安静类型。沉着冷静，态度慎重，交际适度，自制力和持久性较强，不宜冲动。但是有时情感比较冷淡，言语及行动迟缓，不易接受新生事物，适应较慢
抑郁质	属于抑制类型。性格孤僻，多愁善感，动作缓慢，不善交际，情绪体验深刻、持久且不易暴露

现实生活中，并不是所有的人都可按照这四种气质类型来划分。只有极少数人具有单一典型的气质，绝大多数人属于混合型或中间型。

2．气质的高级神经活动类型说　俄罗斯生理学家巴普洛夫根据神经过程基本特性的不同结合，提出了气质的高级神经活动类型说，把气质分成兴奋型、活泼型、安静型和抑制型四种类型。其外部主要表现相当于体液说的四种气质类型的表现，见表 3-2。

表 3-2　高级神经活动类型与气质类型对照表

神经过程的基本特性			高级神经活动类型	气质类型
强度	平衡性	灵活性		
强	不平衡		兴奋型（不可遏止型）	胆汁质
强	平衡	灵活	活泼型（灵活型）	多血质
强	平衡	不灵活	安静型（不灵活型）	黏液质
弱			抑制型（弱型）	抑郁质

（三）气质的意义

在认识活动、情绪活动和意志活动中都会体现每个人的气质，使其人格具有一定的色彩。任何气质类型的人都可以在事业上获得成功，但是任何气质都有积极和消极的一面（表 3-1），我们要发扬不同类型气质的积极面，努力克服消极面。气质在社会实践活动中的意义具体如下。

1．气质与职业选择和工作效率　不同的职业对从业者的气质有不同的要求，同时不同的气质类型为个体的工作风格打上了独有的气质色彩。不同气质特点对延续性刺激有不同的适应性，因此在工作时间的安排上，不同气质类型的个体有不同的方式。如胆汁质和多血质类型的人，适合要求迅速、灵活反应的工作，而黏液质和抑郁质类型的人，能坚持长时间的工作，故更适合要求细致持久的工作。通常情况下对于一般性的任务，不同气质类型对最终工作效率影响并不明显，因为每一种气质类型的不足可以通过另一方面的优势来补充，如黏液质个体的速度缓慢可以通过耐心细致来弥补。但是某些特殊的工作和职业，就对气质有特殊的要求，如宇航员、飞行员、从事大运动量项目的运动员等，需要有胆有识、较强的抗干扰能力、较强的体魄，如果不具备这些特点，就很难有效地完成本职工作。

2. 气质与教育 父母和老师的教育方式对一个人成长过程的影响是非常大的，针对每个人的气质特点做好教育工作，培养良好人格具有重要意义。每个人的气质都有优缺点，老师应该针对不同人的气质类型采取不同的教育策略，利用其积极方面，塑造优良的人格品质，防止人格品质向消极方向发展，最终帮助他们成为对社会有用的人。对于一些具有易冲动、易分心，反应慢、操作精确性差的学生更应该多花时间对其进行教育。只有了解了气质特点对学习行为的具体影响，才能给予适宜的指导和帮助。

3. 气质与身体健康 气质虽然没有好坏之分，但每种气质都有有利或不利于心身健康的一面。如有研究表明，具有极端胆汁质和抑郁质气质类型的人群是容易发生心理障碍的高敏感人群。对胆汁质的人来说，如果经常处于兴奋、紧张和压力之下，容易患躁狂症、心血管病或心身疾病。而对于抑郁质的人来说易出现极端的自我暗示和情绪化，严重者可发展为精神分裂症、抑郁症或心身疾病。所以对极端胆汁质和抑郁质类型的个体需要给予特别的照顾。

三、性 格

（一）性格的概念

性格（character）是指一个人对现实的态度和行为方式中所表现出来的比较稳定的、具有核心意义的心理特征。它反映一个人的精神面貌，是一个人关于道德、行为倾向、伦理和社会价值倾向的整合系统。

考点：性格的概念

（二）性格的特征

因为性格具有非常复杂的结构，所以特征也是多种多样的，从总体上看，根据一个人对现实的态度及心理过程上表现的特点，性格的特征可以从以下四个方面进行分析。

1. 情绪特征 是指人在情绪过程方面的性格特征。主要表现在情绪的强度、稳定性、持久性及主导心境等方面。

2. 理智特征 是指人在认识过程方面的性格特征。主要表现在感知、记忆、想象、思维等方面。

3. 态度特征 是指人在处理各种社会关系方面的性格特征。主要表现在对待社会、集体和他人的态度特征，对待劳动、工作和学习的态度特征以及对待自己等方面。

4. 意志特征 是指人在意志过程方面的性格特征。主要表现在对行为目标的明确程度、对行为自觉的控制能力、对紧急情况的处理方法等方面。

（三）性格的分类

人与人的个性差别一般首先表现在性格上，由于各人所处的客观环境不一样，先天的素质不同，形成了各种类型的性格。心理学所划分的性格类型主要有以下 4 类。

1. 按照人的心理活动倾向性 将性格分为外向型和内向型。

（1）外向型：性格开朗、热情大方，做事当机立断、不拘小节，善于交际，环境适应较快，但有时表现较轻率。

（2）内向型：性格内敛、深沉文静，处事谨慎、深思熟虑、缺乏决断能力，交际面窄，环境适应慢，但是有锲而不舍的精神。

2. 按照心理活动的心理功能 将性格分为理智型、意志型和情绪型。

（1）理智型：通常用理智来衡量一切，并支配和控制自己的行动。此种类型性格的人一般行为稳定、谨慎。

（2）意志型：此种类型性格的人一般有明确的目标，行为主动，有一定的自制力和果断性。

（3）情绪型：此种类型性格的人情绪体验深刻，不善于思考，举止易受情绪的影响。

3. 按照心理活动的独立性　将性格分为独立型和顺从型。

（1）独立型：不易受外界刺激干扰，具有坚定的意志，善于思考，但有时会将自己的意志强加到别人身上。

（2）顺从型：易受外界因素干扰，缺乏主见，容易接受别人的意见，有时会屈从他人的权势。

4. 按照人际关系　将性格分为A型性格、B型性格和C型性格。

（1）A型性格：主要特点是上进心强，有吃苦耐劳的精神，做事认真负责，具有竞争意识，时间紧迫感强。但是通常性情急躁，缺乏耐性，生活常处于紧张状态，所以据调查，具有此种性格的人易患冠心病。

（2）B型性格：主要特点是性情温和，比较容易满足，随遇而安，喜欢慢生活，有较好的耐性，所以B型性格的人在需要审慎思考和耐心的工作中比A型性格的人表现更好。对冠心病患者的调查中，B型性格只占患者的1/3。

（3）C型性格：主要特点是情绪较稳定，性格较内向，具有较强的忍耐力。但是通常过于压抑自己的情绪，过分忍耐，易焦虑抑郁。调查表明，C型性格的人较A、B型性格的人患肿瘤的概率更大。

性格的类型虽然有很多，但是在现实生活中，人的性格往往不是单一存在的，常常表现出双重或多重的性格特征。由此可见，性格具有一定的可塑造性，我们要把自身具有的良好性格特征有机统一起来，并加以培养、塑造，为自己打造一个完美、健全的性格。

知识链接　**性格类型与冠心病**

美国心脏病专家弗里德曼（Friedman）等通过实验研究发现冠心病与性格相关。实验选择两组不同性格（A型性格、B型性格）的个体，围在一张放有一瓶上等的白兰地酒的桌子边。然后医生提出问题，如果谁能在15分钟内第一个正确地回答问题，就把酒奖给他。实验结果表明：A型性格的人特别认真，紧张兴奋；B型性格的人显得十分轻松与平静。当宣布A型性格的人获胜时，他们则表现得异常兴高采烈，如果评委判其错误时，他们就十分气恼；而B型性格的人则平静、坦然。通过对比被试者前后测量数据，发现A型性格被试者血压升高、心跳加快，血浆中肾上腺素和去甲肾上腺素的含量均比实验前明显升高，且迟迟不能恢复常态；而B型性格被试者各项指标变化不大。A型性格的人，遇事容易加重心脏负担，增加心肌的耗氧量，引起心肌缺氧，而且促使血浆中的三酰甘油、胆固醇升高，增加血液黏度，从而加速冠状动脉粥样硬化形成，这就形成了冠心病的病理基础。

（四）影响性格形成的因素

1. 遗传因素　性格的形成和发展是在遗传的基础上进行的，它为性格的发展提供可能性。但是遗传因素并不是决定因素，还需要后天的社会环境和教育。

2. 环境因素　有位思想家曾经说过："人的性格是先天组织与人在自己的一生中，特别是在发育时期所处的环境这两方面的产物。"所以，性格的形成和发展受环境因素的影响。环境包括自然环境和社会环境，其中社会环境占主导地位。

3. 教育因素　性格的形成和发展是在遗传、环境和教育的影响下实现的，其中教育在人的性格形成和发展过程中起主导作用。教育包括家庭教育和学校教育。家庭是社会的基本单位，也是个体性格形成与发展的重要因素，父母的言行举止、教育方式和家庭环境对个体有潜移默化的作用。由此可见，父母的态度对子女性格的形成至关重要。学校教育对人的性格形成，特别是人对社会、事业、人的看法和态度的形成，对人的世界观、人生观、道德理想、奋斗目标的确立等，具有重要的意义。所以，老师要根据社会发展的要求，对学生施加影响，促进其全面发展。

4．社会实践因素　一个人性格的发展，离不开社会实践，只有在不同的社会实践中，我们才能够展现自己不同的性格，从而有针对性地对自己的性格进行改变。在社会实践中我们要多发扬自己积极的性格特征，控制消极性格特征的表露，加强品德修养，使自己成为有道德的人。

知识链接

母亲的态度与儿童性格

在现实生活中，大多数家庭的父亲承担了更多养家糊口的任务，常常在外面打拼事业，与孩子接触的时间有限。而孩子从出生到上小学之前的儿童时期，与母亲相处的时间远远超过了父亲。因此，母亲的性格会直接影响儿童性格的形成。据调查，母亲的态度与儿童性格的关系如表3-3所示。

表3-3　母亲的态度与儿童性格

母亲的态度	儿童性格	母亲的态度	儿童性格
支配	服从、无主动性、消极、依赖、温和	忽视的	冷酷、攻击、情绪不安、创造力强、社会性
照管过甚	幼稚、依赖、神经质、被动、胆怯	拒绝的	神经质、反社会、粗暴、企图引人注意、冷淡
保护的	缺乏社会经验、深思、亲切、情绪安定	残酷的	执拗、冷酷、神经质、逃避、独立
溺爱的	任性、反抗、幼稚、神经质	民主的	独立、直爽、协作、亲切、社交
顺应的	无责任心、不服从、攻击、粗暴	专制的	依赖、反抗、情绪不安、自我中心、大胆

考点：影响性格形成的因素

案例3-2分析

1．气质的体液说将气质分为胆汁质、多血质、黏液质和抑郁质四种类型。

2．四种答案分别反映消费者的四种气质：第一种反映了消费者黏液质的气质，即安静型，这类消费者内向，购买态度认真，不宜冲动。第二种反映了消费者抑郁质的气质，即抑制型，这类气质消费者多疑、对营业员心怀戒备，动作迟缓。第三种反映了消费者多血质的气质，即活泼型，这类消费者活泼热情，见面熟，话多，易受环境和他人影响。第四种反映了消费者胆汁质的气质，即兴奋型，这类消费者易冲动，忍耐性差，对销售员要求高，易发生矛盾。

第3节　人格倾向性

案例3-3

某患者住院后，护士通过护理评估收集到如下资料：患者腹痛，心率120次/分，手术前精神紧张，希望有亲友来探望，对医院环境不熟悉，走路易摔倒，患者说"你们应该征求我意见"，患者担心住院影响工作。

问题： 1．根据护士收集到的资料，应用马斯洛需要层次理论思考该患者出现了哪些方面的需要？

2．根据所学知识，如何帮助该患者满足其各种需要？

人格倾向性是决定人对客观事物的态度和行为的基本动力，影响着人对现实的态度以及对认识活动对象的趋向和选择，主要包括需要、动机、兴趣、信念和世界观。

一、需　要

（一）需要的概念

需要（need）是有机体内部的一种不平衡状态，是人脑对生理和社会要求的反映。

需要是人格倾向性的基础，是个体积极性的源泉。人的各种活动，从衣食住行、学习、劳动到创造发明，都是在需要的推动下为了满足生存需要和精神需要而进行的。

需要是个体心理过程的内部动力。一个人为了满足自己的需要，必须对有关事物进行观察和思考，通过意志努力克服困难。需要调节和控制着个体认识过程的倾向。需要对情感和情绪的影响较大，通常能够满足人需要的事物，会产生积极的情感和情绪，否则将产生消极的情感和情绪。

（二）需要的种类

需要的种类一般从需要的起源和对象两方面进行划分。

1. 按照需要的起源　将需要分为自然需要和社会需要。

（1）自然需要：也称生物性需要。包括对空气、热量、食物、水、运动、睡眠、排泄、性等方面的需要。

（2）社会需要：是人们为了提高自己的物质和文化生活水平而产生的社会性需要，如对知识、劳动、交往、名誉、友谊、爱情、享受等方面的需要。这些需要反映了人类社会对生活的要求，有利于维系人类社会生活、推动社会进步。

2. 按照需要的对象　将需要分为物质需要和精神需要。

（1）物质需要：是指人对物质对象的需求，包括个体对自然物质的需求，如衣、食、住、行等生活物品的需要，还包括对工具和日常生活用品的需要。物质需要是一种反映人的活动对于物质文明产品的依赖性的心理状态，因此物质需要既包括生理需要又包括社会需要。

（2）精神需要：是指人对社会精神生活及其产品的需求，包括知识、文化、审美、道德、创造、交往等方面的需求，这些需要既是精神需要又是社会需要。随着社会的不断进步，人类所特有的精神需要在不断地发展。

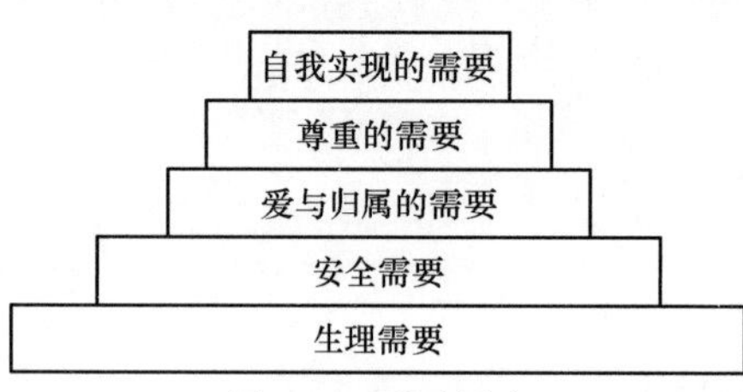

图 3-1　需要层次

（三）马斯洛的需要层次理论

马斯洛（Maslow）是著名的人本主义心理学家，早在 1943 年出版的《调动人的积极性的理论》一书中他就提出了著名的需要层次理论，并把人的多种多样的需要归纳为五个层次（图 3-1）。

1. 生理需要　是个体维持生存最基本的需要。包括人对空气、食物、水分、休息、排泄、睡眠等的需要。它是推动人们行为的最强大的动力，只有在生理需要基本满足之后，高一层次的需要才会相继产生。

2. 安全需要　是在生理需要得到满足后产生的需要。包括对生命财产安全、职业的保障、生活的稳定等的需要。如行动不便的患者在初次住院时对医院环境的不熟悉、走路容易摔倒，这时患者会产生较为强烈的安全需要。

3. 爱与归属的需要　是一种社交的需要，是个体渴望在群体和家庭中拥有地位的需要。包括对社交、归属、友谊、情感和爱等的需要。如一个人孤独感的产生，源于爱与归属的需要没有得到满足。

4. 尊重的需要　是个体对自我评价产生的自重、自爱和期望受到他人群体和社会认可的需要，包括受人尊重与自我尊重两方面。尊重的需要是在爱与归属的需要得到满足后产生的，是一种较高层次的需要。这种需要得到满足后会使人体验到自己的力量和价值，增强自信心，相反，如果得不到满足就会产生自卑感。如患者不愿让其他人看到自己因化疗而导致的脱发，故用假发来修饰，是为了满足尊重的需要，一旦被他人发现，则会产生自卑的心理。

5. 自我实现的需要　是最高层次的需要，是个体希望通过最大限度地发挥自己的潜能，从而实现自己的能力，完善自我，体现自身价值的需要。

马斯洛的需要层次理论之所以一直沿用至今天，是因为有其合理的价值所在。其价值主要表现在：首先，马斯洛强调人的需要是从低级向高级发展的过程，符合人类需要发展的一般规律；其次，马斯洛认为人类需要与个体生长发展密切相关；最后，马斯洛指出人类需要的高低与个体生存有关。由此可见，马斯洛需要层次中的五种需要是人类最基本的需要，它们构成了不同的等级和水平，并成为激励和调控个体行为的力量。

考点：需要的概念、需要层次理论

二、动　机

（一）动机的概念

动机（motivation）是在目标或对象的引导下，激发和维持个体活动的内在心理过程或内部动力。也就是说，动机是一种内部心理过程，而不是心理活动的结果。动机与需要是紧密联系的，它是在需要的基础上产生并转化而来的。

知识链接

动机归因理论

韦纳从认知心理学的角度把成功和失败的原因分为 3 个维度，又把活动成功和失败的原因（行为责任）归结为 4 个因素，将它们结合起来就组成了“三维度模式”。3 个维度是内归因和外归因、稳定的归因和非稳定的归因、可控制归因和不可控制归因。4 个因素是努力、能力、运气和任务难度。韦纳认为，每一维度对动机都有重要的影响。在内外维度上，如果将成功归因于内部因素，会产生自豪感，从而动机提高；归因于外部因素，则会产生侥幸心理。将失败归因于内部因素，将会产生羞愧的感觉；归因于外部因素，则会生气。在稳定维度上，如果将成功归因于稳定因素，会产生自豪感，从而动机提高；归因于不稳定因素，则会产生侥幸心理。将失败归因于稳定因素，将会产生绝望的感觉；将失败归因于不稳定因素，则会生气。在控制性维度上，如果将成功归因于可控因素，则会积极地去争取成功；归因于不可控因素，则不会产生多大的动力。将失败归因于可控因素，则会继续努力；归因于不可控因素，则会绝望；将失败归因于内部、稳定、不可控时是最大的问题，会产生习得性无助感。

（二）动机的种类

由于人类动机是复杂多样的，所以动机可从多个角度进行分类。

1. 按照动机的起源　将动机分为生理性动机和社会性动机。

（1）生理性动机：又称生物动机和原发性动机，是以个体生理需要为基础的较为低级的动机，如饥饿、排泄、性欲等动机。

（2）社会性动机：是以社会需要为基础的较为高级的动机，它是通过后天学习获得的，如劳动动机、成就动机、学习动机、交往动机、兴趣等。

2. 按照动机的原因　将动机划分为内在动机和外在动机。

（1）内在动机：是由内部因素引起的动机，不需要外在条件的参与，即其行为动机出自本身的自我激发。如学生为了获得知识、充实自己而努力读书就属于内在动机。

（2）外在动机：是由外部因素引起的动机，其行为动机主要来自行为活动或工作中获得的奖赏。如有的学生认真学习是为了获得教师和家长的好评等。

3. 按照动机的作用　将动机分为主导性动机和辅助性动机。

（1）主导性动机：是指在活动中起决定作用并处于支配地位的动机。

（2）辅助性动机：是指在活动中起指导作用并处于辅助性地位的动机，是主导动机的从属，起加强主导动机以及坚持主导动机所指引方向的作用。

4. 按照动机行为与目标远近的关系　将动机分为近景动机和远景动机。

（1）近景动机：是指与近期目标相联系的动机，如学生认真练习操作是为了顺利通过期末考试。

（2）远景动机：是指与长远目标相联系的动机，如学生认真练习操作是为了掌握熟练的操作技能，为临床实践打下坚实的基础。

近景动机和远景动机具有相对性，在一定条件下，二者可以相互转化。近景动机要服从并体现远景动机，而远景动机又可分解为许多近景动机。

（三）动机冲突

在现实生活中，由于人们有多种需要，于是就会形成多种动机。当几种动机在最终目标上相互矛盾或相互对立时，就会产生动机冲突。如果几种相互对立的动机在强度上差异较大，强度较大的动机必然成为优势动机，这时个体易做选择。如果几种相互对立的动机在强度上差异较小，这时个体在选择时就会难以取舍，从而产生互相矛盾的心理状态，即形成动机冲突。通常，动机冲突是专指这种较为明显的两种动机之间的冲突。常见的动机冲突有以下几种。

1．双趋冲突　指两个目标同时出现，并且对个体具有同样的吸引力，形成强度相同的两个动机。但是由于条件限制，只能选择其中一个目标，此时个体往往会表现出难以取舍的矛盾心理，这就是双趋冲突，如“鱼与熊掌不可兼得”就充分体现了双趋冲突。

2．双避冲突　指个体同时遇到两种威胁，并对两种威胁产生了逃避动机，但由于条件和环境的限制，必须选择其中的一个目标，这种选择时的心理冲突称为双避冲突，如“前有悬崖，后有追兵”就充分体现了双避冲突。

3．趋避冲突　指某一事物对个体具有利弊双重意义时，会使人产生两种截然相反的动机，或好而趋之或恶而避之，形成“既想吃鱼，又怕刺扎”的矛盾心态。

4．多重趋避冲突　在现实生活中，人们的趋避冲突常表现出一种更复杂的形式，即人们面对着两个或两个以上目标，而每个目标又分别具有吸引和排斥两方面的作用时，人们无法简单地选择一个目标，而回避或拒绝另一个目标，必须进行多重的选择，由此引起的冲突称为多重趋避冲突。

动机冲突、心理矛盾对人类来说，既有积极的意义，又有消极的作用。其积极意义在于经过对冲突的选择，最后做出符合现实和个体动机的决定来解决问题。其消极作用会给人带来不安和焦虑，问题不能解决，若持续时间较长可能会引起个体的心理障碍，从而影响身心健康。

三、兴　　趣

（一）兴趣的概念

兴趣（interest）是指个体力求探索某种事物或从事某项活动的心理倾向。它是人认识需要的情绪表现，反映了人对客观事物的选择性态度。

兴趣是以需要为基础，在社会实践过程中形成和发展起来的。在人的学习、工作和一切生活中兴趣起到动力作用，能够促使个人为满足自身对客观事物的需要或实现自己的目标而积极努力。

（二）兴趣的分类

每个人的兴趣是多种多样的，根据个体需要的层次和兴趣指向的目标不同，将兴趣分为以下几类。

1．按照个体需要的层次　将兴趣分为物质兴趣和精神兴趣。

（1）物质兴趣：是由物质需要所引起的兴趣，如对住宅、汽车、名牌服装的追求。对物质兴趣的发展要有正确的引导，做到适可而止，不能误入利欲熏心、贪得无厌的歧途。

（2）精神兴趣：是以人的精神需要为基础的兴趣，如对社会交往、文化娱乐的追求。精神兴趣的广泛发展有利于扩大知识容量、提高自身能力。

2．按照兴趣指向的目标 将兴趣分为直接兴趣和间接兴趣。

（1）直接兴趣：是由活动过程本身产生的兴趣，如人们对一堂生动的课、电影、歌曲等的兴趣就是直接兴趣。

（2）间接兴趣：是指对某种事物或活动本身没有兴趣，但对其结果感到需要而产生的兴趣，如有的人对某课程并不感兴趣，但意识到学好这门课程对将来服务于患者有重要作用，因此刻苦学习，并在学习的过程中对此产生了兴趣。

（三）兴趣的品质

兴趣的品质主要包括以下四个方面。

1．兴趣的稳定性 又称兴趣的持久性，指个体兴趣稳定的程度。人们只有保持兴趣持久而稳定的发展，才能够推动自身深入钻研问题，做好工作，取得成就。

2．兴趣的广泛性 指兴趣的范围。有的人兴趣范围广泛，乐于接受新知识和新事物，有的人则兴趣范围狭窄，对其他事物态度漠然。兴趣广泛与否不重要，重要的是应该在正确的倾向指导下发展兴趣，做到充实自己，完善自我。

3．兴趣的倾向性 指个体对什么发生兴趣，是兴趣的指向对象。例如，有人喜欢数学，有人喜欢化学，有人喜欢艺术，有人喜欢体育等。兴趣倾向性与人的生活实践和所受到的教育有关，并且受一定的社会历史条件制约。

4．兴趣的效能性 指某些兴趣对活动产生的效果。根据兴趣的效能水平，一般把兴趣分为有效的兴趣和无效的兴趣。有效的兴趣能推动工作和学习，把工作和学习引向深入，促使个体能力发展。如学生对英语感兴趣，就会提高英语学习积极性从而提高英语成绩。相反，无效的兴趣则不能产生实际效果。

四、信 念

信念（belief）是坚信某种观点的正确性并支配自己行动的个性倾向。主要的特点是确信无疑某种理论、观点、事业的正确性、正义性，并力求实现，是知、情、意的高度统一。

五、世 界 观

世界观（conception of world）是一个人对世界总的看法和根本观点，这种观点是个人自身生活实践的总结。正确的、科学的世界观可以为人们认识世界和改造世界的活动提供正确的思路方向，错误的世界观则会给人们的实践活动带来方向性的失误。

世界观决定一个人的人生观和价值观。人生观是人们在实践中形成的对于人生目的和意义的根本看法，它决定着人们实践活动的目标、人生道路的方向，也决定着人们行为选择的价值取向和对待生活的态度。价值观是指人对客观事物的需求所表现出来的评价，它包括对人的生存和生活意义即人生观的看法，对人们自身行为的定向和调节起着非常重要的作用。

世界观、人生观和价值观三者之间既有不同又相互联系。世界观是价值观和人生观的基础，对其具有指导作用。而价值观又是世界观和人生观的现实体现。所以，在现实生活中，要想实现自身价值，就要坚定理想信念，树立正确的世界观、人生观和价值观。通过正确的世界观，把握客观规律，认清世界环境；通过正确的人生观，懂得活着是为了什么，要做一个什么样的人；通过正确的价值观，确立高尚、进步的价值追求，实现完美的人生价值。

案例 3-3 分析

1. 根据护士收集到的资料，结合马斯洛需要层次理论，该患者有以下需要：

生理需要：腹痛、心率 120 次/分。

安全需要：手术前精神紧张、对医院环境不熟悉、走路易摔倒。

爱与归属的需要：希望有亲友来探望。

尊重的需要：患者说“你们应该征求我意见”。

自我实现的需要：患者担心住院影响工作。

2. 根据患者病情，遵医嘱采取减轻腹痛的措施，满足其生理需要；给予心理护理，缓解术前紧张状态，向患者介绍医院环境，减少医院走廊和病房的障碍物，保持地面清洁干燥，如患者活动不便可进行搀扶，满足其对安全的需要；在病情及医院规章制度的允许下，可通知患者亲友来病室探望患者，满足其对爱与归属的需要；在对患者进行任何操作和治疗前，需让患者知情同意，满足其自尊的需要；鼓励患者树立战胜疾病的信心，只有积极配合治疗、安心治病、恢复健康，才能尽早回归工作，在工作中实现自我价值。

第4节 自我意识

一、自我意识的概念

自我意识（self-consciousness）是指个体对自己作为客体存在的各方面的意识，包括对自己的存在以及自己对周围人或物的关系的认识、感受、评价和调控。

二、自我意识系统的形成与发展

自我意识系统的形成是随着年龄的增长不断发展的，一般经历生理自我、社会自我和心理自我三个阶段。

（一）生理自我

生理自我是自我意识最原始的形态，这一阶段的自我意识，是以躯体需要为基础的生理自我。一般婴儿在半岁左右能分辨自身与外界事物，在 1 岁末就开始将自己的动作和动作的对象区分开来，并在与成人的交往中，按照自己的姓名、身体特征和活动能力来看待自己，并作出一定的评价。生理自我在 3 岁左右基本成熟。

（二）社会自我

儿童在 3 岁以后，自我意识的发展进入社会自我阶段。他们从轻信成人的评价逐渐过渡到自我独立评价，自我评价的独立性、原则性、批判性正在迅速发展，对道德行为的判断能力也逐渐达到了前所未有的水平，从对具体行为的评价发展到有一定概括程度的评价。但他们的自我评价通常不涉及个人的内心世界和人格特征，自我的调节控制能力也较差，常出现言行不一的现象。社会自我到少年期基本成熟。

（三）心理自我

心理自我是在青年初期开始形成和发展的。青年开始形成自觉地按照一定的行动目标和社会准则来评价自己的心理品质和能力。通过对自我的发现，产生独立的愿望，了解未来对自己的重要意义。自我评价越来越客观、公正和全面，并具有社会道德性，且在此基础上形成自我理想，追求最有意义和最有价值的目标。

自我意识形成后并非固定不变，而是在社会实践中不断地改造和完善。就像孔子说的“吾十有五而志于学，三十而立，四十而不惑，五十而知天命，六十而耳顺，七十而从心所欲，不逾矩”，说明了人要活到老学到老，自我意识是不断更新发展的过程。

小 结

人格为一个人整体的精神面貌，即具有一定倾向性和比较稳定的心理特征的总和，人格具有自然性与社会性、稳定性与可塑性、独特性与共同性等特性。

人格心理特征是指心理活动进行时经常表现出的稳定特点，由能力、气质和性格三方面组成。

人格倾向性是决定人对客观事物的态度和行为的基本动力，影响着人对现实的态度以及对认识活动对象的趋向和选择，主要包括需要、动机、兴趣、信念和世界观。

自我意识是指个体对自己作为客体存在的各方面的意识，包括对自己的存在以及自己对周围人或物的关系的认识、感受、评价和调控。

选择题

A_1 型题

1. “鱼和熊掌不可兼得”属于（ ）
A. 心理冲突 B. 双趋冲突
C. 趋避冲突 D. 双避冲突
E. 多重趋避冲突

2. 在能力形成和发展中最重要的因素是（ ）
A. 遗传因素 B. 环境因素
C. 社会实践 D. 教育因素
E. 主观努力

3. 马斯洛需要层次理论中，最高层次的需要是（ ）
A. 生理需要 B. 安全需要
C. 尊重的需要 D. 爱与归属的需要
E. 自我实现的需要

4. 有关马斯洛五个需要层次由低到高的顺序，以下正确的是（ ）
A. 生理需要，爱与归属的需要，安全需要，尊重的需要和自我实现的需要
B. 生理需要，尊重的需要，爱与归属的需要，安全需要和自我实现的需要
C. 生理需要，安全需要，爱与归属的需要，尊重的需要和自我实现的需要
D. 生理需要，爱与归属的需要，尊重的需要，安全需要和自我实现的需要
E. 生理需要，尊重的需要，安全需要，爱与归属的需要和自我实现的需要

5. 人格的核心是（ ）
A. 能力 B. 气质
C. 性格 D. 信念
E. 世界观

6. 关于气质高级神经活动类型中的灵活型，具有哪些行为特点（ ）
A. 抑郁 B. 活泼
C. 安静 D. 不可遏制
E. 以上都对

7. 关于人格心理特征的组成，以下正确的是（ ）
A. 能力、智力和性格
B. 动机、气质和性格
C. 需要、动机和性格
D. 动机、思维和性格
E. 能力、气质和性格

8. 按照需要的起源，可把需要分为（ ）
A. 自然需要和物质需要
B. 生理需要和心理需要
C. 物质需要和精神需要
D. 物质需要和心理需要
E. 自然需要和社会需要

9. 属于人格心理特征的是（　　）

A. 动机　　B. 思维

C. 兴趣　　D. 气质

E. 信念

10.“人心不同，各如其面”指的是人格的（　　）

A. 独特性　　B. 倾向性

C. 集中性　　D. 稳定性

E. 指向性

11.《红楼梦》中的林黛玉，其动作稳定缓慢，观察事物细致入微，敏感，情感体验深刻且持久。林黛玉的气质类型属于（　　）

A. 多血质　　B. 抑郁质

C. 黏液质　　D. 胆汁质

E. 兴奋质

A_2 型题

12. 某患者因化疗脱发，不愿见人，此时护士应考虑到患者的（　　）

A. 生理需要　　B. 安全需要

C. 尊重的需要　　D. 爱与归属的需要

E. 自我实现的需要

13. 王女士的丈夫，平时什么都挺好，就是好赌博，怎么劝都没用，为此夫妻俩经常吵架。王女士非常烦恼，几次想提出离婚，又于心不忍。王女士这种动机冲突类型属于（　　）

A. 双趋冲突　　B. 双避冲突

C. 趋避冲突　　D. 多重趋避冲突

E. 以上都不是

（朱丽媛）

心理发展与心理卫生

引　言

有了健康并不等于有了一切，但没有健康就等于没有了一切。健康是人生快乐、幸福、成功的基础和前提，而健康的一半是心理健康，每一个想获得成功的人，都必须关心和维持自身的心理健康。学习心理发展与心理卫生知识，对于我们保持心理健康十分重要。

第1节　心 理 发 展

案例 4-1

基尼是美国的一个小女孩，她母亲丧失了哺育孩子的基本能力，她只能由父亲来抚养，父亲讨厌她、虐待她。基尼自婴儿期起就几乎没听到过说话，更不用说有人教她说话了。基尼生活在一间完全隔离的小房间里，她严重营养不良，胳膊和腿都不能伸直，不知道如何咀嚼，安静得令人害怕，没有明显的喜怒表情。基尼 3 岁被发现时，她的智商得分只相当于 1 岁正常儿童的水平。多方面的社会重视使她受到了精心照顾，即便如此，直到 13 岁，基尼都不能进行最基本的语言交流。据调查，基尼的缺陷不是天生的。

问题：基尼在精心教育下，仍不能学会人类语言及语法规则，这说明了什么呢？

一、心理发展及其一般特征

（一）心理发展的概念

心理发展是指个体从出生、成熟、衰老直至死亡的整个生命进程所发生的一系列心理变化。一个人的心理是不断发展和变化的，但是并非所有的心理变化都可以称作心理发展。例如，由于病理原因而发生的心理变化就不能被称为心理发展。也就是说，心理发展是一个积极变化的过程，其实质是指个体从出生之日起，随着实践活动的不断发展和大脑结构与功能的日益完善，对客观现实反映活动的不断扩大和完善的过程。

（二）心理发展的一般特征

1．心理发展具有连续性　心理发展是一个持续不断向前发展的过程。每个心理过程和个体心理特征都是逐渐地、持续地由较低水平发展到较高水平的。人的心理发展自出生就已经开始，之后日趋丰富和完善。

2．心理发展具有程序性　心理发展具有一定的程序。例如，个体的思维发展总是从直观动作思维发展到具体形象思维再发展到抽象逻辑思维；记忆总是从机械记忆发展到意义记忆；情感总是先有喜、怒、哀、乐等一般的情绪，而后才有道德感、理智感和美感等。

3．心理发展具有阶段性　心理发展过程中存在着明显不同的各个年龄阶段，而各个相邻的阶段既互相区别又互相联系，前一阶段为后一阶段准备了条件，后一阶段是前一阶段的继续和发展。一个阶段经过一定的发展时期，就必然地要过渡到更高一级的阶段。

4．心理发展具有差别性　心理发展既有共同规律，又表现出个体差异。例如，个体的智力或某些能力出现的时间早晚不同，有些人属于“人才早慧”的典型，有的人却属于“大器晚成”，到年龄很大才表现出他的智慧或某种才能。

5．心理发展的不平衡性　心理发展的不平衡性是指个体心理发展不是一个匀速发展的过程。例

考点：心理发展的一般特征

如，正常情况下，个体在4岁之前心理和行为进步之快、变化之大是其他任何时期都无法比拟的。心理的发展具有关键期，心理的某一方面机能的发展有最适宜于形成的时期。例如，口语学习在1岁半至3岁时很容易，到七八岁以后再学就很困难了，待到成年以后，地道的方言土话是很难学会的。

二、心理发展的影响因素及其规律

（一）影响心理发展的因素

影响心理发展的因素是很多的，主要包括遗传、环境、教育和主观能动性四方面。这四方面的因素相互联系，交织在一起，共同作用于人的心理发展。

1. 遗传对于个体的作用是不容忽视的　俗话说“龙生龙，凤生凤”，个体结构、形态和神经系统的许多特征，大部分都是遗传的结果。遗传素质为人的心理发展提供了必要的生理前提和发展的潜在可能性。例如，一个先天失明的人就不能发展视觉而成为画家。但是，遗传因素并不是人的心理发展的决定性因素，一个在遗传素质上神经活动属于强而不平衡、不灵活的人，在良好的教育下，也会变成很有涵养、很守纪律的人。

2. 环境因素是影响心理发展的重要因素，尤其是社会环境为个体的发展提供了客观基础和特定条件　一个人从出生起，只有生活在人类社会中，他的心理活动才能得到正常发展。离开社会环境就不可能产生人的心理，“狼孩”的事例就是有力的证明。人的大脑并不是一个原料的仓库，而是一个加工场。同样的环境影响，在不同的人身上，可以产生不同的反应。所以，环境决定论也是错误的。在良好环境中，有的人却没有什么成就，甚至走向与环境要求相反的道路；在恶劣环境中，有的人却出淤泥而不染，成为很有作为的人。

3. 教育是影响心理发展的关键因素　教育是心理发展的外部条件，它在心理发展中起主导作用。主导作用是指通过教育可以排除心理发展的自发性和盲目性，增强心理发展的自觉性和目的性，能根据个体遗传素质的差异和所受的社会环境影响的不同，进行有针对性的教育和培养。

4. 个体的主观能动性是心理发展的内在动力　人不论接受社会环境的熏陶还是教育的影响，总是要通过自己的实践活动来实现的。鲁迅曾谦虚地说，哪里有天才，我是把别人喝咖啡的工夫都用在工作上的；门捷列夫说，终身努力便是天才。因此说，离开了主观努力，任何天才都将一事无成。

（二）心理发展的规律

1. 动作发展　标志着心理发展的水平，动作发展有其规律，主要有五项规律。

（1）首尾规律：从上至下，最早发展的是头部动作，其次是躯干动作，最后是脚的动作。任何个体的动作发展总是先学会抬头，然后俯撑、翻身、坐和爬，最后学会站和走。

（2）近远规律：靠近头部和躯体的部分先发展，远离身体中心部分的动作后发展。个体动作发展首先是出现头和躯干的动作，其次是双臂和腿部的有规律的动作，最后是手和脚的动作。

（3）大小规律：从大肌肉动作到小肌肉动作。例如，先学会走、跑、跳等基本动作，然后逐渐发展到可以使用勺子、筷子吃饭。

（4）从整体动作到局部动作：例如，婴儿期受到疼痛刺激后，是一边哭喊一边全身乱动，随着逐渐成熟，动作发展能够更加专门化、准确化。成年期，倘若手部不小心被烫伤时只会下意识地甩手。

（5）从无意动作到有意动作：无意动作是指没有目的，不需要意志努力就可完成的动作，如一出生就具备的眨眼、吮吸等动作。有意动作是指有目的，需要意志努力才能完成的动作，如跳水运动员完成的空中转体动作就是有意动作。

2. 语言发展　语言是人类特有的一种高级神经活动，其形成具有十分复杂的过程。听觉、发音器官及脑功能正常是语言发展的前提。言语包括对语言的接受和发出。在言语活动发生发展的过程中，两种过程并不是完全同步的，感知和理解语言先于语言表达的发生发展。换句话说，语音知觉发生发展在先，正确语音发生发展在后。语言的发展个体差异较大，女孩说话一般比男孩早。要促进语言的发展，应多给孩子提供丰富的生活经历，多观察周围的事物，增加交流，并进行适当的教导。

3．认知发展　瑞士儿童心理学家皮亚杰认为，在个体从出生到成熟的发展过程中，认知结构在与环境的相互作用中不断重构，他把人的认知发展分为四个阶段，前一阶段是达到后一阶段的前提。阶段的发展不是间断性的跳跃发展，而是逐渐、持续的变化。

（1）感知运动阶段（0～2 岁）：通过感知觉动作来适应外部环境，如用手的抓取、嘴的吸吮来探索世界。逐步建立客观永久性概念，即当某一物体从视野中消失时，仍然相信该物体是持续存在的。

（2）前运算阶段（2～7 岁）：个体的各种感知运动图式开始内化为表象，特别是语言的出现和发展，使个体日益频繁地用表象符号来代替外界事物，思维具有具体形象性、不可逆性、自我中心等特征。

（3）具体运算阶段（7～11 岁）：能进行简单的逻辑推演，克服了思维的自我中心性，获得了守恒的概念。此外，对可逆性的问题，具备了可逆思维。

知识链接　**皮亚杰的液体守恒实验**

守恒是指物体从一种形态转变为另一种形态时，它的物质含量既不增加，也不减少。皮亚杰认为守恒概念的获得是儿童认知水平的一个重要标志，儿童一般要到具体运算阶段才能获得守恒概念。实验开始时首先给儿童呈现两杯等量的水（杯子的形状一样），然后把这两杯水倒入不同口径的杯子里，问儿童哪一个杯子的水多（或一样多）。皮亚杰在实验中发现，对这个问题，六七岁以下的儿童仅根据杯子里水的高度去判断水的多少，而不考虑杯子口径的大小。而六七岁以上的儿童对这个问题一般都能做出正确的回答，即他们都同时考虑水面高度和杯子口径两个维度来判断杯子里水的多少。

（4）形式运算阶段（11～15 岁）：认知发展达到形式运算期的水平，就代表个体的思维已发展到了成熟阶段，以后只是个体从生活经验中增加知识，而不会再提升他的思维方式。此阶段在思维方式上具有三个特征，即假设演绎推理、命题推理、组合推理。

考点：皮亚杰认知发展理论

案例 4-1 分析

案例说明了两个问题，一方面说明了遗传是个体心理发展的先天基础，但是，个体的心理发展不能脱离社会条件。社会环境是心理形成和发展的现实基础，如果没有社会环境及教育的作用，就不可能形成正常的心理。另一方面说明了各种心理的发展存在关键期，在关键期适时对儿童进行正确教育，其心理发展很快；反之，则可能造成终生障碍。3 岁前是儿童语言发展的关键期，基尼失去了这一关键期培养，以后再培养语言能力就很难了。

第 2 节　心 理 卫 生

案例 4-2

小力身体非常好，是学校田径队队员，但他与同学关系总是不好，常感烦恼。小强身强体壮，学习时一遇难题就发怵，大家说他缺乏自信。小红身体健美，善于与人交往，情绪比较稳定，自制力强，意志坚定，大家都喜欢她。

问题：上面的几个同学谁最健康？为什么？

一、心理卫生的概念

健康是人类得以生存和发展的重要基础。以往人们普遍认为"健康就是没有病""得了病就是不健康"。随着科学水平的提高和时代的变迁，人们对健康概念的认识不断丰富和完善，健康已不再仅仅是四肢健全、无病，除躯体上健康外，还需要精神上有一个良好的状态。

1989 年，世界卫生组织关于健康的定义："健康是一种在身体上、精神上的完满状态，以及良好的适应能力，而不仅仅是没有疾病和衰弱的状态。"这就是人们通常所说的身心健康，即一个人需要在躯体健康、心理健康、社会适应良好和道德健康四方面都健全，才能算是健康的人。

心理卫生是指以积极有效的教育和措施，维护和改进人们的心理状态，去适应当前和发展的社会环境。事实上，心理卫生就是运用心理学和心理卫生的理论、方法和技术来贯彻"预防为主"的卫生方针，它对于保护人的身心健康、预防各种心理疾病和精神疾病、培养健全的人格等都具有重要意义。

二、心理健康的标准

由于心理现象极其复杂，每个人千差万别，所以我们不能像测量血压或体温那样划出心理健康的明确标准。关于心理健康的标准，不同学者的观点不同。

知识链接

心理健康的定义

1946 年国际心理卫生大会将心理健康定义为，"所谓心理健康是指在身体、智能及情感上与他人不相矛盾的范围内，将个人心境发展成最佳的状态"。1948 年，世界卫生组织又将心理健康定义为"人们在学习、生活、工作中的一种安宁平静的稳定状态"。

美国人本主义心理学家马斯洛等曾提出心理健康的十条标准：①充分的自我安全感。②充分了解自己，并能恰当地评估自己的行为。③能与周围环境保持接触。④自己的生活理想和目标能够切合实际。⑤能保持人格的完整与和谐。⑥具有从经验中学习的能力。⑦能保持良好的人际关系。⑧能适度地表达和控制自己的情绪。⑨能在不违背团体要求的前提下，有限度地发挥个性。⑩能够在不违背社会规范和道德的前提下，适度满足个人的基本需求。

心理健康与人格有着密切的关系，美国人格心理学家奥尔波特认为心理健康包括 7 个方面：①自我意识广延。②良好的人际关系。③情绪上的安全感。④知觉客观。⑤具有各种技能，并专注于工作。⑥现实的自我形象。⑦内在统一的人生观。

我国心理学家林崇德认为心理健康主要有以下 10 条标准：①了解自我，对自己有充分的认识和了解，并能恰当地评价自己的能力。②信任自我，对自己有充分的信任感，能克服困难，面对挫折能坦然处之，并能正确地评价自己的失败。③悦纳自我，对自己的外形特征、人格、智力、能力等都能愉快地接纳认同。④控制自我，能适度地表达和控制自己的情绪和行为。⑤调节自我，对自己不切实际的行为目标、心理不平衡状态、与环境的不适应性，能作出及时的反馈、修正、选择、变革和调整。⑥完善自我，能不断完善自己，保持人格的完善与和谐。⑦发展自我，具备从经验中学习的能力，充分发展自己的智力，根据自身特点，在集体允许的前提下，发展自己的人格。⑧调适自我，对环境有充分的安全感，能与环境保持良好的接触，理解他人，悦纳他人，能保持良好的人际关系。⑨设计自我，有自己的生活理想，理想与目标切合实际。⑩满足自我，在社会规范的范围内，适度地满足个人的基本需求。

综上所述，关于心理健康标准的理解，虽然角度不同，但基本上是一致的。目前我国心理学家一致认为的心理健康的标准包括以下几方面。

1. 智力正常　是人的一切心理活动能进行的前提和保障，是一个人的认知能力和社会实践能力的综合表现，一般用智力测验来诊断智力发展水平，智商在 80 分以上是心理健康的标准。

2. 情绪健康　健康的情绪，刺激与情绪反应在性质和强度上保持一致，如该喜则喜，该怒则怒。如果情绪反应波动太大，变化莫测，忽喜忽悲，则是不健康的。健康的情绪应该是心情开朗、乐观稳定、富有朝气、对生活充满信心和乐趣、善于体验幸福，即使有挫折和不幸，也能善于调节。

3. 意志健全　意志健全的人，能在生活、学习、工作等各种活动中有明确的目标，能脚踏实地地去实现这些目标，并在此过程中能及时根据需要调整目标，能尊重和听取别人的意见，但又不缺乏独立思考，在困难和挫折面前冷静、果断，能够采取合理的反应方式克服各种困难。

4. 人格健全　人格健全者，心胸开阔，善解人意，能正确地认识自己，坦然接受自己的缺陷，对生活持乐观向上的态度，能积极地接纳他人，既尊重自己也尊重他人，有正确的人生观与价值观，非理性观念较少，人格独立，自信自尊。

5. 心行一致　是指心理活动与行为表现协调一致，语言与行为协调一致。例如，大学生与中学生相比，他们的认识、感情、言行举止均应与其年龄和社会要求相符，不能再像中学生那样冲动和叛逆。

6. 人际关系和谐　和谐的人际关系可以消除一个人的孤独感，使其获得安全感。在人际交往中应保持独立而完善的人格，有自知之明，不卑不亢，以诚待人，相互理解，相互信任，相互接纳，保持平等交往，求同存异，能客观地评价自己和他人，善于取长补短。

7. 社会适应良好　一个心理健康的人，能正确客观地认识和评价自己的生活环境，并能坦然接受现实，其心理和行为能够与时俱进，有积极的处世态度，与社会广泛接触，并对自己所处的位置和社会现状有清晰、正确的认识，既不逃避，也不怨天尤人，更不自暴自弃，能够应对环境中的各种困难，并能根据环境的特点和自我意识的情况，努力进行协调，主动适应环境。

心理健康的标准是相对的，而且一个人的心理健康状态也不是固定静止的，而是一个动态变化的过程。只有在学习、生活、工作中注重心理保健，学会自我调整心态，才能保持良好的心理健康。

考点：心理健康的标准

案例 4-2 分析

人的健康包括两方面：身体健康和心理健康。小力虽然身体不错，但由于他与同学搞不好关系，常感烦恼，也就是说心理健康欠佳。小强虽然身强体壮，但学习自信心不强，这会阻碍他的成长进步，其心理素质水平有待提高。小红不仅身体好，而且心理素质也不错。所以，我们说小红最健康。

第 3 节　不同年龄阶段的心理特征及心理卫生

案例 4-3

小慧从小就是乖乖女，学习好，听老师、父母的话。可就是这么一个听话的乖孩子，上了初中之后就开始变了。到了初二，小慧不仅不跟父母交流，还对父母说的话感到极度不耐烦。

问题：小慧正处于心理发展的哪一时期，该期有什么特点？

一、胎儿期心理特征及心理卫生

（一）胎儿期的心理特征

胎儿期是生命开始的时期，指从受精卵形成到胎儿出生的一段时期，大约经历277天。胎儿期为个体心理的发生准备了自然的物质前提，对人一生的发展具有极其重要的意义。此时期，胎儿具备皮肤感觉、听觉和运动功能，胎儿能通过母亲的活动辨别昼夜的周期，还能够感知母亲的情绪并做出反应。

影响胎儿成长的不利因素有孕妇的体重、身高、孕史、营养、年龄、身体状况等。孕妇情绪对胎儿的影响最大，孕妇与人争吵、家庭不和、极度悲伤、情绪压抑、婆媳关系不和、人际关系紧张等，孩子出生后容易躁动不安，爱哭闹。除了孕妇自身的影响因素外，药物、酒精、烟草、毒品及不良环境也对胎儿有影响。因此，孕妇应做到以下几个方面：①孕妇应保持情绪稳定，心情舒畅，避免生气、过度狂欢等不良刺激。②孕妇应保证合理营养，孕期要保证提供胎儿发育所需的一切高蛋白、低脂肪与富含多种维生素的食物，增强孕妇体质。③孕妇应避免不良行为，避免吸烟、嗜酒及滥用药物，孕妇也应尽量避免X线的辐射。

（二）胎教

胎儿在母体内并不是完全消极无能的，除了呼吸、吸取养分外，他还有一系列的行为，如踢腿、转身、吞咽等。现代科学研究揭示，胎教是必要的，孕妇所见、所闻、所感的一切对胎儿都有影响。

胎教其作用机制是正常孕妇在保证充足的营养和适当休息的条件下，从胎儿满6个月后开始对胎儿实施每天定时的声、光、触摸的刺激，使胎儿的听觉神经通路、视觉神经通路、触觉神经通路所产生的神经冲动在大脑间传递。目前，胎教的方法主要有以下几个方面。

1. 音乐胎教　是各种胎教方法中的首选方法。通过对胎儿不断地传输优良乐性声波，促使其脑神经元的发育，为优化后天的智力及发展音乐天赋奠定基础。音乐也能够使孕妇产生恬静的美感和愉悦的情绪，产生良好心境，并将这种信息传递给胎儿，改善胎儿大脑功能水平。胎儿喜欢听大提琴的演奏，还有柔美的小夜曲、摇篮曲、圆舞曲等，都会使胎儿心境平和。从孕16周开始，可以收听以C调为主的音乐（频率250～500Hz，强度70dB左右），每天1～2次，每次5～20分钟。也可以采用母亲给胎儿唱歌或哼唱乐曲的方式。但必须注意，音响过大的音乐，有损胎儿的健康，中、低频打击乐的强节奏的声音，也不利于胎儿大脑的发育。

2. 抚摸胎教　怀孕四五个月后，孕妇可以慢慢地沿腹壁抚摸胎儿或轻弹、拍打、触压腹壁，刺激胎儿活动，每天5～10分钟。胎儿的皮肤感觉发育得最早，他们在母亲腹中经常受到触觉刺激，可促进胎儿触觉、平衡觉、肢体运动的发育。通过反复训练，可使胎儿建立起条件反射，为出生后的协调动作和运动打好基础。

3. 言语胎教　是胎儿的父母与胎儿讲话，给大脑新皮质输入最初的语言印记，言语胎教包括聊天、讲故事、一起欣赏文学作品等。要注意的是，需要带着感情认真地与胎儿交流，并始终保持安详、稳定的情绪，把精力集中在胎儿身上。

考点：胎教的主要方法

4. 光照胎教　孕28周后，当胎儿胎动时，用电筒贴在腹壁上进行一明一暗的照射，每次2～5分钟，以促进胎儿视觉功能及脑的健康发育。

知识链接

胎教音乐

西班牙巴塞罗那生育诊所的研究人员对300多名胎儿进行了音乐测试，分别播放了15首不同的音乐，包括古典音乐、民族音乐与流行音乐。结果发现，古典音乐引起的胎儿反应最多，其次是民族音乐，最后是流行音乐。

二、婴儿期心理特征及心理卫生

婴儿期是指个体0～3岁的时期，是个体生理发展最迅速的时期，也是个体心理发展最迅速的时期。

（一）婴儿期的心理特征

1. 新生儿期　是指胎儿娩出至脐带结扎满28日。新生儿凭借一些无条件反射回答内外刺激，和周围环境保持了最初的交往。新生儿不仅出现无条件反射，而且开始形成条件反射。例如，当新生儿被抱成哺乳的姿势而还没有接触乳头时，他们就出现转头寻觅乳头、张嘴吮吸等动作。新生儿不仅被动地接受外界刺激，而且积极地对外界环境做出反应。例如，在闻到强烈的臭味时，新生儿就会紧闭眼皮，扭歪面孔，身体躁动不安，出现不愉快的反应，而对香蕉、巧克力、蜂蜜等香味，新生儿会出现愉快满足的表情。

2. 婴儿早期　是指出生1个月至1岁的时期，是人一生中身心发展最快的时期之一，周岁体重已达出生时的3倍，身高增加50%，神经系统的发育指数呈直线上升。例如，刚出生时平均脑重为390g，9个月时达660g，几乎增加了1倍。

此期开始出现抬头、翻身、坐、爬、站立、走等动作。同时手的捏、涂、绘等精细动作也开始初步发育。婴儿的感觉能力进一步成熟，辨别能力更加精细。在与主要照顾者的相互交往过程中，婴儿不仅表现出以自己的情绪作为交往信号，而且学会了辨别他人的情绪和表情，开始建立了与主要照顾者之间的依恋情感。

3. 婴儿晚期　指婴儿满周岁后到3岁的这段时间。1～3岁是学习语言的关键期，周岁后婴儿逐渐能听懂一些简单的故事，自己能说出一些词，随着年龄的增长，能说些简单的句子，掌握了基本句型，3岁时词汇量已达到1000个左右。运动能力进一步发展，动作的发展非常迅速，此时期个体学会了随意独立行走，扩大了生活范围。2岁左右可有多种复杂的情绪，情绪进一步分化，社会情感增多，有了耻辱感、同情心及嫉妒心，对周围的事物和活动兴趣增强，开始出现自我意识，社会行为开始发展，道德行为与观点开始萌芽。

（二）婴儿期心理健康维护

1. 满足生理需要，确保母乳喂养　这不仅能满足营养的需求，母乳喂养过程中通过视、嗅、听、触等多种感官刺激，还能使婴儿获得一种安全、舒适、愉快的感觉，满足婴儿心理发展的需要。

2. 加强母婴联结　母婴联结是建立人际关系的第一步。父母应创造条件给婴儿以丰富的环境刺激，增加社会性接触。婴儿心理需要的满足主要来源于“皮肤饥饿”的满足，即通过亲昵、拥抱、抚摸等使皮肤得到满足。尤其是母亲与婴儿的肌肤接触对其情绪的稳定和心理的健康发展至关重要。

3. 重视运动技能与语言训练　动作训练，从2个月开始起，让孩子练习抬头、俯卧、翻身、爬行和用手抓物品，继而训练站立、迈步等，动作训练可以促使大脑与小脑的发展。语言训练，婴儿学习语言的过程便是心理发展的过程，要充分利用周围的环境激发婴儿说话的兴趣，多与婴儿交谈，并鼓励他们说话，促使孩子发音，以锻炼其发音器官，但要注意说话应合乎规范。

考点：婴儿期心理健康维护方法

三、幼儿期心理特征及心理卫生

3岁至六七岁是幼儿期，又称学前期。3岁之后，个体体格发育稳步增长，中枢神经系统发育日趋完善，特别是大脑皮质的结构和功能的成熟与完善，3岁时脑重已达1000g，7岁时已接近成人水平，这就为其心理发展提供了物质基础。此期词汇量和语法结构发生了质的飞跃，思维上能进行简单的逻辑推理，出现了独立的愿望，也被称为“第一反抗期”。

（一）幼儿期的心理特征

幼儿期是儿童智力、思维和语言的重要发展期。该期的思维特征表现为具体性、以自我为中心。例如，将两杯水中的一杯倒入小口径的圆筒中，5 岁儿童认为圆筒中的水比杯子中的多。该期的思维没有反思和比较的能力。例如，将满满的一杯水倒入第二杯后，不能回答倒回时能否灌满一杯。语言发展突飞猛进，词汇的数量不断增加，并在语言实践中逐步掌握了语法结构，语言表达能力也有了进一步发展，说话流利。自我控制力还较差，随着年龄的增长，幼儿能逐渐调节自己的行为，但自我控制能力还比较欠缺。自我意识进一步发展，幼儿在言语中使用“我”字的频率明显增加，自我意识系统开始形成。情绪不稳定，以易变性和冲动性为特征。

（二）幼儿期心理健康维护

1．开展丰富多彩的游戏　游戏是幼儿期最主要的需要之一，是参与社会活动的主要形式，占去了大部分的活动时间。游戏是促进心身发展的最好活动方式。通过游戏，幼儿能够切身体验成人的社会活动、社会生活和道德风貌，领会人与人之间的相互关系。在游戏中，幼儿的认知、情感、意志、道德等获得了较快的发展。

2．营造温馨和谐的家庭环境　家庭是孩子的主要生活环境，温馨和睦的家庭气氛能给予孩子愉快的心境，对培养良好的情感和性格具有重要的意义。相反，父母经常争吵，孩子会感到无所适从，缺乏安全感。实施平等民主的家庭教育，对幼儿的爱护应该是尊重、平等、民主的，既不溺爱也不专制。

3．养成良好习惯　幼年时期养成良好的习惯，如饮食、睡眠、排便、礼貌、自己动手做力所能及的事，这些对将来的发展和社会适应都具有积极的意义。

四、学龄期心理特征及心理卫生

（一）学龄期的心理特征

学龄期是指 6～12 岁，大致相当于小学阶段。这个时期体格发育相对缓慢，智能发育更加趋于成熟，除生殖系统外，其他各系统器官的发育接近成人。这个阶段最大的变化是以游戏为主的幼儿期生活结束，开始以学习为主的校园学生生活。

学龄期的生活内容、生活环境和交往范围都发生了巨大的变化，心理的发展产生了质的飞跃。认知方面，学龄期各种感受性不断提高，知觉的分析与综合水平进一步发展，有意注意迅速发展，并能自觉集中注意力，注意稳定性逐渐延长，注意范围逐渐扩大，并具有一定的注意分配能力，思维由形象思维逐步向抽象思维过渡；语言方面，书面语言在这一时期需要进行大量的正规训练，这些训练不仅促进口头语言的继续发展，而且促进儿童的思维发展；情绪情感方面，情绪情感表现仍比较外露，易激动，但已开始学会控制自己的情绪。

（二）学龄期心理健康维护

1．创造优良的家庭环境，激发学习动机　实践证明，平稳少曲折的家庭环境，对儿童的心理冲击较小，不容易产生心理不健康的问题。培养和激发儿童的学习动机与兴趣，是使其日后能够自主学习的最好途径。要维护儿童自尊，使孩子学会学习、乐于学习，避免厌学、敌意和攻击等消极行为的产生。

2．提高适应能力，鼓励参加集体活动　要鼓励孩子与同年龄人一起生活、学习、玩耍，这样才能学会与人相处，还要教导他们热爱学校生活，使其能够轻松愉快地进行学习。

3．注重非智力品质的培养　非智力品质如动机、兴趣、意志等能支持一个人的智力活动，提高学习质量，并促进智力的发展。适当地进行挫折教育，帮助他们提高自己的意志力、竞争力和承受能力，从而有效地促进心理健康。

五、青春期心理特征及心理卫生

青春期一般是指12～16岁，青少年生理功能不断成熟，生殖系统成熟，第二性征逐渐出现。从外形上看，他们与成人没有两样。独立意识逐步发展，看问题时有了自己的主见，要求自主、要求独立越来越强烈，极力想摆脱父母的保护和监管，叛逆心理加重。也有人把这一时期称为心理发展的“第二反抗期”，还有人称这一时期为“心理断乳期”。

（一）青春期的心理特征

青春期是一个人的认知水平由较低水平向较高水平发展的时期。理解记忆增强，抽象思维开始占主导，智力发展达到一个新的水平，表现为概括能力、解决问题的能力全面提高。

情绪容易波动，即敏感而不稳定，反应快而强烈，有时心花怒放、满脸春风，有时愁眉苦脸、阴云密布。这个时期感情的多变是与感情的深化共同发生的，在这一时期青少年已经开始产生和感受到许多细腻复杂的感情。

人格逐渐形成，青少年在接触世界的过程中，不仅在学习知识和积累经验，也在不断地接受家庭、学校和社会的教化，从而完成从自然人到社会人的过渡。当社会化过程基本完成，自我意识确立时，人格也即形成。

自我意识在青春期会出现质的变化。这个时期的青少年对于“自我”的体验和感受前所未有地清醒。他们对自己产生了强烈的兴趣，热衷于思考自己的优点、缺点、特点。独立性增强，青少年总是希望得到他人的承认和尊重，希望摆脱成人的约束，渴望独立。

开始关注同龄人之间的交往。同龄人之间的关系是这一时期生活中十分重要的内容。任何一个青少年都不可能脱离同龄人的影响，总是将彼此之间的交往与认可看得极为重要。

性意识觉醒，伴随着性生理的不断成熟，在与异性的接触过程中，青少年逐渐出现了性意识、性欲望和性冲动。

（二）青春期心理健康维护

1．进行科学的性教育　青春期是对性的迷茫时期，所以要对青少年进行科学的性生理、性心理、性道德与性法制的教育，让他们正确掌握自我调节方法，使其自然缓解、转移、升华等，进一步消除性紧张和性困惑，引导他们学会正确与异性交往，发展健康的性心理。

2．发展成熟的自我意识　成人感和独立性是青春期自我意识发展的标志，此时他们极力想摆脱父母和教师，希望他们能尊重自己，讨厌过分的关心、监护和说教。因此在青春期需要加强引导，既不能事事过问，样样安排，又不能放任不管，要在尊重他们的基础上加强引导。引导他们用客观全面的观点看待自己和他人，有效地调节和控制自己的行为，同时不断地完善自己。

3．建立良好的亲子关系　青春期往往容易出现逆反心理，对父母的言行持否定态度，出现行为上的违拗、态度上的抵触、情感上的冷漠现象等。因此，父母要与孩子建立起朋友式的关系，尊重他们的自主权与隐私权，多指导少指责，多帮助少干涉，使青少年顺利度过人生的“心理断乳期”。

考点：青春期的心理特征

知识链接　青春期同伴关系

调查发现，同伴是青少年课余时间玩乐、倾诉和分享秘密的首选对象，高达55.54%的初中生更愿意向“朋友、同学”倾诉心事，选择“母亲”的仅为14.34%，而选择“父亲”的仅占3.44%。这预示着青少年已逐渐将同伴作为重要的情感依恋对象，家长已不再是孩子唯一的“重要他人”。

六、青年期心理特征及心理卫生

青年期是指 16～35 岁的年龄阶段。青年期是人一生中最宝贵的黄金时期。青年人精力充沛，富于创造力，朝气蓬勃。青年期不仅生理上达到成熟，而且智力和个性的发展也逐渐达到成熟。

（一）青年期的心理特征

1．青年抽象逻辑思维的发展　青年时期学了很多反映自然、社会和精神方面的系统的基本规律，这使得青年具备抽象逻辑思维。青年思维的独立性与批判能力增强了，喜欢争论问题，愿意提出创见，不以现成答案为满足。他们对别人的观点不轻信、不盲从，要求有说服力的逻辑论证。

2．青年的交往与情感生活　青年对待同志关系、友谊、爱情的态度有了改变。青年对个人亲密友谊的需要急剧地增长起来，青年的友谊更稳固、更深刻了。在青年期除了相同性别的伙伴之间的友谊外，友谊的相互关系也扩大了，不同性别的男女青年之间的相互关系活跃起来，有的还能发展成爱情。

3．青年的世界观和理想　青年期是世界观形成的重要时期。世界观总是要落实到对未来生活的理想和将来生活道路的选择上，青年更多的是一些概括的较实际的理想。他们向往未来，从而使眼前的学习与未来生活道路的选择联系起来。

（二）青年期心理健康维护

1．要树立正确的人生观和世界观　正确的人生观和世界观，能够使人站得高，看得远，使人心胸开阔，青年人有了正确的人生观和世界观，就能对社会、对人生、对世界上的各种事物保持正确的认识，采取适当的态度和行为反应，冷静而稳妥地处理问题，提高对心理冲突和挫折的承受能力。

2．学会自我调控情绪　青年人富有理想和抱负，向往真理，思想积极向上，但心境变化和情绪波动较大，易受周围环境和人际关系的影响，不能很好地处理情感与理智之间的关系，所以要学会调节和控制自己的情绪。

3．塑造健康的自我意识　就是要正确地认识自己和评价自己。例如，有的人会片面认为自己的个子太矮、长相不好，产生自卑心理，甚至讨厌自己，这样就会影响心理健康的发展。青年既要培养符合实际的自我认识，还要学会接纳自己，逐步完善自我，恰当地确立自我发展方向。

4．树立正确的恋爱观　恋爱是一件严肃的事情，青年人要冷静分析自己心中的那份情感是不是爱情，一定要正确地对待恋爱，加强爱的能力，并提高应对恋爱挫折的能力，保持健康的恋爱心理。

知识链接

大学生正确恋爱观

处于大学时代的青年大多都是 20 岁左右的年龄，正值感情萌动的时期，要让他们知道恋爱是大学生活的一部分，但不是大学生活的全部；要让他们正确地看待爱情，摆正爱情的位置，处理好爱情与学习的关系。大学时期是努力学习知识、增长技能本领、提高综合素质、为走上社会奠定过硬基础的时期，更是为创造美好的爱情打下坚实心理、物质基础的阶段。

七、中年期心理特征及心理卫生

中年期是指 35～60 岁这段时期，中年期相对于人生发展的其他各阶段来说，变化并不明显，但是中年人一般会明显地感觉到自己各个方面所发生的变化。例如，力量、协调性、体能、动作等逐渐下降或变慢，记忆力减退，反应变慢，眼花、耳聋等现象也开始出现。

（一）中年期的心理特征

1．心理活动更加成熟 进入中年期以后，人的心理活动更加成熟，有着丰富的社会经验，形成了相对稳定的人生观和世界观，具有较强的独立自主性。中年期的情绪情感已成熟、稳定，能客观公正地分析外界事物和进行自我分析，有较强的抗挫折能力，意志品质强。

2．智力发展趋于稳定 中年人的知识积累和思维能力都达到了较高的水平，中年期是发挥智力与创造力的最佳年龄时期。

3．心理压力剧增 中年人是社会的中坚，肩负着社会与家庭的重任，是各行各业的主力，也面临着社会、事业、家庭、生活等各方面的压力。如果处理不当，容易导致许多心身疾病乘虚而入。

（二）中年期心理健康维护

成熟与收获、困扰与压力构成了中年人的基本心理框架。所以，关注中年人的心理健康对于社会进步、家庭和睦、子女成才都有着重要的意义。

1．改善人际关系 在人际交往中，要以积极、全面、善意的交往为基础，克服虚荣、嫉妒、冲动、软弱和过分内向的性格倾向，要妥善处理人际关系，以积极、豁达的心态对待自己的社会经济地位、工作环境、生活状态及社会变迁等问题。

2．提高自我调控的能力 学会提高自我调节和自我控制的能力，保持情绪乐观，要避免过分劳累，合理安排饮食起居，保持良好的生活习惯。

3．注意更年期精神卫生 正确认识自身的变化，保持精神愉快，善于自我宽解，学会自我调整，争取社会支持，必要时求助医师的帮助，顺利平稳地度过更年期。

八、老年期心理特征及心理卫生

老年期指60岁以后到死亡这一阶段，这是人生中经历的最后阶段。此阶段的基本特征就是衰老，由于衰老导致认知活动、情绪情感、个性心理等都发生了重要的变化。

（一）老年期的心理特征

1．感知觉退化 老年人的视力开始出现问题，多数人会患眼疾，听觉能力也进一步下降，味觉、嗅觉也在衰退，特别是嗅觉。

2．认知方面 老年人识记速度减慢，再认和回忆的能力都显著下降。老年人处理信息的时间也变长了，反应和行动都变得缓慢。思维能力也在随着年龄的增长而减退。但是，老年人的思维和智力方面存在着明显的个体差异，有的老年人思维显著衰退，而有的老年人却仍能表现出较高的水平。

3．情绪情感方面 老年人很容易产生冷落感、孤独感、疑虑感、忧郁感、不满感和老朽感等消极的情绪情感体验。

（二）老年期心理健康维护

1．保持乐观情绪 保持乐观的心情和年轻的心态，不畏老，不服老，永葆心理年龄年轻，还要善于主动排解不良情绪，以乐观的心态安度晚年。

2．合理用脑，积极活动 适当不间断的脑力劳动和体育运动可以延缓脑功能和躯体功能的衰退，因此应积极参加力所能及的活动，如看报、慢跑、打太极拳等。

3．生活有规律 避免不良生活方式和行为，如高糖、高盐、暴饮暴食、滥用药物等。尽可能做到起居饮食规律化，不熬夜、不吸烟、不酗酒，多吃富含钙的食物，延缓骨质疏松。

知识链接 乐观情绪有益于健康长寿

俗话说，“笑一笑十年少”，乐观的情绪不仅能使人显示出青春活力，还有助于增强人的机体免疫力，哪怕是一个积极的微笑，一个积极的手势，或者一次积极的暗示，都有助于形成积极乐观的心态。许多人之所以能成功并且长寿，就是因为他们时刻用积极的心态去迎接事业，迎接生活。

案例 4-3 分析

小慧上了初中后，开始进入青春期，家长发现小慧不听话了，甚至有时还与家长“对着干”，这种现象心理学上称为“心理断乳期”。“心理断乳期”的各种心理现象，反映了青少年心理发展上的进步，即从心理上依附于父母到出现独立意识。

第4节 社区心理卫生

案例 4-4

杨阿姨今年 50 岁，刚退休。杨阿姨从 47 岁开始情绪出现异常波动，常常无缘无故地迁怒于家人，稍有不慎就大喊大叫甚至砸锅摔碗。杨阿姨自述：我总是情绪易激动，经常表现得喜怒无常。而且，丈夫总是说她十分唠叨，有次丈夫实在受不了她的唠叨骂了她几句，谁知，她竟一气之下割腕自杀了。幸亏丈夫及时发现，她被抢救了回来，否则后果不堪设想。

问题：杨阿姨出现的异常是怎么回事？

一、社区心理卫生概述

（一）社区心理卫生的概念

社区心理卫生是心理卫生的重要一环，它是以社区和基层保健机构为基地，利用心理学、社会学及公共卫生学的有关理论、方法和技术，对社区人口中的心理疾病进行预防、治疗、康复，并为社区范围内的居民提供多元化及合乎人性的心理卫生服务。

（二）社区心理卫生服务特性

1．重视整体性　社区卫生服务强调服务对象是完整的人，除了注意躯体本身的问题外，还注意个体与外部环境、家庭之间的关系，以及个体发生疾病的心理社会因素。

2．重视协调性　社区是初级卫生保健的基层部分，在心理卫生方面主要负责社区人群的心理卫生教育工作。在实施过程中要调动社区内一切可利用的资源，争取得到各方的有力协作。

3．注意连续性　社区心理卫生服务的连续性体现在对社区人群人生发展各个阶段的持续性心理照顾。表现为为个体提供从生到死，从心理问题发生、发展到治愈、康复的全过程服务。

（三）社区心理卫生工作原则

1．预防为主的原则　社区心理卫生的最高目标是预防心理疾病发生和保证社区人群的高水平心理效能。

2．教育性原则　社区心理卫生是指向全体人群的，健康教育是社区心理卫生的基本原则之一。

3．群众性原则　社区心理卫生需要专家，但专家只是骨干，不能包揽一切。社区心理卫生需要各界协助，需要社区的每个公民参与。

知识链接

社区心理学

社区心理学是心理学分支学科，诞生于20世纪60年代，在临床心理学、社会心理学和组织心理学的基础上发展形成。其最终目标是找到一些行之有效的预防性干预措施，以提高整个社区人群的生活质量和健康水平。主要研究与社区有关的心理学问题，如社区群体心理和群体中各个成员的心理特点；家庭、团体和社会等因素与心理的关系；如何以社区为单位，应用心理学方法，预防和解决社区心理健康问题。

二、社区不同群体的心理卫生

（一）未成年人的心理卫生

未成年人是祖国的未来，他们的心理卫生情况，事关民族的发展与未来。在社区开展未成年人心理健康服务，首先要加强心理健康教育，培养未成年人坚韧不拔的意志，增强未成年人适应社会生活的能力；其次要做的是针对极个别未成年人的心理异常现象进行防治和矫正。

众所周知，家庭教育具有亲密性、早期性和长期性等特点，只有在家庭教育中，才有可能充分照顾到每一个孩子的个体差异。关注未成年人心理卫生应做到以下几个方面。

1．爱与教相结合　家长只有把对子女的爱和严格要求结合起来，把理智和感情结合起来，做到爱中有教，教中有爱，才能把孩子培养成身心健康、适应良好、人格健全的社会成员。

2．宽容但不放纵　让孩子在自己的世界里尽情探索，努力尝试，并允许他们犯错误，但宽容并不等于放纵，因此对孩子的宽容应该有“度”。

3．摒弃过高期望　望子成龙、望女成凤，是许多父母们的心愿，但父母要根据孩子的实际情况调整期望值，不要给孩子确定过高的奋斗目标，以致超过孩子的心理承受能力。

4．搭建有效的预防平台　有条件的社区应建立对广大未成年人免费开放的成长指导中心或咨询中心，积极利用新媒体平台搭建咨询平台，为他们开设一个倾诉的空间。

（二）更年期人群的心理卫生

更年期女性一般为45～55岁，男性一般为55～60岁。由于生理变化及相应的心理影响，多将其称为“多事之秋”，部分人会产生明显的心理反应，甚至发生更年期综合征。因此，心理保健具有重要的意义。

1．对更年期有正确的认识　更年期是人生的正常发展阶段。应学习掌握更年期的生理和心理知识，以科学的态度和良好的精神状态争取平稳度过更年期。对躯体的不适应及早诊治，正确对待应激事件，保持情绪乐观开朗，切忌猜疑，必要时配合心理医生进行处理。

2．自我调节和控制　更年期的心身变化容易使个体产生情绪不稳、烦躁不安，对于更年期带来的苦恼，要善于自我宽解，适当调整。生活要有规律，娱乐爱好应有节制，适当参加有意义的活动和坚持体育锻炼。

3．广泛的社会支持　和睦的家庭气氛，家人的理解、体贴、宽容及社会各界的支持可以帮助更年期人群平稳度过更年期。

（三）慢性病人群的心理卫生

慢性病，全称是慢性非传染性疾病，不是特指某种疾病，而是一类由生物、心理、社会多种因素综合致病，起病隐匿，病程长且病情迁延不愈的疾病的概括性总称。

有许多慢性疾病如高血压、冠心病、消化性溃疡、糖尿病、癌症、肝炎等患者，患病后由于躯体长期受疾病的折磨，心理上或多或少会有负性情绪存在，这些负性情绪如果得不到很好的解决，就会影响慢性疾病治疗及康复的疗效。

慢性病患者的主要心理反应：①心境抑郁，患者因丧失劳动力，使事业、家庭和经济等蒙受损失，自责内疚，认为自己成了累赘，表现为悲观失望、忧心忡忡、丧失治疗的信心和生活的热情。②患者角色强化，慢性病患者一旦进入患者角色，便会逐渐形成对“患者角色”的强化和习惯化心理，在心理上持续依赖他人的照顾，这将妨碍疾病的康复。维护慢性病患者心理卫生应做到以下几个方面。

1. 情绪疏导，认知调整　进行情绪疏导，帮助慢性病患者形成或提高有效控制负性情绪的能力，帮助患者消除不合理的信念，重建对慢性病的正确认识，达到减轻或消除疾病症状的目的。

2. 克服习惯化心理　既要教育患者积极配合治疗，又要鼓励其进行适当活动；既要劝说患者安心养病，又要鼓励他们为日后恢复工作进行准备，使患者摆脱依赖心理，克服习惯化心理，产生和保持要“康复”的激情和动机。

3. 社会支持　有效的社会支持系统对慢性病患者适应疾病至关重要。做好家属、亲友的思想工作，建议他们多关心患者，以宽容的态度为患者提供倾诉、宣泄的机会，使患者能充分享受家庭的温暖，树立治疗信心。

案例 4-4 分析

杨阿姨的症状属于典型的更年期表现。更年期综合征有生理和心理两方面的表现，生理方面表现为潮热汗出、心悸失眠、头晕等；心理方面表现为心神不宁、烦躁易怒、焦虑、多疑等。更年期一定要注意调理情绪、定期检查，症状严重时及时治疗。并且，家人要多体谅更年期女性，给予正确的理解和关爱，使其平稳度过这段人生转折期。

小　结

随着社会竞争日益激烈，相应的人们的生活节奏也越来越快，各行各业都面临经济、学习、交往、社会适应、就业等压力，由此产生了一系列心理问题，并且呈逐年上升的趋势。因此，护理工作者有必要充分了解和掌握心理发展的规律和特点、心理健康及心理卫生的有关知识和技巧，更好地为临床实践服务。

自 测 题

选择题

A_1 型题

1. 影响心理发展的因素是很多的，但不包括(　　)

A. 遗传　B. 环境
C. 教育　D. 饮食
E. 主观能动性

2. 关于心理发展的一般特点，不包括(　　)

A. 差异性　B. 阶段性
C. 统一性　D. 连续性
E. 不平衡性

3. 个体心理发展的内在动力是(　　)

A. 遗传　B. 环境
C. 教育　D. 主观能动性
E. 营养

4. 前运算阶段的儿童，其思维的典型特点是(　　)

A. 自我中心性　B. 客体永久性
C. 守恒性　D. 可验证性

E. 可逆性

5. 下列哪些行为属于心理健康的范畴（　　）

A. 能极力满足个人的需要

B. 对自己有过高的评价

C. 为维持自己的心理平衡，极力宣泄自己的情绪

D. 有充分的自我安全感

E. 无欲无求

6. 心理断乳期是指（　　）

A. 婴儿期　　B. 幼儿期

C. 学龄期　　D. 青少年期

E. 青年期

7. 老年期退行性变化最明显的心理过程是（　　）

A. 感知觉　　B. 注意

C. 记忆　　D. 思维

E. 想象

（孟　文）

心理防御与心理应激

引 言

人在日常生活中的各种行为总是建立在需要的基础上，在动机的推动下进行的。当个体的动机性行为不能顺利实现时，人的需要无法满足，就会产生挫折。为了保持心理上的平衡，减轻心理痛苦，个体就会启动心理防御机制进行应对。挫折也是一种心理性应激源，会引起心理应激，如果出现严重的应激反应，将危害人的身心健康，甚至诱发心身疾病。同学们，让我们一起来学习挫折与心理防御机制、心理应激和心身疾病的有关知识吧。

第1节　挫折与心理防御机制

案例 5-1

小王是一个来自农村的大二学生，性格内向，很少与室友之外的人接触，关系好的朋友也很少。最近，相处了1年多的女友和小王分手了。他认为女友是因为嫌弃自己家庭贫穷才离自己而去，因此变得自卑起来。同时，小王将自己封闭起来不和外界接触，整天郁郁寡欢，学习成绩也一落千丈，对未来感到迷茫，甚至产生轻生和报复女友的念头。

问题： 1．小王失恋后为什么会出现上述一系列表现？

2．根据所学的知识，如何帮助小王从失恋中走出来？

一、挫　　折

在现实生活中，每一个人都不可能事事顺心如意，挫折总是难免的。正确认识挫折、引起挫折的原因和影响挫折耐受力的因素，可以有效提高挫折耐受能力，增强个体的适应能力，避免心理创伤，保持身心健康。

（一）概念

挫折是指个体在从事有目的的活动过程中，遇到无法克服的或自以为无法克服的障碍或干扰，致使个人动机无法实现、需要不能满足时的心理状态。一般来说，挫折包括三方面含义：一是挫折情境，即导致个体动机性行为障碍或干扰的实际情境，如高考落榜、婚恋失败等。二是挫折认知，指对挫折情境的知觉、感受和评价。三是挫折反应，即个体伴随挫折认知，对于自己的需要不能得到满足而产生的情绪和行为反应，如焦虑、愤怒、抑郁、逃避或攻击等。其中挫折认知最重要。

考点：挫折的概念

（二）引起挫折的原因

引起挫折的原因是多方面的，归纳起来可分为客观因素和主观因素。

1．客观因素

（1）自然环境因素：由于各种无法克服的自然环境条件的限制，使个人的需要不能满足、动机无法实现，如恶劣的气候条件、突发的自然灾害、险峻的地势地貌、意外的灾难、疾病、衰老、死亡等。

（2）社会环境因素：指在社会生活中所遇到的社会制度、政治、经济、道德、宗教、风俗习惯、人际关系等社会环境的限制，使个人的动机与目标无法实现，这比自然因素的影响要大得多。

2．主观因素

（1）生理因素：指个体由于生理条件的限制导致目的无法达成而引起的挫折，如色盲者报考医学院校、身体有缺陷者想成为运动员等。

（2）心理因素

1）个人的能力、智力、知识经验的不足：在工作中容易遭遇失败而产生挫折。

2）抱负水平过高：当抱负水平过高而又不具备实现抱负的实力时就会产生挫折。

3）动机冲突：在现实生活中，个体往往会同时出现两个或两个以上互相冲突的动机，不可能同时得到满足，如果其中一个动机得到满足，其他动机的实现就必然受到阻碍，因此难以抉择从而产生挫折。

考点：引起挫折的原因

（三）影响挫折耐受力的因素

1. 生理条件　一般情况下，一个身体健康、发育良好的人对挫折的耐受力要比一个疾病缠身、有生理缺陷的人强，可以经受更大的挫折。这是因为挫折可以引起人的情绪及生理反应，给人的心理带来压力及紧张感，对体弱多病者会加重身体虚弱和病情，甚至发生意外。

2. 认知因素　认知是指我们对周围事物的想法和观点，也就是人的认识活动。挫折情境正是通过人的认知而影响到情绪进而产生相应的行为反应的。由于认知评价不同，同样的挫折情境，对不同的个体造成的打击和心理压力是不同的。例如，面对失败，有的人认为是严重的挫折，有的人认为是很正常的事情。

建立对挫折的正确、合理的认知，对人们应对挫折是非常必要的。应从两方面看待挫折：

（1）挫折具有普遍性：每个人都不可能完全避开挫折，永远一帆风顺。挫折是客观存在的，具有普遍性，如果能够坦然面对挫折，勇敢正视挫折，不灰心、不绝望，沉着冷静，就能把挫折当作进步的台阶、成功的起点，从而获得成功。纵观古今，人类创造文明与进步的事业，无不经过挫折与失败。

（2）挫折具有两面性：同其他事物一样，挫折也有两面性，既有消极的一面，也有积极的一面。挫折会给人以打击，带来损失和痛苦，但也能磨炼人的意志，使人奋起、成熟。因此，人们对挫折应采取正确的态度，不能遇到一点小小的困难就一蹶不振，而是应坦然接受，积极应对生活的挑战。古人云："失之东隅，收之桑榆""塞翁失马，焉知非福"，生活中的挫折与失败，也是人生的阅历和宝贵的经验。

知识链接

驴子的故事

有一天，农夫的一头驴子不小心掉进枯井里，农夫绞尽脑汁想要救出驴子，几个小时过去了，驴子还在井里哀号着。最后，农夫决定放弃，他想这头驴子已经老了，不值得大费周折地把它救上来，但是不论如何这口井是一定要填起来的。于是农夫就找邻居帮忙，打算一起将井里的驴子埋了，以免除驴子的痛苦。大伙儿人手一把铲子，开始将泥土铲进井里，当这头驴子意识到自己的处境时，刚开始哭叫得很凄惨，但出人意料的是，一会儿它便安静下来。大家好奇地往井底一看，出现在眼前的情形令他们大吃一惊：当铲进的泥土落到驴子的背上时，它将泥土抖落一旁，然后站到泥土堆上面。就这样，驴子一步一步地上升到井口，然后在众人的惊讶中快步跑开了。

3. 人格因素　一个人的生活态度、兴趣爱好、人生观、价值观等人格因素都与个体的挫折耐受力有密切的关系。性格开朗、乐观、坚强、自信的人，挫折耐受力强；相反，性格孤僻、懦弱、心胸狭窄的人挫折耐受力弱。懦弱者总是把挫折看成绊脚石，而勇敢者却把挫折当作垫脚砖，让自己站得更高、看得更远。

4. 过去经验　人对挫折的耐受力是指个体在长期生活中适应逆境和挫折而获得的一种能力。一般认为，从小受到良好的挫折教育、生活阅历丰富、历尽艰辛的人，由于积累了面对挫折的丰富经验，挫折耐受力强。相反，初涉社会、极少受到挫折、生活一帆风顺的人，因为没有足够的机会学习和积累面对挫折的经验，挫折耐受力弱。

因此，可以人为地创设挫折情境，即不断地让自己经受磨难，进行挫折训练，培养不屈不挠、坚韧不拔的精神，在挫折中增强战胜挫折的信心和勇气，学习和掌握应对挫折的方法和技巧。

知识链接

今天的失败是明天成功路上的垫脚石

爱迪生发明电灯，试验失败了上万次，终于发现了可以用钨作灯丝。别人问他，你失败了那么多次，没想过放弃吗？他说："我的每一次失败只是说明了那种材料不适合作灯丝，让我寻找另外的材料，所以我最终能找到用钨来作灯丝，终于成功了。"

5．社会支持　社会支持系统主要是指个体遭遇挫折时，来自社会各方面的精神和物质上的援助。社会支持是有效应对挫折的重要资源。当遇到不幸或危难时，如果能够得到家人、朋友、同事、单位等来自社会各方面的支持、关心、理解、安慰和帮助，就会缓冲挫折对个体的打击，大大减轻挫折反应的强度，增强挫折耐受力。俗话说得好，"一个痛苦两人分担，痛苦就减轻了一半""一个篱笆三个桩，一个好汉三个帮"。因此，遇到挫折时，应主动向亲朋好友倾诉，或通过单位、团体或互联网寻求支持和帮助。

考点：影响挫折耐受力的因素

二、心理防御机制

在长期的进化过程中，人类形成和发展了一些在心理上自我保护的方法，心理防御机制就是其中最主要的方法之一。

（一）心理防御机制的概念

心理防御机制是个体在应对心理压力或挫折情境时，为了适应环境而无意识采用的一种解脱烦恼、减轻内心痛苦的心理策略。

应用心理防御机制有两种作用，一种是积极的作用，虽然它只能暂时缓解挫折感，不能从根本上解决问题，但可以使个体有更多的时机去寻找应对挫折更为有效的方法。另一种则是消极的作用，个体依赖心理防御机制仅仅起到一种逃避现实的作用，而不能学会有效地解决问题。

心理防御机制是一种常见的心理现象，几乎每个人都在不知不觉中使用。若使用不当或过多地依赖也是不正常的，甚至表现为某种病态。研究和掌握个体对心理防御机制的选择应用情况，有助于了解其有无心理问题，并提高心理治疗的针对性。

考点：心理防御机制的概念和作用

（二）常用的心理防御机制

常用的心理防御机制主要有以下几种。

1．否认　是把发生的不愉快事情加以否定，认为它根本没有发生，以此来躲避心理上的不安与痛苦。这属于一种较简单而原始的心理防御机制，在日常生活中也较常见。例如，小孩子闯了祸，常用双手把眼睛蒙起来，好像没有发生过一样，就像鸵鸟被追赶无处可逃时，会把头埋进沙堆里，"眼不见，心不烦"，称为"鸵鸟心态"。临床患者面对某些严重疾病的诊断如癌症、艾滋病等，初期也常采用否认来拒绝接受现实。

2．曲解　将客观事实加以歪曲，以符合内心的需要和维护自尊心。如将别人对自己的排斥当成照顾，把别人的讽刺当成赞扬，即所谓"自我感觉良好"，以保持自尊心不受伤害。

3．外射　又称投射，是指把自身受到挫折的原因完全归咎于他人，或者把自我具有的但又不喜欢的动机、欲望、态度和性格等推向别人或周围的事物上，以此来减轻内心的不安。"以小人之心，度君子之腹"就是典型的例子。

4. 退行　又称为退化，是指个人遭遇挫折时以较幼稚的行为应付现实困境，借以惹人注意或博人同情以减低自己的焦虑。例如，一个 4 岁能自行大小便的男孩，因母亲生了小妹妹而觉得受到冷落，于是又开始随地大小便，倒退至肛门期。在面对疾病疼痛时，成年男性像小孩一样号啕大哭也是退行的表现。

5. 幻想　是指个体遇到现实困难无法处理时，通过幻想脱离现实，进入想象世界，异想天开，自我陶醉以满足自己的欲望。例如，一位刚毕业的大学生在应聘时被用人单位淘汰，于是幻想自己以后开一家同样的公司来挤垮对方，让对方后悔没有聘用自己。能力弱的孩子以幻想的方式处理心理问题一般来说是正常现象，如果成年人常常采用这种方式，特别是分不清现实与幻想的内容时，就属于病态。

6. 内射　又称内摄。与外射作用相反，指广泛地、毫无选择地吸收外界的事物，而将它们变为自己内在的东西。常言所说“近朱者赤，近墨者黑”就是内射作用。由于摄入作用，有时候人们爱和恨的对象象征地变成了自我的组成部分。如当人们失去他们所喜爱的人时，常会模仿他们所失去人的特点，使这些人的举动或喜好在自己身上出现，以慰藉内心因丧失所爱而产生的痛苦。相反，对外界社会和他人的不满，在极端情况下变成恨自己因而自杀。把一个他所钦佩或崇拜的人的特点当作自己的特点，用以掩盖自己的短处，也是内射的表现。

7. 合理化　当个体遭受挫折，无法达到目标或行为不符合社会规范时，杜撰一些牵强附会的理由进行解释，以缓解心理痛苦，维持自尊，这种心理防御机制又称为文饰作用。

合理化作用是日常生活中使用最多的一种防御机制。它的最常见表现形式是“酸葡萄心理”“甜柠檬心理”。

“酸葡萄心理”，即希望达到某种目的而未能实现时，便否认该目的所具有的价值和意义，以此冲淡内心欲望，减轻不安情绪，就像《伊索寓言》中所讲的那只狐狸一样，吃不到葡萄就说葡萄是酸的。

“甜柠檬心理”，即凡是所希望的目的未达成时，便认为自己现在所拥有的东西都是好的，以此来减轻内心的失望与痛苦。例如，吃不到甜葡萄，只好吃酸柠檬，还硬说酸柠檬是甜的、正是自己喜欢的。

8. 反向　又称“矫枉过正”。个体为了防止自认为不好的动机外露，采取与动机方向相反的行为，这种内在动机与外在行为不一致的现象，称为反向作用。它实际上也是对个人的冲动和欲望进行压抑的一种心理表现，如暗恋班上的一个女同学，却故意对她冷嘲热讽或搞恶作剧，以减轻内心的焦虑。

9. 转移　是指个体将对某人或某事物的情绪反应（多属负面情绪如愤怒、憎恨等）转移到一个较为安全的对象身上，以减轻焦虑的一种心理防御机制。例如，丈夫在公司受到上级责备，回家对妻子发脾气，妻子莫名其妙，就朝孩子发泄，孩子感到委屈，就对小花猫乱踢一通，即前文所述的“踢猫效应”。

10. 压抑　即把意识中不能接受的使人感到困扰或痛苦的思想欲望或经验不知不觉压抑到潜意识中，以便保持心境的安宁。压抑是最基本的心理防御机制，正常人之所以能保持正常的人际关系、社会秩序，都是依靠每个人的压抑作用来管制我们的行为的，越是成熟、有修养的人，压抑作用越好。压抑虽然能暂时减轻焦虑和获得安全感，但压抑的东西没有消失，只是潜伏起来，一有机会就能重新活动而影响人的行为，如出现口误、笔误或记忆错误。过度压抑还可以使人性情急躁、孤僻、沉默，甚至形成心理障碍。

11. 幽默　是指以积极乐观的心理去化解消极的事物，或以无所谓的态度轻视消极的事物，或以诙谐的语言行为应对尴尬的处境，使自己摆脱困境、维持心理上的稳定。大哲学家苏格拉底的妻子脾气十分暴躁，一次苏格拉底正和学生谈论问题，其妻突然跑进来大骂，并向苏格拉底身上浇了一桶水，把他全身都弄湿了。面对如此尴尬的局面，苏格拉底说道："我早就知道，打雷之后，定会下雨。"由此可见，幽默作用是一种较高级的心理防御机制，巧妙运用幽默，可以打破窘境，渡过难关，对身心健康亦十分有益。

考点：常用的心理防御机制

12．升华　是指个体将不被社会所允许或接纳的本能欲望、冲突导向比较崇高的、为社会所赞许的行为目标和方向，用社会许可的思想和行为方式表达出来。升华是一种很有建设性的心理防御机制，也是维护心理健康的必需品。歌德因失恋写出了不朽的名著《少年维特之烦恼》，就是升华的范例。

案例 5-1 分析

1．小王出现的一系列表现说明小王因失恋而产生了严重的挫折反应，这和他性格内向、自卑、对失恋的认知不科学、缺乏社会支持有关。

2．首先帮助小王改变不良认知，失恋说明两人不合适，分手并不是坏事，可以再找合适的女朋友；贫穷也不是错误，通过努力是可以改变的，因此有人说青少年时期的贫困是人生的一大财富，完全不必自卑。另外，帮助小王培养乐观自信的性格，鼓励他积极参加社会活动，多交好朋友，增强自己的社会支持系统，有困难、有烦恼时可以向朋友倾诉，寻求社会支持。

第2节　心理应激

案例 5-2

张女士，35 岁，自从 3 个月前出过一次交通事故后，就好像变成了另外一个人。睡眠质量很差，经常"一惊一乍"的，很容易烦躁。每天晚上她要喝两杯葡萄酒，说喝酒能让自己平静下来。那次出事后她不再开车，甚至不愿意坐在副驾驶座或后座上，必须坐车的话，她就会情绪急躁甚至痛哭。

问题： 1．张女士的表现是一种什么反应？

2．这种反应的原因是什么？

一、心理应激的概念

心理应激也称为心理社会应激、紧张状态、心理压力，是指个体觉察到需求与满足需求的能力不平衡时，所表现出的心身紧张状态。

在人的生命活动中，为了生存和发展，会产生各种需求，人必须通过自己的行为努力来满足这些需求。但人满足需求的能力是有限的，当某些需求与满足需求的能力不相适应时，就会出现不平衡。

"应激"（stress）一词源于物理学，也称"压力""紧张"，原意是指一个系统在外力作用下，竭尽全力对抗时的超负荷过程。加拿大生理学家塞里将这个词引入到生物和医学领域。多年来，随着对其本质认识的发展而不断对它进行修正、补充和扩大。在医学领域中，现在对应激的普遍看法是，个体面对具有威胁性刺激情境时，一时无法消除威胁而脱离困境，产生躯体机能及心理活动改变的一种身心紧张状态，也称应激状态。应激是一种涉及心身两个方面的紧张状态，心理应激主要指应激现象的心理方面。

考点：心理应激的概念

二、心理应激的过程

心理应激是机体对环境威胁和挑战的一种适应和应对过程，包括应激源、应激中介、应激反应和应激结果四部分（图 5-1）。

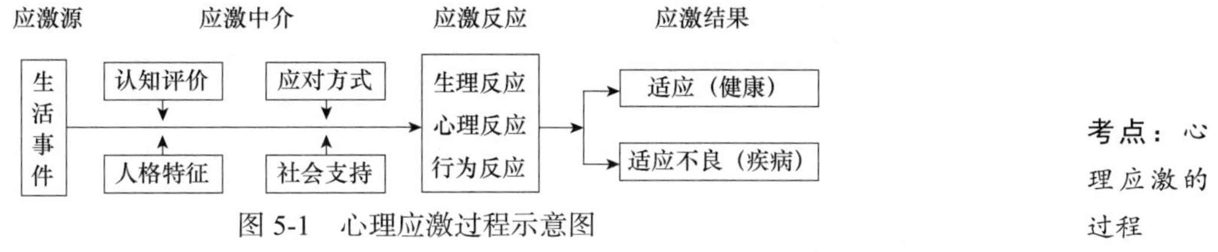

图 5-1　心理应激过程示意图

考点：心理应激的过程

（一）应激源

应激源是指能够引起个体产生应激反应的各种内外刺激因素，也就是应激的原因。按应激源的性质可分为以下四类。

1．躯体性应激源　指直接作用于人的躯体产生刺激的应激源。包括各种理化刺激物、生物刺激物和疾病等因素，如高温或低温、辐射、电击、振动、噪声、外伤、感染、毒物或病原微生物侵袭和各种疾病等。

2．心理性应激源　指个体在学习、工作、生活中遇到的各种压力、心理冲突、挫折、人际矛盾、不切实际的凶事预感等。

3．社会性应激源　指社会、政治、经济的变革如社会动乱、战争等，各种环境或社会因素造成的灾难事件如地震、火灾、洪水泛滥、车祸、空难、海难等，日常生活琐事或工作困扰。

4．文化性应激源　是指因语言、风俗、习惯、生活方式、宗教信仰等社会文化的改变引起应激的刺激或情境，如迁居异国他乡、语言环境改变等“文化性迁移”。

最重要的应激源是生活事件。美国学者霍尔姆斯和雷赫对 5000 余人进行调查后，将日常生活的变故编制了社会再适应评定量表（SRRS）。量表中列出了 43 种生活事件（表 5-1），每种生活事件标以不同的生活变化单位（LCU），用以检测事件对个体的心理刺激强度。通过回顾性与前瞻性调查表明，生活变化单位升高与多种疾病明显相关。霍尔姆斯等提出，1 年 LCU 累计超过 300，预示今后 2 年内将有重大的病患，患病率高达 75%；LCU 为 150～300，则有 50%的可能在来年患病；若 1 年 LCU 不超过 150，预示来年可能健康平安。

表 5-1　社会再适应评定量表（SRRS）

等级	生活事件	LCU	等级	生活事件	LCU
1	配偶去世	100	10	退休	45
2	离婚	73	11	家庭成员重病	44
3	分居	65	12	怀孕	40
4	入狱	63	13	性功能障碍	39
5	亲密的家人去世	63	14	家庭增加新成员	39
6	自己受伤或生病	53	15	工作变动	39
7	结婚	50	16	经济状况改变	38
8	被老板解雇	47	17	好友去世	37
9	婚姻的调和	45	18	从事不同性质的工作	36

续表

等级	生活事件	LCU	等级	生活事件	LCU
19	夫妻感情破裂	35	32	搬家	20
20	中等负债或借贷	31	33	转学	20
21	丧失贷款抵押品的赎回权	30	34	娱乐的改变	19
22	工作职责的变动	29	35	宗教活动的改变	19
23	子女离家	29	36	社交活动的改变	18
24	与配偶家人不睦	29	37	少量负债或借贷	17
25	个人杰出的成就	28	38	睡眠习惯的改变	16
26	配偶开始或停止工作	26	39	家庭聚会次数的改变	15
27	学业的开始或结束	26	40	饮食习惯的改变	15
28	生活水平的改变	25	41	休假	13
29	个人习惯改变	24	42	过节	12
30	和上司相处不好	23	43	轻微犯法	11
31	工作时数和工作条件的改变	20			

知识链接

生活事件

生活事件是指人们在日常生活中遇到的各种各样的社会生活的变故，包括正性生活事件和负性生活事件。正性生活事件是指个人认为对自己的身心健康具有积极作用的事件。日常生活中有很多事件具有明显积极意义，如升学、提拔、受奖等。负性生活事件指个人认为对自己产生消极作用的不愉快事件。这些事件都具有明显的厌恶性质或带给人痛苦、悲哀的心境，如伤病、下岗、亲人亡故等。研究证明，负性生活事件与身心健康相关性明显高于正性生活事件。因为负性生活事件对人具有威胁性，会造成较明显、较持久的消极情绪体验，进而导致机体出现疾病或病痛。

考点：应激源的概念和分类

（二）应激中介

考点：心理应激的中介因素

人们面对同样的应激源可能表现出不同的应激反应，这是因为在应激源作用于机体产生应激反应过程中，有许多中介影响因素发挥着作用。这些中介因素主要包括认知评价、应对方式、社会支持和人格特征等。

1．认知评价　即个体从自身的角度对遇到的应激源或预感到的应激源的性质、程度和可能的危害情况做出估计和判断。对同样的生活事件的认知评价不同，个体的应对活动和应激反应也截然不同，因此认知评价是应激源能否造成个体应激反应的关键因素之一。

个体对应激的认知评价分为两种：一种是积极的评价，它可以增强个体的自信心，提高个体的防御能力。另一种是消极的评价，它可以减弱个体的应对能力，降低躯体机能系统的反应能力，耗费机体的能量储备。

2．应对方式　又称应对策略，指个体为消除或减轻应激源对自身造成的压力和影响所采取的各种策略或措施。包括前文所述的心理防御机制。

应对方式包括三类：第一类属于行动上的，其中包括针对自身的即改变自身条件、行为方式和生活习惯以顺应环境的需求，如远离应激源，进行必要的放松运动，或通过活动转移个体对应激源的注意力；还有针对应激源的行为反应，即通过改变环境来处理应激源，如开展消除或减弱应激源的各种活动。第二类属于认识上的，即个体改变认知评价，采取“再评价”的应对方式，换一个角度去重新认识应激源，以减轻应激反应。第三类属于求助形式的，如个体可通过寻求社会支持和他人的帮助以减轻由于应激反应所造成的自身压力。

3．社会支持　是指个体在应激过程中从社会各方面包括亲属、朋友、同事、伙伴等以及家庭、单位、工会、社团组织得到的精神上和物质上的支持。社会支持具有减轻应激的作用，是应激过程中个体可利用的外部资源。

社会支持系统的作用可分为工具性支持和情感性支持两部分，工具性支持包括个体在应激过程中接受系统中各种物质性或策略性帮助，以解决问题为取向，在个体针对问题的应对中可发挥重要作用；情感性支持通常在应激过程中以针对情绪变化的应对为取向，对情绪失调者的恢复具有重要作用。

4．人格特征　也称个性特征，是影响应激反应和最终结果的一个非常重要的核心因素。态度、价值观和行为准则以及能力和性格等人格特征因素，都可以不同程度影响个体对应激源的认识评价；而应对方式和策略的实施也与个体的性格、气质、能力、受教育程度等密切联系；人格同样也影响着人的社会支持的数量和质量，一位个性孤僻、不好交往、万事不求人的人是很难得到和充分利用社会支持的。

（三）应激反应

考点：应激反应的概念

应激反应是指个体因为应激源所致的各种生物、心理、行为方面的变化，常称为应激的心身反应。

1．应激的生理反应　应激的生理反应累及机体各个系统的所有器官（图 5-2），通过以下心-身相互作用机制引起一系列生理反应。

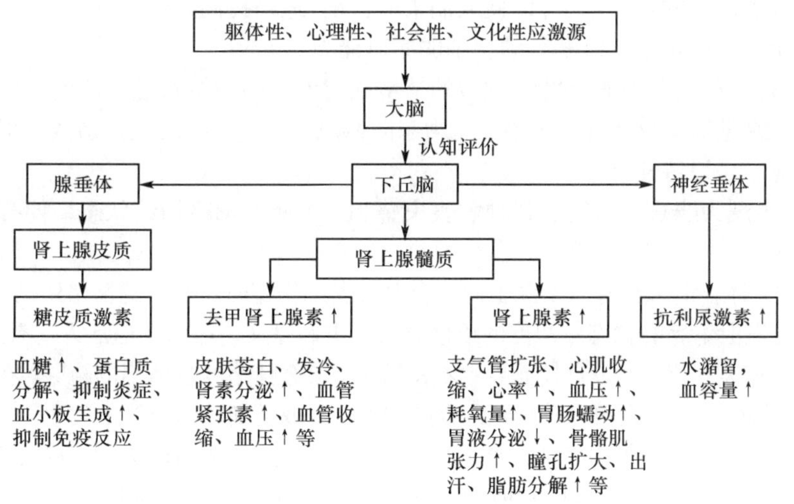

图 5-2　应激反应中的生理反应示意图

（1）心理-神经中介机制：该机制主要通过交感神经-肾上腺髓质轴调节。当机体处在急性应激状态时，应激刺激被中枢神经接收、加工和整合，后者将冲动传递到下丘脑，使交感神经-肾上腺髓质轴被激活，释放大量儿茶酚胺，引起肾上腺素和去甲肾上腺素大量分泌，引发中枢兴奋性增高，导致心理、躯体、内脏等功能改变。结果，网状结构的兴奋增强了心理上的警觉性和敏感性；骨骼肌系统的兴奋导致躯体张力增强；交感神经的激活，会引起一系列内脏生理变化，如心率、心肌收缩力和心排血量增加，血压升高，瞳孔扩大，汗腺分泌增多，血液重新分配，脾脏缩小，皮肤和内脏血流量减少，心、脑和肌肉获得充足的血液，分解代谢加速，为机体适应和应对应激源提供充足的功能和能量准备。但是，如果应激源刺激过强或时间太久，也可造成副交感神经活动相对增强或紊乱，从而表现为心率变缓、心排血量和血压下降、血糖降低，造成眩晕或休克等。

（2）心理-神经-内分泌中介机制：该心-身中介机制主要通过下丘脑-腺垂体-靶腺轴进行调节。腺垂体被认为是人体内最重要的内分泌腺，而肾上腺是腺垂体的重要靶腺之一。当应激源作用强烈或持久时，冲动传递到下丘脑引起促肾上腺皮质激素释放因子（CRH）分泌，通过垂体门脉系统作用于腺垂体，促使腺垂体释放促肾上腺皮质激素（ACTH），进而促进肾上腺皮质激素特别是糖皮质激素的合成与分泌，从而引起一系列生理变化。

（3）心理-神经-免疫中介机制：一般认为，短暂而不太强烈的应激不影响或略增强免疫功能。但是，长期较强烈的应激会损害下丘脑，造成皮质激素分泌过多，使内环境严重紊乱，从而导致胸腺和淋巴组织退化或萎缩，抗体反应抑制，巨噬细胞活动能力下降，嗜酸粒细胞减少和阻止中性粒细胞向炎症部位移动等一系列变化。机体由于免疫功能降低，对疾病的易感性提高。

2．应激的心理反应　个体对应激的心理反应存在积极和消极的两个方面。积极的心理反应即大脑皮质觉醒水平提高，情绪紧张而亢奋、注意力集中、思维清晰、反应敏捷、行动果断，能够准确地评定应激源的性质，做出符合理智的判断和决定。消极的心理反应表现为过度焦虑、紧张，认识水平降低，情绪波动比较大，思维混乱，行动犹豫不决，判断和决策能力降低，不能准确地评估应激源，对应激源带来的心身变化不能有效调整。

应激的心理反应可涉及心理现象的各个方面，但与健康和疾病关系最直接的是应激的情绪反应。

（1）情绪反应

1）焦虑：是个体预感危险来临或事物的不良后果时的紧张、担忧、急躁和不安的情绪状态。适度的焦虑可以提高人的警觉水平，促使人们采取行动，适当提高人们对环境的适应和应对能力。而过度焦虑则干扰人的正常思维和行动，削弱应对能力。

2）恐惧：是一种企图摆脱有特定危险的情境或对象时的情绪状态。适度的恐惧具有积极意义，有助于激活警觉期动员途径，集中注意力来防御风险。严重的恐惧可造成习惯性无助，表现为毫无行为反应、坐以待毙等。

3）抑郁：表现为悲哀、寂寞、孤独、丧失感和厌世感等消极情绪状态，伴有失眠、食欲减退、性欲降低等。

4）愤怒：个体在追求目标时受到阻碍或自尊心受到伤害时所表现的情绪激动、脾气暴躁，甚至采取过激行为发泄不满的状态。适度的愤怒具有攻击性意义，可以吓退敌人，有助于克服障碍。但过度愤怒则可丧失理智，失去自控而导致不良后果。愤怒情绪经过适当的疏导，在一定程度上可以减轻或化解，如处理不当则可激化，导致直接攻击行为或转向攻击行为的发生。如果愤怒的情绪既没有机会在攻击性行为中得以发泄，又未得到及时疏导化解，积结于心，则对健康十分不利。

（2）认知反应：应激时唤起注意和认知过程，以适应和应对外界环境的变化。但应激较剧烈时，可导致个体出现不同程度的认知能力降低，研究表明，“灾难化”是一种常见的认知性应激反应，主要表现为过度强调负性事件的潜在后果。例如，考试焦虑的学生常过低估计自己的成绩，并且由于过分担心失败而导致失败的发生，这说明了应激对人的正常思维逻辑的干扰和损害。应激的认知反应通常表现为：①注意力不集中；②因激动而紧张，导致活动过度；③记忆、思维及想象力的减退。此外，有些应激的认知反应属于心理防御机制，如否认、压抑、投射、合理化及转移等。

3．应激的行为反应　伴随应激的心理反应，机体在行为上也会发生改变，这是机体为了缓解应激带来的紧张不安而采取的行为策略。应激状态下产生的各种行为反应都具有一定的适应意义，在一定范围内和一定限度内是有益的，但超越了一定范围与限度则应视为有害。常见的行为反应包括：

（1）回避与逃避：都是为了远离应激源而采取的行为。回避是指事先知道应激源将会出现，立即采取行动，避免与应激源的接触；逃避是指已经接触应激源后，采取行动远离应激源。两种方式都是为了避免发生强烈的应激反应所造成的心理和身体的伤害。

（2）退化与依赖：退化是当人受到挫折或遭遇应激时，放弃成年人的应对方式而使用幼儿时期的方式应付环境变化或满足自己的欲望。退化行为主要是为了获得别人的同情、支持和照顾，以减轻心理上的压力和痛苦。退化行为必然会伴随产生依赖心理和行为，即依靠别人的关心照顾而不是自己努力完成本应自己去做的事情。

（3）敌对与攻击：敌对指个体表现出来的不友好、憎恨、怒目而视等行为；攻击指个体的行为举止对他人构成威胁和侵犯。例如，嘲笑、辱骂别人，动手打人，毁损财物等；攻击对象可以是人或物，可以针对别人，也可以针对自己。

（4）无助与自怜：无助是一种无能为力、无所适从、听天由命、被动挨打的行为状态。通常是由于反复应对不能成功，而对应激情境产生无法控制感，其心理基础包含了一定的抑郁成分。无助使人不能主动摆脱不利的情境，从而对个体造成伤害性影响。自怜即自己可怜自己，对自己怜悯惋惜，其心理基础包含对自身的焦虑和愤怒等成分。

（5）物质滥用：某些人在心理冲突或应激情况下会以习惯性的饮酒、吸烟或服用某些药物的行为方式来转换自己对应激的行为反应方式，达到暂时麻痹自己、摆脱自我烦恼和困境的目的。

考点：应激反应的表现

三、心理应激与健康

（一）心理应激对健康的积极影响

适度的应激有利于人的身心健康。应激过程其实是个体对变化着的内外环境所作出的一种适应过程，这种适应是生物界赖以发展的原始动力。适度的应激可以提高人的适应能力和承受各种压力的能力，有利于人格和体格的健全。

（二）心理应激对健康的消极影响

长久的、超强度的应激使人难以适应，出现严重的应激反应，破坏机体的内外平衡，有损于人的身心健康，可以引发各种心身疾病和心理障碍。

考点：心理应激与健康的关系

案例5-2分析

1. 她的表现是一种应激反应。应激反应是指个体因为应激源所致的各种生物、心理、行为方面的变化，也称为应激的心身反应。

2. 这种反应的原因主要是日常生活中遇到的各种各样的生活事件，也称应激源，包括躯体性应激源、心理性应激源、社会性应激源、文化性应激源4种类型。

第3节 心身疾病

案例5-3

患者，女性，45岁。性格争强好胜，自我要求严格。其父亲患肺癌住院，母亲患病（甲状腺功能减退症）在家，其丈夫因胆囊炎住院手术，其子适值高考。本人工作重担在肩，不能脱身，每日除完成大量艰巨工作外，还奔波于两所医院照顾父亲和丈夫。回家后还要关心和照顾正在高考复习的儿子，持续的高度紧张、忧虑导致突发性的应激性消化性溃疡。

问题：1. 患者的消化性溃疡可以归为哪一类疾病？

2. 这种疾病的致病因素有哪些？

一、心身疾病的概念

心身疾病又称心理生理疾病，是指心理社会因素在疾病的发生、发展过程中起重要作用的躯体器质性疾病和躯体功能性障碍。心身疾病有广义和狭义两种含义。广义的心身疾病是指心理社会因素在疾病的发生、发展、转归和防治过程中起重要作用的躯体器质性疾病和躯体功能障碍。狭义的心身疾病是指心理社会因素在疾病的发生、发展、转归和防治过程中起重要作用的一类躯体器质性疾病，如原发性高血压、冠心病、溃疡病等。

考点：心身疾病的概念

心身疾病对人类健康构成严重威胁，目前已经成为并列于躯体疾病和精神疾病的第三大疾病，日益受到人们的重视。

二、心身疾病的范围

最早公认的七类经典的心身疾病是溃疡病、溃疡性结肠炎、甲状腺功能亢进症、局限性肠炎、类风湿关节炎、原发性高血压及支气管哮喘。随着人们对于心身疾病研究的深入，更多疾病被纳入心身疾病范围。常见的心身疾病按系统和学科分类如下。

1．内科心身疾病

（1）心血管系统心身疾病：冠心病、原发性高血压、阵发性心动过速、雷诺病等。

（2）呼吸系统心身疾病：支气管哮喘、过度换气综合征、神经性咳嗽、心因性呼吸困难、喉头痉挛等。

（3）消化系统心身疾病：消化性溃疡、溃疡性结肠炎、过敏性结肠炎、神经性厌食、神经性呕吐、习惯性便秘等。

（4）泌尿系统心身疾病：夜尿症、神经性尿频等。

（5）神经系统心身疾病：紧张性头痛、偏头痛、自主神经功能紊乱等。

（6）内分泌系统心身疾病：甲状腺功能亢进症、垂体功能减退症、糖尿病等。

2．外科心身疾病　书写痉挛、类风湿关节炎、脊柱过敏症、痉挛性斜颈、阳萎等。

3．妇科心身疾病　痛经、月经不调、经前期紧张综合征、功能失调性子宫出血、不孕症、更年期综合征等。

4．儿科心身疾病　遗尿症、夜惊、口吃等。

5．眼科心身疾病　原发性青光眼、眼睑痉挛等。

6．耳鼻喉科心身疾病　梅尼埃病、咽部异物感等。

7．口腔科心身疾病　舌痛症、口腔溃疡、颞下颌关节紊乱综合征等。

8．皮肤科心身疾病　荨麻疹、湿疹、银屑病、白癜风、斑秃、神经性皮炎、皮肤瘙痒症等。

9．其他　癌症、系统性红斑狼疮等。

三、心身疾病的病因和发病机制

（一）心身疾病的病因

心身疾病的致病因素相当复杂。目前普遍认为，在发病过程中既有躯体的生物学因素（即生理因素）作为基础，又有社会文化因素的作用，还有心理因素的作用。以上三方面因素交织在一起，构成心身疾病的发病基础。

1．社会文化因素　对心身疾病的发生具有重要作用。人不仅是生物的有机体，还是一个社会成员。随着个体的成长，接触社会越多，发生社会性和文化性心理应激的机会越多，如果出现严重的应激反应，破坏机体的内外平衡，会对身心健康造成很大危害，可以引发各种心身疾病。社会因素是指社会环境中的各种生活事件：①社会大环境的动荡与变迁，如政治动荡、经济变革、战争动乱。②空气污染、居住拥挤、噪声干扰。③个体自身发生的变故，如失恋、破产、晋升、结婚等。文化因素包括社会道德规范、行为准则、风俗习惯、生活方式、人际关系、社会地位等。流行病学调查结果表明，心身疾病的发生率发达国家高于发展中国家，城市高于农村，脑力劳动者高于体力劳动者。

2．心理因素　影响心身疾病发生的心理因素主要有情绪和人格特征与行为类型。

（1）情绪：心理社会因素影响躯体内脏器官，一般是通过情绪活动的中间媒介作用而实现的。应激情境下个体产生的愤怒、焦虑、悲伤、抑郁、否认、猜疑等负性情绪反应达到一定程度时将导致躯体功能紊乱，从而导致心身疾病的发生。例如，愤怒、焦虑、惊恐等消极情绪的持续作用会造成心血管机能紊乱，出现心律不齐、高血压、冠心病和脑出血等。又如长期处在严重的忧愁、悲伤和痛苦等情绪状态下，胃肠机能会受到严重的影响，从而导致胃、十二指肠溃疡和癌症的发生。另外，消极情绪与神经性皮炎、皮肤瘙痒症、荨麻疹、斑秃等皮肤病有密切关系，对白癜风、慢性湿疹和牛皮癣等的发生也有一定影响。

（2）人格特征与行为类型：对于心身疾病的发生、发展具有明显的影响。同样的心理社会因素作用于不同人格特征或行为类型的人，可导致不同的结果，有人患病，有人却不患病，或导致不同的生理生化改变，引起不同类型的心身疾病。

美国医学家弗里德曼和罗森曼研究发现，在冠心病患者中有一种特征性的行为模式，他们称之为“A 型行为类型”。具有这种特征的人有下列表现：为取得成就而努力奋斗，富有竞争性，很容易不耐烦，有时间紧迫感，固执己见，有旺盛的精力和过度的敌意，也称 A 型性格。与此相反的是 B 型行为类型（B 型性格）：心境平静，随遇而安，不争强好胜，做事不慌不忙，不计较时间等。研究发现，A 型性格者冠心病的发病率明显高于 B 型性格者。故有人将 A 型性格称为“冠心病性格”。癌症患者则常将不愉快的体验指向自身，表现出忧郁、失望、易悲哀、情感表达贫乏和情绪压抑等性格特征，称为 C 型性格或 C 型行为类型。

3．生理因素　社会心理因素总是要通过影响机体的生理功能，才能导致或加重躯体疾病。同样的心理社会刺激，只有一部分人患病，并且他们所患的心身疾病的类型并不相同，有的患溃疡病，有的患高血压，有的却患冠心病。这主要是因为不同的生理始基，使他们具有不同的相应心身疾病的易患性。生理始基是产生心身疾病的重要基础，对生理始基的研究，不但对了解心身疾病的发病因素有重要意义，而且为心身疾病的预防提供了依据。有了生理始基，并不等于一定会患相应的心身疾病，这是因为心理社会因素的刺激在心身疾病的发病过程中起着“扳机”的作用。

考点：心身疾病的病因

知识链接

生理始基

生理始基是指心身疾病患者在患病前的某些生理学特点，它决定个体对心身疾病的易患性。研究发现，胃蛋白酶原的增高是溃疡病的生理始基，高脂血症是冠心病的生理始基，高尿酸血症是痛风症的生理始基，高蛋白结合碘是甲状腺功能亢进症的生理始基。

（二）心身疾病的发病机制

心身疾病发病机制比较复杂，相关研究途径主要包括心理动力学、心理生理学和行为学习三大理论。心理动力学理论重视潜意识心理冲突在心身疾病发生中的作用，认为个体特异的潜意识特征决定了心理冲突引起特定的心身疾病。心身疾病的发病有三个要素：①未解决的心理冲突。

②身体器官的脆弱易感倾向。③自主神经系统的过度活动性。心理生理学理论认为心理-神经中介机制、心理-神经-内分泌中介机制、心理-神经-免疫中介机制是心身疾病发病的重要机制。学习理论认为心身疾病的症状可以通过学习、强化、观察和模仿获得。

目前，心身疾病发病机制的研究不再拘泥于某一学派，而是综合心理动力学、心理生理学和行为学习理论，互相补充，形成了综合的心身疾病发病机制理论。该理论认为心身疾病通过以下4个环节发生：①心理社会刺激传入大脑；②大脑皮质联合区进行信息加工；③传出信息触发应激系统引起生理反应；④心身疾病的发生。

四、心身疾病的诊疗原则

（一）心身疾病的诊断原则

1. 心身疾病的诊断要点

（1）有明确的器质性病理改变或病理生理学变化。

（2）疾病的发生有心理社会因素存在，且心理社会因素与疾病的发生有明确的时间关系，病情改变常受心理社会因素影响。

（3）疾病的发生与患者的性格和易感性有某些关系。

（4）排除精神疾病和神经症。

2. 心身疾病的诊断程序

（1）病史采集：除主诉、现病史、生活史、既往史及家族史等与一般躯体疾病相同外，还要特别注意患者的心理发展特点、人格或行为特点、生活事件、人际关系、家庭或社会支持资源、个体认知评价模式等情况。

（2）体格检查：体检时应注意有无和心身疾病相关的体征，注意体检时患者的心理行为反应和情绪状态等。

（3）心理评估：对于疑为心身疾病者，应结合病史材料，对患者进行心理评估，以明确心理社会因素在疾病发生、发展中所起的作用。例如，许多心身疾病患者有明显的人格特征，冠心病患者一般都具有A型性格特征，所以诊断心身疾病时可通过心理测验来了解患者人格与疾病的关系，为确诊提供辅助依据。

（4）综合分析：根据以上诊断程序所获得的材料、主诉、现病史、生活史、既往史和体格检查、心理检查，加以综合分析作出诊断。

（二）心身疾病的治疗原则

1. 心身同治原则　心身疾病应采取心身同治的治疗原则，一方面要采取有效的生物医学手段在躯体水平上处理现存的病理过程；另一方面必须在心理和社会水平上加以干预或治疗。但对于具体病例，则应各有侧重。①对于急性发病而又躯体症状严重的患者，应以躯体对症治疗为主，辅之以心理治疗。如对于急性心肌梗死患者，必须及时给予有效的综合性急救处理，对于有严重焦虑、恐惧反应的患者辅以相应的心理指导。②对于以心理症状为主或虽然以躯体症状为主但已呈慢性过程的心身疾病，则可在实施常规躯体治疗的同时，重点安排好心理治疗。例如，更年期综合征和慢性消化性溃疡患者，除了给予适当的药物治疗，应重点做好心理和行为指导等各项工作。具体心理治疗方法，应视不同疾病、不同个体、不同目的而决定，支持疗法、松弛训练、生物反馈、认知治疗、行为矫正疗法等心理治疗方法均可选择使用。

考点：心身疾病的诊疗原则

2. 心理干预目标　对心身疾病实施心理治疗的主要目标：①消除不良的心理社会刺激因素；②消除心理学病因；③改善生物学症状。

案例 5-3 分析

1. 患者的消化性溃疡可以归为心身疾病。

2. 心身疾病的致病因素相当复杂。既有躯体的生物学因素的作用（生理始基是产生心身疾病的重要基础），又有社会文化方面的作用，还有心理方面的作用。以上三方面因素交织在一起，构成心身疾病的发病基础。

小　结

挫折是每个人都难以避免的，正确认识挫折和影响挫折耐受力的因素可以增强个体的适应能力，避免心理创伤，保持身心健康。在应对挫折情境时，我们可以采用心理防御机制暂时解脱烦恼、减轻内心痛苦，但不能过度依赖。

心理应激也称心理压力，是由应激源引起的。在应激源作用于机体产生应激反应的过程中，有许多中介影响因素发挥着作用，这些中介因素主要包括认知评价、应对方式、社会支持和人格特征等。心理应激与健康关系密切，适度的应激有利于人的身心健康；长久的、超强度的应激可使人出现严重的应激反应，有损于人的身心健康，甚至引发心身疾病。

心身疾病是指心理社会因素在疾病的发生、发展过程中起重要作用的躯体器质性疾病和躯体功能性障碍。心身疾病目前已经成为并列于躯体疾病和精神疾病的第三大疾病，认识其病因、发病机制、诊疗原则非常重要。

自　测　题

选择题

A_1 型题

1. 挫折产生的原因不包括（　　）

A. 心理冲突　　B. 自身局限性
C. 自然环境　　D. 社会环境
E. 心理防御机制

2. 关于心理防御机制，下列描述错误的是（　　）

A. 各种防御机制都是在潜意识中进行的
B. 各种防御机制，都是歪曲、掩盖或否认现实，阻碍心理发展
C. 心理防御机制使用得当，可免除内心痛苦以适应现实
D. 防御机制常渗透到个体的人格中，以比较固定的态度及行为模式表现出来
E. 绝大多数心理防御机制不能有效应对焦虑

3. 心理防御机制的目的是（　　）

A. 降低内心焦虑，调节内心平衡
B. 消除刺激事件的消极后果
C. 针对性处理刺激事件
D. 抵御外来不良刺激
E. 以上都不正确

4. 把不能被社会文化或自己意识所接受的欲望、情感及行为，在不知不觉中压抑到潜意识中去，使自己意识不到这种愿望、冲动的心理防御机制是（　　）

A. 压抑作用　　B. 退行作用
C. 内射作用　　D. 外射作用
E. 幻想作用

5. “以小人之心，度君子之腹”体现的心理防御机制是（　　）

A. 压抑作用　　B. 隔离作用
C. 内射作用　　D. 外射作用
E. 幻想作用

6. 属于建设性心理防御机制的是（　　）

A. 转移作用　　B. 反向作用
C. 内射作用　　D. 外射作用
E. 升华作用

7. “移民”所属应激源的种类是（　　）

A. 躯体性应激源 B. 心理性应激源
C. 社会性应激源 D. 文化性应激源
E. 以上都不正确

8. 影响心理应激的核心中介因素是（ ）
A. 体质 B. 认知评价
C. 人格特征 D. 社会支持
E. 应对方式

9. 应激反应最贴切的含义是指个体因为应激源所致的（ ）
A. 生物、心理、社会、行为方面的变化
B. 认识、意志、情绪、个性方面的变化
C. 幻听、幻觉、妄想等精神症状方面的变化
D. 心理障碍、心身障碍、心身疾病等心身病理方面的变化
E. 以上都不正确

10. 作为应激的一种行为反应，所谓“退化”是指（ ）
A. 个体采用远离应激源的方式应付环境
B. 个体采用攻击的方式应付环境
C. 个体采用幼儿时期的方式应付环境
D. 是一种无能为力、无所适从的行为反应
E. 以上都不正确

11. 心身疾病是指心理社会因素在疾病的发生、发展过程中起重要作用的（ ）
A. 躯体功能性障碍
B. 躯体器质性疾病和功能性障碍
C. 躯体器质性疾病
D. 心理躯体器质性疾病和功能性障碍
E. 以上都不正确

12. 下列疾病不属于心身疾病的是（ ）
A. 冠心病 B. 胃溃疡
C. 癌症 D. 精神分裂症
E. 原发性高血压

13. 冠心病的发生与下列行为有关的是（ ）
A. A 型行为 B. B 型行为
C. C 型行为 D. D 型行为
E. E 型行为

14. 癌症的发生与下列行为有关的是（ ）
A. A 型行为 B. B 型行为
C. C 型行为 D. D 型行为
E. E 型行为

15. 心身疾病具备以下哪些特征（ ）
A. 确定有肯定的心理社会应激存在
B. 社会心理刺激与发病有密切关系
C. 病情的波动与心理社会刺激有关
D. 有一定的性格特征或心理缺陷
E. 以上答案都正确

16. 关于心身疾病的治疗原则，错误的是（ ）
A. 生物治疗与心理治疗并重
B. 单纯的药物治疗
C. 体现心理治疗个性化原则
D. 及时、充分、恰当
E. 矫正患者不良行为和习惯

A_2 型题

17. 某 IT 男，行业精英，年薪 30 万，但仍想跳槽，被老板知道后，第 2 天通知他下岗，3 年内没找到自认为合适的职业，不愿见人，其产生心理障碍的可能原因为（ ）
A. 良好的人格特征
B. 良好的社会支持
C. 抱负水平过高
D. 充分的心理准备
E. 抱负水平适当

18. 某学生，由于高考落榜，遭到家人、老师的责备，最后自杀，其主要原因可能为（ ）
A. 对自己有恰当的评价
B. 缺乏广泛的社会支持
C. 合理应用自我防御机制
D. 对落榜有充分的心理准备
E. 属于外向型的人格特征

19. 某患者，40 岁，性格外向，工作积极努力，有时间紧迫感，无烟酒嗜好，患有高血压，控制高血压的方法不包括（ ）
A. 改变 A 型行为
B. 服用降压药物
C. 学会放松技术
D. 生物反馈治疗

E. 改变 B 型行为

A_3 型题

（20、21 题共用题干）

一位学生在高考填报专业的时候非常希望能报考医学专业，但是在体检时发现自己有红绿色盲。该学生拒绝红绿色盲的诊断，先后就诊许多医院来证实自己没有红绿色盲。

20. 导致该学生受挫的因素是（　　）

A. 心理因素　　B. 社会环境因素

C. 生理因素　　D. 自然环境因素

E. 以上都不是

21. 该学生使用的心理防御机制是（　　）

A. 否认作用　　B. 压抑作用

C. 转移作用　　D. 反向作用

E. 退行作用

（22、23 题共用题干）

小李是某所名牌大学的毕业生，在面试一家外企失败后，变得悲观、绝望，觉得未来一片灰暗。

22. 小李在遭受挫折后所表现出来的反应是（　　）

A. 愤怒　　B. 理智性反应

C. 抑郁　　D. 人格变化

E. 焦虑

23. 不利于小李从挫折中恢复的因素是（　　）

A. 性格孤僻　　B. 强健的体魄

C. 家人的关心　　D. 对未来充满希望

E. 活泼开朗

（黄向群）

第6章 心理障碍

·引 言·

在经济高速发展的今天，人们都不同程度地承受着来自各个方面的压力。虽然适度的紧张、焦虑有利于人们潜能的发挥，可一旦焦虑和紧张过度就会导致各种心理障碍的发生。心理障碍应引起我们的高度重视，它不仅影响个体正常的工作、学习和生活，也影响着人际关系，甚至危害社会稳定。这一章我们就来学习一下常见的心理障碍。

第1节 概 述

正常的心理活动能使人们正常地认识、反映客观世界的本质及其规律，并在此基础上适应环境，健康地生存发展，以及承担相应的责任，顺利地开展人际交往，使社会活动正常进行。

一、心理障碍的概念

心理障碍是由于某种原因导致的心理功能不能正常发挥作用，影响个体的正常生活、学习和工作状态，导致其无法适应日常生活。它是对不同种类的感知觉、情绪、行为及人格异常的统称。心理障碍既可以表现为各种心理过程的异常，或表现为明显的行为偏离，还可以表现为严重的精神疾病。

知识链接

由于大多数精神疾病的病因机制尚不明确，故当前精神疾病的诊断与分类仍基本停留在症状学的层面，各种诊断标准主要依靠精神症状的病程演变、严重程度等来制订。

国际疾病分类（International Classification of Diseases，ICD），是WHO制订的国际统一的疾病分类方法，它根据疾病的病因、病理、临床表现和解剖位置等特性，将疾病分门别类，并用编码的方法来表示。全世界通用的是第10次修订本《疾病和有关健康问题的国际统计分类》，简称为ICD-10。

《中国精神障碍分类与诊断标准》（第3版）（CCMD-3）的分类排列次序服从等级诊断和ICD-10的分类原则，兼顾病因、病理学分类和症状学分类，仅在必要时作了修改和补充，使其既符合中国国情，又与国际接轨。

0 器质性精神障碍。

1 精神活性物质或非成瘾物质所致精神障碍。

2 精神分裂症（分裂症）和其他精神病性障碍。

3 心境障碍（情感性精神障碍）。

4 癔症、应激相关障碍、神经症。

5 心理因素相关生理障碍。

6 人格障碍、习惯与冲动控制障碍、性心理障碍。

7 精神发育迟滞与童年和少年期心理发育障碍。

8 童年和少年期的多动障碍、品行障碍、情绪障碍。

9 其他精神障碍和心理卫生情况。

二、正常与异常心理的判断标准

人的心理现象是非常复杂的，正常心理与异常心理是相对的，判断心理正常与异常往往比较困难，难以确定一个明确的分界线，尤其是在临界状态下，二者之间可相互转换。

护士在对患者进行心理护理诊断时，除有明显的心理障碍或心理疾病的表现外，要绝对区分清楚正常或异常是很困难的。例如，我们正常人可能会出现愤怒、焦虑、害怕、心烦、失眠等不良的心理反应，也属于心理异常，但可通过自我调整恢复；精神病患者在恢复时期，一般也会有正常人的心理活动。另外，由于不同的文化背景和不同的历史时期，对正常与异常心理和行为的判断标准也是有所变化的。

目前，临床一般采用多种判断标准综合应用，从多个角度、多个侧面来判断个体心理是否出现或存在异常。

（一）医学标准

医学标准源于医学诊断方法，是指运用医学检查、诊断手段及标准找到引起异常心理症状的生物学原因，以判断心理活动是否正常。如果一个人的某种心理或行为被疑为异常，就必须在患者的脑部找到相应的病理生理变化存在，这才是心理正常与异常的可靠划分标准。

医学标准重视理化检查、心理生理测定，因而比较客观，是区分心理正常与异常的可靠依据。医学标准将精神障碍纳入医学范畴，为精神障碍的研究做出了重大贡献。但由于目前很多心理过程的中枢机制尚未明确，许多心理障碍尚未找到具有诊断意义的脑器质性或功能性改变。因此，这一标准的应用对大多数心理障碍是受一定限制的，特别是对神经症和人格障碍等心理障碍的判断则显得无能为力。

（二）统计学标准

这一标准基于对人群某项心理特征的测量，以具有某项心理特征的人在人群中的分布为依据。测量的结果常呈正态分布，即大多数人处于中间位置，将居中的大多数人的心理视为正常，而将远离中间的两端视为异常。心理正常与异常的界限是以统计数据为标准人为划定的。从统计学角度来看，决定一个人的心理正常与否是以其心理特征偏离平均值的程度来决定的。

统计学标准作为可量化的判断手段，相对比较客观，操作简单易行，便于比较和交流。但这种标准在某些情况下也存在一定的缺陷，当心理测验的结果处于偏离常态时，并不一定都是心理障碍。例如，智力超常者和智力低下者的智力测验结果都明显偏离平均值，但只有智力低下才被视为一种心理异常。因此，统计学标准也不是普遍适用的，不能仅仅根据统计学标准做出诊断。

（三）内省经验标准

内省经验涵盖两个方面，一是个体的主观体验，是自己对自己的评价，即个体感到有焦虑、抑郁等消极情绪，或不明原因的不适感，或感到难以控制自己的行为。二是观察者的内省体验，如观察者根据自己的知识和经验，与大多数人对正常心理与行为的看法相比较，对被观察者的心理活动和行为表现是否正常做出判断。

内省经验标准的优点是方便，是一般人判断心理正常与否时较常用的方法。同时，这种方法也具有明显的局限性。内省经验标准是从个体主观体验出发，使用时存在很大的主观性，不同的观察者的评判标准是有较大差异的，由于评价者的知识经验、生活经历、观察角度、心理状态和态度倾向都会影响判断结果，因此需统一观察者的专业知识训练，从而对多数患者的看法一致性相对较高。

（四）社会适应标准

根据社会适应标准进行判断时，心理的正常或异常主要是与社会认可的行为比较而言的。正常人能维持生理和心理活动的稳定状态，能够按照社会生活的需要适应环境，将自己的观念和行为纳入社会规范之中，使个体行为符合社会准则，并能按社会要求和道德规范行事。如果由于器质性或功能性缺陷等因素，使个体的心理或行为表现明显偏离社会公认的行为规范，不能为常人所理解或接受，就可以判断为心理障碍。

另外，个体适应环境的能力或社会功能是否正常，则是社会适应标准的另一层含义。只有当个体的异常行为妨碍了其适应正常生活的要求时，才考虑判断为心理障碍。

除了和社会常模[①]相比外，与个体一贯的心理状态和行为模式相比较，也可以辨别出其心理过程或行为特征是否发生了异常改变。如果个体的心理和行为特征在短时间内出现明显改变，则需要注意是否产生了心理障碍。

第2节　心理障碍形成的原因

案例 6-1

小孙，女，18岁，中专毕业。父亲务农，母亲年轻时因遭受打击，精神状态不稳定。家庭条件一般。近一年来，小孙常听到侮辱她的声音，坚定地认为卫生间被安装了监视器，洗澡时有人偷窥。因为总是频繁听到侮辱她的声音，不能完成原来的工作，只能辞职在家。一周前开始不再吃饭，坚称自己有罪，要赎罪。父亲带她前来就医。

问题：以上案例中小孙出现了什么问题，为什么会出现这种情况？

关于心理障碍产生的原因，目前还没有一种观点可以对心理障碍的产生做出全面的解释，不同的心理学派提出了不同的观点。近年来，各流派趋向于将生物因素、心理因素和社会文化因素综合起来考虑。

一、生物因素

（一）遗传

现代的大量研究资料表明，遗传因素是某些心理障碍的主要原因之一。在精神疾病中，尤其是精神分裂症、躁狂抑郁症和癫痫等内源性精神病的发病因素中，遗传因素占十分重要的地位。考尔曼（Kallmann）曾对精神病患者的家族进行调查，发现其亲属中血缘关系从近到远，患病率也出现由大到小的趋势，即与本家族患病者的血缘关系越近，发病率就越高，其中同卵双生者可高达86.6%，而同期无血缘关系的一般普通人群的发病率只有0.85%，相差100倍以上。

（二）基因改变

近几年的研究发现，有些精神疾病是由于基因碱基对排序或染色体出现错误或变异造成的。例如，先天愚型（又称唐氏综合征）就是染色体畸变导致的遗传病。

（三）脑部病变

心理活动是脑的功能，如果大脑中枢某些部位出现病变或损伤，心理活动则会出现障碍。

案例 6-1分析

遗传素质是某些心理障碍发病的重要因素。小孙的母亲精神状态不稳定，处于青春期的小孙在遇到问题时相对于其他个体，就更易表现出心理障碍。

小孙出现了明显的幻听及思维障碍等精神疾病的症状，这一点我们将在后续课程中学习。

二、心理因素

有关心理因素对心理障碍产生的致病机制，不同学派从不同的方面进行了研究，并提出了各

① 常模是指心理测验在某一人群中测验结果的平均值，是可以比较的标准。

自的理论。

以弗洛伊德为代表的精神分析学派认为，心理障碍的产生并不是由于躯体因素，而是个体潜意识中的冲突，特别是本我和超我的矛盾冲突造成的。这种激烈的冲突使自我感到非常焦虑，为了缓解焦虑情绪，自我发展出心理防御机制加以对抗。但过度应用心理防御机制不但不能解决问题，反而影响个体有效应对现实问题，损害其心理功能，进而导致某种心理障碍。这种被压抑在潜意识中的冲突是心理异常的动力性原因。该理论还认为童年时期的经历是成年人心理障碍的根源，因此精神分析学派非常重视童年的经历。

行为主义学派的理论认为，人所有的行为都是通过"条件反射"学习得到的，不良行为也是由学习得来的。行为主义往往并不关心心理障碍者的症状起源，而更关注如何矫正异常行为。

人本主义心理学派认为，人类有一种与生俱来的充分发挥其潜能的自我实现的倾向，心理异常是由于个体的健康发展和充分发挥潜能的自然倾向被阻断和扭曲造成的。

认知心理学派认为，人的情绪和行为的发生是以个体认知为中介的。正常的认知方式产生正常的情绪反应，异常的认知方式则导致异常的情绪反应。个体的认知特点和对环境、对自身以及自身与环境关系的认知评价偏差是产生心理障碍的根源。

还有一些理论和研究表明，强烈或持续的紧张状态或消极情绪、动机冲突及挫折也是造成个体心理和行为异常的心理学因素。

三、社会文化因素

社会文化因素是指人们在一定历史时期的社会物质和精神生活条件，其中包括社会制度、经济状况、生产水平、社会地位、民族传统、风俗习惯、伦理道德及教育方式等。人们在社会生活中，要不断适应社会文化环境的发展变化，与社会文化保持一种"动态平衡"。如果社会文化关系太复杂，或者变化太快，超过了个体的适应能力，就会造成个体的社会文化关系失调，导致心理问题发生。这种失调现象是否出现，主要取决于两个方面：一是客观现实中社会文化因素变化的强烈程度；二是个体的主观内部状态，即对变化的敏感性和适应水平。

客观现实因素主要有重大或频繁的恐怖事件或战争，严重的自然灾害或意外事故及恶劣的生活环境等，都是造成人格障碍的主要因素，如受歧视、失学、居住拥挤等，均可对儿童和青少年的心理发展造成不良影响；还有一些不良的社会环境会导致吸毒、酗酒、道德败坏及各种犯罪的增加。另外，家庭结构出现危机，以及经济上的负担、工作上的压力等，如果超过了个体的适应能力，就会导致其社会适应失调，产生心理障碍。

第3节　常见的心理障碍

案例 6-2

李某，男，34 岁，大学毕业。自从在新闻中看到关于玻璃突然碎裂划伤路人的报道以后，就莫名其妙地担心自己也会遇到同样的情况。每当他看到玻璃时，就会难以控制地想着玻璃会不会突然碎裂。尽管他自己也知道这根本不可能，但就是不由自主地去想。他每天都在与自己脑中关于玻璃碎裂的想法做斗争，根本无法安心工作、生活，因此前来求助。

问题：以上案例中李某出现了什么问题？

一、神 经 症

神经症是一组主要表现为焦虑、恐惧，强迫、躯体形式障碍，或神经衰弱症状的精神障碍。神经症的主要特征：①病前多具有一定的素质基础或人格特征，如情绪不稳定和性格内向、胆小多疑、焦虑不安等；②发病常与心理、社会、环境因素有关；③症状没有可证实的器质性病变，与患者的现实处境不相称；④社会功能相对完整，一般保持在社会允许的范围内；⑤自知力完整或基本完整，患者深感痛苦，常主动求医；⑥病程多迁延。

考点：神经症的主要特征

CCMD-3 将神经症分为：焦虑症、恐怖症、强迫症、躯体形式障碍、神经衰弱以及其他或待分类的神经症。

知识链接 《美国精神障碍诊断与统计手册》第四版（DSM-Ⅳ）中的神经症分类

DSM-Ⅳ中取消了神经症，将其命名为焦虑障碍。主要类型有惊恐障碍（伴有或没有场所恐怖）、场所恐怖症（不伴有惊恐障碍）、社交恐怖症、特定恐怖症、广泛性焦虑障碍、急性应激相关障碍、创伤后应激障碍、强迫障碍、未分型的焦虑障碍，还包括适应障碍、物质或药物使用所致的焦虑等。

（一）焦虑症

焦虑症是指没有明确客观对象而出现与环境不相称的过分担忧和恐惧不安的一种情绪状态。它以广泛和持续性焦虑或惊恐不安反复发作为主要特征，伴有自主神经系统紊乱、肌肉紧张和运动性不安等，然而其提心吊胆的紧张状态却与实际环境不相称。患者的性格特点表现为胆小怕事、敏感多疑、依赖性强、过分关心自己、情绪不稳定。焦虑症主要分为两大类：

1. 广泛性焦虑　经常或持续地存在焦虑，但是又缺乏明确对象和具体内容，整日提心吊胆，紧张害怕等。常伴有口干、心悸、坐卧不安、睡眠障碍等症状。

考点：焦虑症的核心症状及表现

2. 惊恐发作　患者在日常生活中，没有特殊的恐惧性情景时，突然感到一种突如其来的惊恐体验，伴有濒死感或失控感及严重的自主神经系统紊乱症状，如心动过速、胸闷、肢体麻木、眩晕、呼吸困难等。发作期间患者意识清醒，事后能回忆。发作急骤，也可自行缓解，一般不超过 1 小时。发作间歇期患者有预期性焦虑，担心下次发作，因而产生回避行为，如不敢单独外出、不敢到人多的场所等。

（二）恐怖症

恐怖症是一种以过分和不合理的惧怕外界客体或处境为主的神经症。具有明确具体的恐惧对象，如某些物体或特殊的情景。恐怖发生时往往伴有显著的自主神经系统症状，患者明知其恐惧是不合理的和不必要的，但仍然不能克制自己的反应，因而极力回避所害怕的事物或情景，以至于影响了正常的生活与工作。恐怖症常见类型：

1. 场所恐怖症　患者对某些特定环境非常恐惧，如广场、密闭的环境、黑暗场所和拥挤的公共场所等。患者担心在这些场所中出现恐惧感而无法逃离，所以竭力回避这些环境，甚至不敢出门。

2. 社交恐怖症　主要表现为害怕被人注视，一旦发现别人注意自己就不自然、脸红、不敢与人对视，因而不愿参加社交活动。若被迫进入社交场合则会产生严重的焦虑反应，甚至出现惊恐发作。

3. 单一恐怖症　表现为对某一具体物件、动物等有一种不合理的恐惧，如动物（昆虫、鼠、蛇等）、高处、黑暗、雷电、鲜血、外伤、打针或尖锐锋利物品等。当患者接触恐惧对象时会极度紧张、心慌、胸闷、憋气、无力甚至出现惊恐发作。

特定的恐怖症常起始于童年，多限于某一特殊对象，症状往往恒定。在儿童中对某一小动物的恐惧很普遍，一般情况下，如果这种恐惧随着年龄增长而消失，就属于正常现象。

（三）强迫症

强迫症是指一种以强迫症状为主的神经症，其特点是有意识的自我强迫和自我反强迫同时存在，两者的尖锐冲突使患者焦虑和痛苦。主要表现为不能为主观意志所控制的反复出现的一些观念、意向和行为。患者能够意识到强迫症状的异常，但无法摆脱，因而感到焦虑、烦躁，社会功能明显受损。

强迫症的症状大致可以分为两类：

1．强迫观念　反复而持久的观念、思想，也可以是冲动念头。可以表现为强迫性怀疑、强迫性回忆、强迫性穷思竭虑、强迫性联想、强迫性对立思维等。

2．强迫行为　又称强迫动作。患者反复进行一种无意义的行为，其行为可能是为了减轻强迫观念引起的焦虑而不得不采取的顺应措施。患者也知道自己的行为不合情理，但非做不可，否则会感到非常焦虑。可以表现为强迫洗涤、强迫检查、强迫计数、强迫性仪式动作等。

考点：强迫症的典型症状及分类

案例 6-2 分析

李某出现的症状是强迫观念。患者明知没有必要但却无法控制自己，并出现焦虑、烦躁情绪，社会功能受到一定程度的损害。患者一般自知力完好，有主动求医的行为。

（四）躯体形式障碍

躯体形式障碍是一种以担心或相信自己患严重躯体疾病的持久性优势观念为主的神经症。患者对自身的健康状况或身体的某些功能过分关注，往往四处反复就医，各种医学检查阴性和医生的解释均不能打消其疑虑。

主要临床表现：对躯体疾病过分担心，其严重程度与实际情况明显不相称；对其健康状况，如通常出现的生理现象和异常感觉做出疑病性解释，但不是妄想；疑病观念牢固，但缺乏根据；经常有多种躯体症状并伴有抑郁焦虑情绪。严重者会使其生活、工作、社会交往受到明显影响。患者多具有孤僻、内向、敏感多疑，对周围事物缺乏兴趣，对身体变化过度关注，具有自恋倾向等性格特点。

（五）神经衰弱

神经衰弱指一种以脑和躯体功能衰弱为主的神经症。大多缓慢起病，病程迁延，症状呈慢性波动性，与心理冲突关系明显。以精神易兴奋却又易疲劳为特征，表现为紧张、烦恼、易激惹等情绪情感方面的症状，以及肌肉紧张性疼痛和睡眠障碍等生理功能的紊乱。患者具有内向、孤僻、好强、敏感、多疑、依赖性强、缺乏自信、任性、急躁、自制力差等性格特点。主要临床表现：

1．脑功能衰弱症状　是神经衰弱的常见症状，主要表现为精神易兴奋、易疲劳。易兴奋表现为联想、回忆增多且不易控制，注意力不集中，容易随外界刺激而转移；易疲劳则表现为患者感到容易疲劳、记忆力下降、工作效率下降等。

2．情绪情感表现　如烦恼、心情紧张、易激惹等，常与现实生活中的各种矛盾有关，感到困难重重，难以应付。

3．躯体症状表现　睡眠障碍，如入睡困难、多梦、醒后仍感疲惫，睡眠感丧失，睡眠与觉醒节律紊乱；紧张性疼痛、肢体肌肉酸痛；其他心理生理症状，如头晕耳鸣、心慌、胸闷、腹胀、消化不良、尿频、多汗、阳萎、早泄或月经紊乱等。

二、分离（转换）障碍

分离（转换）障碍又称癔症、歇斯底里，是由明显的心因性刺激因素作用于易感个体而引发的一组精神障碍。大多在精神因素作用下急性起病，可有多种临床表现，但缺乏相应的器质性病变基础。症状具有做作、夸张或富有情感色彩、易受暗示、自我中心、富于幻想等特点。有反复发作的倾向，患者女性居多，发病年龄多在16～35岁，预后一般较好。

分离（转换）障碍的临床表现较为复杂，主要表现为以下两大类：

考点：分离（转换）性障碍患者的发病因素

1．分离性障碍　即癔症性精神障碍，主要表现为意识障碍、情感爆发、癔症性痴呆、癔症性遗忘等。

2．转换性障碍　表现为感觉和运动障碍，如感觉过敏、感觉缺失、痉挛发作、癔症性瘫痪等，但医学检查却不能发现神经系统和内脏器官有相应的器质性损害。

三、抑　郁　症

抑郁症是以显著持久的心境低落为主要特征的精神障碍，是心境障碍的主要类型。抑郁症患者的生活、工作和社会功能虽没有明显损害，但患者感觉生活无趣，前途渺茫，非常痛苦，常主动求医。大部分患者有反复发作的倾向，他们往往缺乏自信、孤独内向、容易悲观、依赖他人，总是自罪自责，情感脆弱，女性人群中患病率较高。主要临床表现：

（一）情绪低落

主要表现为显著而持久的情绪低落、抑郁悲观。患者终日忧心忡忡、郁郁寡欢、愁眉苦脸、长吁短叹。

（二）思维迟缓

患者思维联想速度缓慢，反应迟钝，思路闭塞。临床表现为主动性言语减少，语速明显减慢，思考问题困难，学习和工作能力下降。

（三）思维内容障碍

多数抑郁患者出现自责，产生无用感、无助感和无望感。感到自己没有能力，对未来感到前途渺茫，常常出现自杀念头。

（四）意志活动减退

表现为行为缓慢，生活被动，不想上班，不愿外出，不愿和周围人接触交往，常闭门独居、回避社交。

考点：抑郁症的典型症状

（五）其他症状

其他症状主要有睡眠障碍、焦虑、食欲减退、体重下降、性欲减退、便秘等。

四、人 格 障 碍

（一）人格障碍概述

人格障碍又称人格变态或病态人格，是指在个体发育成长过程中，因遗传、先天或后天不良社会环境因素造成的以个体人格结构和人格发展明显偏离正常为特征的精神障碍。

人格障碍患者形成特有的根深蒂固的行为模式，偏离了社会文化背景，相对稳定且对环境适应不良，明显影响了患者的社交和职业功能，或使患者感到痛苦，或贻害周围。

人格障碍通常有以下特征：

（1）早年开始，一般开始于童年、青少年或成年早期，没有明确的起病时间。症状一直持续到成年乃至终生。

（2）严重的人格缺陷，性格的某些方面非常突出或过分发展，严重偏离正常，与他人格格不入。

（3）严重的情感障碍，情绪不稳定，易激惹，有的人情感肤浅甚至冷酷无情。一般智能正常。

（4）行为的动机和目的不明确，行为大多受感情冲动等偶然因素或本能愿望的支配。自制力较差，容易与他人发生冲突。

（5）大多数人格障碍者对自身的人格缺陷缺乏自知力，难以从生活经验中吸取教训。有些人虽然有部分自知力，但始终不能以正确的认识来有效指导自己的行为。其行为在法律上具有责任能力。

（6）矫正困难，预后不良。一旦形成人格偏离，具有相对的稳定性，不易改变。有些到40～50岁以后可以逐渐趋于缓和。

（二）常见人格障碍类型及其临床表现

1．偏执型人格障碍　是以猜疑和偏执为特点，其主要表现为以下几方面。

（1）敏感多疑，广泛猜忌，容易将他人无意的、非恶意的甚至是友好的行为误解为敌意或歧视。

（2）易产生病态嫉妒，无端怀疑配偶或情侣的忠诚，经常限制对方与异性的交往，或表现出极大不快。

（3）过分自负，自我评价过高。若有挫折或失败则归咎他人，推诿客观，而不从自身寻找主观原因。

（4）记恨别人，对轻视、侮辱和伤害耿耿于怀，对他人的过错不能宽容。

（5）过分自我中心的倾向，总感觉受压制、被迫害。

（6）容易与人争辩、对抗，固执地追求个人不够合理的权利或利益。

2．分裂型人格障碍　以观念、外表和行为奇特，以及人际关系明显缺陷且情感冷淡为主要特征。一般男性发病略多于女性。其特点表现为以下几方面：

（1）性格孤僻、被动、退缩，与家庭和社会疏远，除生活或工作中必须接触的人外，基本不与他人主动交往，没有亲密朋友。

（2）表情呆板，情感冷淡，甚至不通人情，不能表达对他人的关心、体贴及愤怒等。

（3）奇异的观念或与文化背景不相称的行为，服饰奇特、不修边幅，行为怪异，不合时宜。

（4）对赞扬和批评反应淡漠或无动于衷，并缺乏愉快感。

（5）言语怪异、用词不妥，简繁失当，意思表达不清。

3．反社会型人格障碍　以行为不符合社会规范，经常违法乱纪，对人冷酷无情为特点，男性多于女性。这种人格特征的人非常缺乏责任感，无视社会规范、规则与义务，不能从经历中特别是从惩罚中吸取教训。对挫折的耐受性极低，易激惹，往往在童年或少年期就出现品行问题。例如：

（1）经常逃学，说谎、吸烟、酗酒、外出过夜，过早发生性行为。

（2）经常偷窃、反复挑起或参与斗殴、多次参与破坏公共财产活动。

（3）反复违反家规或校规、被学校开除或因行为不轨而停学，多次被拘留或被公安机关管教。

（4）虐待动物或欺负弱小同伴。

成年以后的主要表现特点：

（1）严重和长期不负责任，不遵守社会常规、准则和法规，如经常旷工、旷课，不能维持长久的工作或学习，甚至违法乱纪。

（2）行动无计划而具冲动性。持续地易激惹，并有攻击行为，轻微刺激便可引起攻击甚至暴力行为，如反复斗殴或攻击他人包括殴打配偶和子女。

（3）缺乏爱和责任感。对他人感受漠不关心，经常不承担经济义务，如拖欠债务，不抚养子女或不赡养父母。

（4）缺乏道德观念，极端自私和自我中心，对危害别人无内疚感。经常撒谎、欺骗他人，以获得个人利益或快乐。

（5）容易责怪他人，或为自己的不合理行为进行辩解。

4．冲动型人格障碍　主要以阵发性情感爆发，伴明显行为冲动为特征，患病男性明显多于女性。其表现特点：

（1）易与他人发生争吵和冲突，特别在冲动行为受阻或受到批评时。

（2）有突发的愤怒和暴力倾向，对导致的冲动行为不能自控。

（3）对很可能出现的事情缺乏预见性，做事虎头蛇尾，不能坚持任何没有即刻奖励的行为。

（4）不稳定的和反复无常的心境，经常出现自杀、自伤行为。

（5）容易产生人际关系的紧张或不稳定，时常导致情感危机。

5．表演型人格障碍　又称癔症型人格障碍，这类人格障碍是以过分感情用事或夸张言行吸引他人的注意为特点。其特点表现为以下几方面：

（1）情感体验肤浅，感情用事，表现夸张，装腔作势。

（2）暗示性高，很容易受他人的影响或诱惑。

（3）自我中心，强求他人满足他的需要或意志，不如意就表现为强烈不满。

（4）任性、爱撒娇，经常渴望表扬和同情，经受不起批评。

（5）爱表现自己，渴望得到别人的注意，为了引起注意，不惜哗众取宠。

（6）富于幻想，说话夸大其词，掺杂幻想情节以补充现实，言语内容可信度差。

6．强迫型人格障碍　以过分地严格要求与完美无缺及内心的不安全感为特征。其特点表现为以下几方面：

（1）做任何事情都要求完美无缺，按部就班，有条不紊，常拘泥于细节，因而影响了工作效率。

（2）主观、固执，坚持别人也要严格按照他的方式做事，否则即感不快。

（3）常过分节俭，犹豫不决，常感到焦虑不安，难以做出决定。

（4）常有不安全感，穷思竭虑，反复考虑，反复核对检查，唯恐疏忽或出现差错。

（5）完成工作之后常缺乏愉快和满足的内心体验，相反容易悔恨和内疚。

7．焦虑型人格障碍　以持续感到紧张、提心吊胆、不安全和自卑为特征，总是需要被人喜欢和接纳，对拒绝和批评过分敏感，习惯性地夸大日常处境中的潜在风险，常有回避倾向。其特点表现为以下几方面：

（1）敏感自卑，伴有不安全感。

（2）对遭到排斥过分敏感；不断追求被人接受和受到欢迎。

（3）惯于夸大生活中潜在的危险因素，达到回避某种活动的程度，但无恐惧性回避。

（4）因“稳定”和“安全”的需要，生活方式受到限制。

8．依赖型人格障碍　以过分依赖和顺从为主要特征，难以独立解决问题，常感无助。其特点表现为以下几方面：

（1）很难自己解决日常生活中遇到的问题，过分地服从他人的意志。

（2）感到自己无助、无能，或缺乏精力，会竭力避免独自一人。

（3）非常害怕被抛弃、被遗忘，当与他人的亲密关系结束时，会感到异乎寻常的绝望和痛苦。

（4）即使明知他人不正确，为了讨他人喜欢，也要迎合他人。

五、性心理障碍

（一）性心理障碍的概念

性心理障碍又称性变态，指性行为明显偏离正常的一组心理障碍，表现为以异常的性行为作为满足性需要的主要方式，从而不同程度地干扰了正常的性活动。性心理障碍者的行为触犯社会规范，但他们并不都是道德败坏的人。性心理障碍者主要表现为寻找性欲满足的对象和性行为方式与常人不同，在其他方面的缺陷一般并不明显。他们一般没有突出的人格障碍，大多数并非性欲亢进，相反，大多数性心理障碍患者性欲低下，甚至没有或不能进行正常的性活动。家庭生活往往不和谐甚至破裂。他们中的大多数人性格内倾，社会适应良好，工作认真负责，具备正常人的伦理道德观念。他们对自己的行为有充分的辨认能力，但控制力相对低下。事后多有后悔、内疚之心，却往往难以控制自己。

性心理障碍的表现是多种多样的，形成原因目前并没有一致的看法。在大多数性心理障碍者身上并没有发现肯定的生物学的异常因素，心理和社会因素可能占据主要地位。

（二）性心理障碍的分类

1. 性指向障碍　包括恋物症、恋兽症、恋尸症、恋足癖、恋童症等。国内以恋物症比较常见。

（1）恋物症：反复出现以异性使用的物品或异性躯体的某一部分作为性满足的刺激物，几乎仅见于男性。通过抚摸、触弄物品而获得性的满足，他们对某些直接接触异性体表的物品，如内裤、乳罩、袜子及手帕等表现出极大的兴趣，通过抚摩、嗅、咬等方式而获得性兴奋。这类患者大多性功能低下，对正常性生活胆怯。他们为了获取异性物品，不惜冒险偷盗，以致触犯法律，受罚后仍会再犯。

（2）恋兽症：以与动物进行性活动作为经常的、偏爱的甚至是唯一的满足性欲的方式。

（3）恋尸症：以与异性尸体发生性活动为经常的、偏爱的甚至是唯一的满足性欲的方式。

2. 性偏好障碍　包括异装癖、露阴癖、窥阴癖、摩擦癖、施虐狂和受虐狂等。

（1）异装癖：指反复出现穿戴异性装饰的强烈欲望并付诸实施，通过穿戴异性装饰可以引起性兴奋，当这种行为受到抑制时，可引起明显不安的情绪。

（2）露阴癖：患者反复在异性面前暴露自身的生殖器，引起性兴奋，从而获得性满足。

（3）窥阴癖：患者反复在暗中窥视异性的生殖器、裸体和性活动，以达到性兴奋，以男性多见，通过厕所、浴室、卧室的窗户等进行这些活动。

（4）摩擦癖：在拥挤的场所或乘人不备，以身体的性感部位摩擦和触碰异性身体的某一部分，以达到性兴奋的目的，多发生在公共汽车、地铁、电梯和电影院等人流拥挤的场所。

（5）施虐狂：向性爱对象施加虐待以取得性的满足。

（6）受虐狂：接受性爱对象施加的虐待以获得性的满足。

3. 性身份障碍　即易性癖，又称异性认同癖。患者心理上对自身性别的认定与解剖生理特征相反，持续存在改变自身性别的解剖生理特征以达到转换性别的强烈愿望。最初往往用性激素做性别改变的尝试，继而发展到要求医生实施变性手术。其性爱倾向为同性恋。

六、成　瘾

（一）成瘾的概念

成瘾是指包括各种依赖、癖习和迷恋，即指由于反复使用某种致瘾源或反复刺激中枢神经，在一定的人格基础和外界条件下所引起的一种周期性或慢性中毒状态以及发生特有的嗜好和形成难以舍弃的习性，虽然带来各种不良后果，但仍无法控制。成瘾的共同特点是满足心理需要的强烈愿望，对致瘾物质和行为缺乏控制和节制，只想得到物质的使用和行为的执行，而不考虑后果。

如果一个人对某一行为或物质的欲望达到了渴求的程度，影响了正常的心理、生理或社会功能，给个体带来了痛苦，并造成了严重的社会危害和出现精神卫生问题，就被认为属于病态成瘾，如吸毒、酗酒、赌博、网络成瘾等。我们所讨论的成瘾行为指的就是有害的病态成瘾行为。

所谓依赖是指一组由反复使用精神活性物质引起的行为、认知和生理病态群。其表现包括强烈的对精神活性物质的渴求；尽管明知对自身有害，但难以控制持续使用；耐受性增加、有戒断症状和强迫性觅药行为。所谓精神依赖是指由于反复使用精神活性物质使机体产生了病理性适应改变，以至于需要精神活性物质在体内持续存在，否则机体不能正常工作，临床表现为耐受性增加和戒断症状。

（二）成瘾的分类

1．药理学分类

（1）中枢神经系统抑制剂：能抑制中枢神经系统，如巴比妥类、酒精等。

（2）中枢神经系统兴奋剂：能兴奋中枢神经系统，如咖啡因、苯丙胺、可卡因。

（3）大麻：世界上最古老、最有名的致幻剂，适量地吸入或食用，可使人欣快，增加剂量可使人进入梦幻，陷入深沉而爽快的睡眠中。

（4）致幻剂：能改变意识状态或知觉感受，如麦角酸二乙酰胺（LSD）、仙人掌毒素等。

（5）阿片类药物：指阿片或从阿片中提取的生物碱，如海洛因、吗啡及吗啡衍生物，以及具有吗啡作用的化合物，如哌替啶。

（6）挥发性溶剂：如丙酮、苯环已哌啶等。

2．根据使用环境分类

（1）社交性成瘾物质：在一些成瘾性物质中，有些是在普通商店中可以买到的，如香烟、酒类，这类物质主要在社交场合中使用，所以称为社交性成瘾物质。

（2）非法成瘾物质：指某些处方用药品或一些属于在任何场合下都禁止使用的药物，如海洛因。由于这类物质成瘾性大，对使用者的心理、身体损害较大，所以又称为毒品。

（三）成瘾的主要临床表现

1．依赖综合征　也称成瘾综合征，是个体反复使用某种精神活性物质导致躯体或心理方面对某种物质的强烈渴求与耐受性。这种渴求导致的行为已极大地优先于其他重要活动。主要临床表现：

（1）反复使用某种精神活性物质，有使用该物质的强烈欲望。

（2）对使用某种物质的自我控制能力下降，明知该物质有害，但仍使用，主观希望停用或减少使用，但总是失败。

（3）机体对该物质的耐受性增高。使用时体验到快感，减少或停用后出现戒断症状。

（4）使用该物质导致放弃其他活动，同时社会功能明显受损。

2．戒断综合征　是因停用或减少精神活性物质所致的综合征，由此引起精神症状、躯体症状，或社会功能受损。主要临床表现：

（1）精神症状：意识障碍；注意力不集中；内感性不适；幻觉或错觉；记忆力减退；判断力减退；情绪改变，如坐立不安、焦虑、抑郁、易激惹、情感脆弱；精神运动性兴奋或抑制；不能忍受挫折或打击；睡眠障碍；寒战；人格改变。

（2）躯体症状：寒战、体温升高；出汗、心率过速或过缓；手颤加重；流泪、流涕、打哈欠；瞳孔放大或缩小；全身疼痛；恶心、呕吐、厌食，或食欲增加；腹痛、腹泻；粗大震颤或抽搐。

（四）成瘾行为的矫正与治疗

成瘾行为的矫正与治疗可采用社区康复治疗、认知行为干预等方式。包括帮助成瘾者认识和学会处理导致复发的高危因素，使患者理解出现复发时不要慌乱和沮丧，吸取教训，总结正确处理方法；帮助患者理解和处理对药物的渴求及由此带来的社会压力，放弃不良的社会交往，培养正常有益的人际关系；鼓励患者的家属积极参与；帮助患者学会处理负性情绪的方法，纠正错误认知，帮助患者建立健康的生活方式。

（五）网络成瘾

互联网对现代社会人们的学习、生活和工作的影响深远。它不仅扩大了人们的生活范围、社交范围，也扩展了人们的视野和信息量，改变了人们的生活方式。同时，网络带来的社会问题和心理问题也不能忽视。网络可能会在更大的时空范围内造成心理和精神的危机与道德缺失现象的发生，尤其是伴随互联网自身发展带来的网络成瘾综合征，这一社会问题的严重性更值得关注。

过多使用互联网会导致自我认知不协调，人际关系淡漠，缺乏情感交流。尤其对于学生来说，长时间沉湎于网络，知识内化不足，阻碍他们对真知的吸收与理解，更有甚者，出现孤僻、情绪低落、生物钟紊乱、思维迟缓等心理问题，以致出现自残的意念与行为，消极处世。

网络成瘾综合征最明显的症状，就是沉湎于网上自由交流或网上互动游戏，而忽视现实生活的存在。一部分人是上网时精神抖擞，工作学习时无精打采，久而久之，导致体质下降，疾病缠身；另有一部分人沉迷于网络不能自拔，不善于同周围的人交流。这些给他们的社会交往、完成学业、就业和家庭关系等方面都带来了严重的不良影响，其危害性已引起了学校和社会各界的普遍重视，并正在采取各种积极的应对措施。

小 结

心理障碍在当前经济高速发展的今天越来越普遍，人们承担着越来越大的工作、生活压力，它的发生是生物、心理、社会文化因素相互作用的结果。护士掌握常见心理障碍的症状表现对临床工作非常重要。本章主要介绍了正常心理与异常心理的判断标准，临床常见心理障碍的表现，包括神经症、分离（转换）障碍、抑郁症等，其中临床工作中以神经症最为多见，掌握相关的知识对于护理工作的顺利开展起着非常重要的作用。

选择题

A_1 型题

1. 当发现别人注意自己时就不自然、脸红、不敢与人对视，因而不愿参加社交活动。若被迫进入社交场合时则会产生严重的焦虑反应，这种行为表现属于（　　）

A. 焦虑症　　B. 强迫症

C. 抑郁症　　D. 癔症

E. 恐怖症

2. 缺乏明确对象和具体内容，整日提心吊胆、紧张害怕等，常伴有口干、心悸、坐卧不安、睡眠障碍等症状，这种行为表现属于（　　）

A. 焦虑症　　B. 强迫症

C. 抑郁症　　D. 癔症

E. 恐怖症

3. 患者反复进行一种无意义的行为，他也知道自己的行为不合情理，但非做不可，否则会感到非常焦虑，可以表现为反复洗手、反复检查、上楼梯一定要数阶梯数等。这些行为表现属于（　　）

A. 焦虑症　　B. 强迫症
C. 抑郁症　　D. 癔症
E. 恐怖症

4. 症状具有做作、夸张或富有情感色彩、易受暗示等特点。有反复发作的倾向，患者以女性居多。这种症状表现属于（　　）

A. 焦虑症　　B. 强迫症
C. 抑郁症　　D. 癔症
E. 恐怖症

5. 情绪持续低落、悲观失望，终日忧心忡忡、郁郁寡欢，行为缓慢，生活被动，不想上班，不愿外出，不愿和周围人接触交往，常闭门独居、回避社交。这种症状表现属于（　　）

A. 焦虑症　　B. 强迫症
C. 抑郁症　　D. 癔症
E. 恐怖症

6. 根据个体能否胜任日常工作和生活要求来判断心理是否存在障碍的是（　　）

A. 内省经验标准　B. 统计学标准
C. 医学标准　　D. 社会适应标准
E. 时间标准

7. 敏感多疑，病态嫉妒，过分自负，固执，容易与人争辩是哪种人格障碍的特点（　　）

A. 偏执型人格障碍
B. 分裂型人格障碍
C. 反社会型人格障碍
D. 冲动型人格障碍
E. 表演型人格障碍

8. 性格孤僻、被动、退缩，与家庭和社会疏远，以外表和行为奇特，人际关系明显缺陷，且情感冷淡为主要特征的人格障碍是（　　）

A. 偏执型人格障碍
B. 分裂型人格障碍
C. 反社会型人格障碍
D. 冲动型人格障碍
E. 表演型人格障碍

9. 主要以情感爆发，伴明显行为冲动，有突发的愤怒和暴力倾向，其冲动行为不能自控为特征的人格障碍是（　　）

A. 偏执型人格障碍
B. 分裂型人格障碍
C. 反社会型人格障碍
D. 冲动型人格障碍
E. 表演型人格障碍

10. 非常缺乏责任感，无视社会规范、规则与义务，以经常违法乱纪，对人冷酷无情，不能从经历中特别是从惩罚中吸取教训为特点的人格障碍是（　　）

A. 偏执型人格障碍
B. 分裂型人格障碍
C. 反社会型人格障碍
D. 冲动型人格障碍
E. 表演型人格障碍

（贾新静）

第 7 章 医患关系与心理沟通

引 言

临床工作中存在着多种人际关系，包括护士与患者、医生与患者、护士与患者家属、护士与其他医务人员之间的关系。如何正确把握好这些关系，运用适当的沟通方式与技巧，取得患者的信任，使医疗护理工作顺利地开展，是每一名医护人员必须面临的问题。

第1节 医 患 关 系

案例 7-1

李先生，65 岁，患糖尿病 6 年，需要长期口服降糖药控制血糖。住院期间护士针对李先生的病情，制订了详细的护理措施，并指导患者及家属学会了正确用药及正确测血糖的方法。目前，李先生病情稳定，血糖控制良好。

问题： 护士和李先生之间属于医患关系中的哪种模式？该模式适合什么样的患者？

医学心理学认为，患者是一个完整的社会人，而不单纯是发生于某系统、某器官、某组织或某细胞的疾病的自然人。这就揭示了疾病诊治护理过程中一个很重要的人际关系问题，尤其是医患关系问题。医疗环境中医患关系是医学实践中最基本的人际关系。因为任何一种医疗行为，检查、诊断、治疗、护理和康复，都涉及两个最基本的方面，即医务人员和患者。当前，医患关系日益紧张，医患纠纷不断发生，如何才能建立良好的医患关系，已成为现代医学中的一个重要课题，受到普遍重视。

一、医患关系的概念

现实生活中的任何人，在进行社会生活和生产活动中，总是与其他人有某种接触或交往，在相互接触和交往过程中，双方又总是相互影响和相互作用，从而建立起某种关系。这种存在于人与人之间的关系，称为人际关系。

考点： 医患关系的概念

医患关系是人际关系的一种，是指医疗环境中医务工作者，包括医生、护士及其他医务人员与患者之间的相互关系。其在临床人际关系中占有重要位置，是多种关系的核心。

二、医患关系的模式类型

医务人员与患者之间的医患关系体现在技术性和非技术性关系两方面。前者指在实际医疗护理措施的决定和执行时，医患关系中谁为主动，谁为被动，主动程度如何；后者指医疗护理措施以外的医患心理和社会方面的关系。

（一）医患关系的技术性方面

医务工作者与患者相互联系、相互作用形成的医疗环境中的医患关系，从临床实践看，主要存在着 3 种模式。

1. 主动-被动模式　此种医患关系模式常用于手术、麻醉、抗感染治疗等技术，对昏迷、精神病、休克、全麻、婴幼儿患者等较为适宜。这些患者神志不清，自制力缺乏或年幼无知，丧失了表达自己意见的可能性。此时，医务工作者为完全主动的一方，权威性不容怀疑。患者处于完全被动的一方，是医疗活动中的被动接受者，听命于医务工作者的安排和诊治，而不会提出任何异议。运用这种模式的核心，在于医务工作者为患者做什么。

2. 指导-合作模式　此种医患模式主要适用于急危重症、手术、少年儿童患者等，他们虽然神志清晰，但疾病状态使他们依赖医务工作者，寻求医务工作者的帮助。该模式医患双方都具有主动性。医生的权威必须得到患者的承认，患者一方可提出疑问并寻求解释，患者有自己的意志，为疾病求助医生指导，提出自己的问题和意见，在求医行为中尊重医务工作者的权威性并乐于合作。医务工作者运用技术上的权威性在取得患者信任和配合的基础上，提出诊断、治疗、护理的要求，在指导患者诊治护理过程中占主导地位，患者的主动是以配合和服从医生意志要求为前提的。运用这种模式的核心，在于医生告诉患者做什么。

3. 共同参与模式　此种医患模式主要适用于慢性病患者，这类患者患病时间长，反复发作。如冠心病、糖尿病等患者对自己疾病的方方面面都了解较多，“久病成医”。他们参与治疗护理自己的疾病积极性较高，但是缺乏全面系统的医疗护理知识，渴望双方共同探讨和优化诊治护理方案。该模式医患双方具有同样的主动性，关系平等，在医疗护理过程中有相近似的权利。运用这种模式的核心在于教会患者怎么做，以帮助患者自我治疗，自我护理，增强自我保健行为。

考点：医患关系的模式

医疗护理实践中，这三种医患关系是不能截然分开的，只是需要根据具体情况选择运用。从主动-被动模式到共同参与模式，医护人员对患者的主导作用逐渐减弱，而患者的主导作用逐渐增强。医务工作者必须明确的是只要患者能表达自己的意见，就应该充分发挥患者的主观能动性，尊重和鼓励患者共同参与到对疾病的治疗、护理和康复活动中。

（二）医患关系的非技术性方面

非技术性关系指医患双方由于社会的、心理的、教育的、经济的等多种因素的影响，在实施医疗护理技术的过程中所形成的道德、利益、价值、法律等多种内容的关系。

1. 道德关系　是非技术性关系中最重要的内容。在医护活动中，由于医患双方所处地位、利益、文化素质、道德修养方面的差异，对医疗护理活动及行为方式的理解和要求不同，双方会产生各种矛盾，双方必须按照一定的道德原则和规范约束自己的行为，协调双方关系。

2. 利益关系　指医患双方在互相关心的基础上发生的物质和精神利益方面的关系。医务人员的利益表现为通过自己的技术服务和劳动而得到经济的利益和精神的利益。患者的利益表现为在支付医疗费用后减轻或解除病痛，得以生存和康复。

3. 价值关系　指医患双方为了实现人的价值而做出的努力。医务人员运用所学到的知识和技术为患者提供优良的服务，使其重获健康，实现崇高的人生社会价值。而患者重返工作岗位为社会做贡献也包括医务人员的奉献，同时也实现了个人的社会价值。

4. 法律关系　指医患双方在医疗护理活动中各自的行动和权利都受到法律的约束和保护。凡侵犯患者和医务人员的正当权益的行为，都将受到法律的制裁。这种法律关系体现了我国社会主义法律保护每个公民的政治权益。

三、良好医患关系的建立

良好的医患关系应是医患双方相互信赖和尊重，充分发挥双方主观能动性，相互满足合理需要，有助于促进心身健康，能为顺利实施各项医疗护理活动结成伙伴。医患关系模式应与患者的需要、疾病性质、病情、病程相符，是一种融洽、和谐的关系。

（一）建立良好医患关系的重要意义

医患关系的好坏直接影响医疗和护理质量，所有的医疗护理工作都要通过医患关系来实现。

1. 良好的医患关系是医疗护理活动顺利开展的必要条件 在医疗护理过程中的检查、诊断、治疗和护理都要通过医患双方的合作才能顺利地进行。为了对患者作出正确的诊断和实施相应的治疗护理措施，医护人员需要对患者进行详细的评估，收集与健康有关的资料，因此患者的合作尤为重要。医患之间的相互信任、相互尊重的良好关系能明显提高医患之间的合作程度，也有助于明确诊断和有效实施治疗护理措施。

2. 良好的医患关系是对患者的一种心理和社会支持 良好的医患关系具有积极的心理帮助和社会支持的功效。药物治疗和心理治疗的效果与医患关系有着密切的关系。临床实践验证了一个客观的事实，知识和技能相仿的医生在诊治同类患者的疾病中，其疗效会有较大差异，这就说明治疗效果不仅仅取决于医生护士的医学护理知识和操作技能，同时也取决于医患之间的关系。

3. 良好的医患关系可造就良好的心理气氛和情绪反应 对患者来说，这不仅可消除由疾病所致的心理应激，减轻痛苦，而且可从良好情绪反应所致的躯体效应中获益。对于医务人员来说，则可使医疗护理活动变得丰富多彩，而不再总是各种各样的疾病和没完没了的症状与体征，使医务人员得到更多的心理满足，保持与增进心理健康。

（二）如何建立良好的医患关系

良好的医患关系是以医务工作者的非技术性服务和患者的遵医行为为媒介在医疗护理活动中建立发展起来的。需要医患双方的共同努力，但起主导作用的是医务人员。因此，建立良好的医患关系主要从医务人员着手，必须注意以下几点：

（1）建立新的医学观，转变错误的健康观和疾病观，重视患者的心理社会需要。

（2）培养医务工作者良好的心理素质，树立良好的医德、医风，全心全意为患者服务。

（3）充分认识医患关系的意义及作用，积极主动搞好医患关系。

（4）善于学习和应用人际沟通技巧，对医疗、护理等技术精益求精，以促进人际交往。

（5）提高医院管理水平，公开并严格执行各项合理制度，杜绝乱收费和生硬的服务态度，并做好对患者的宣传教育和管理工作。

案例7-1分析

1. 根据医患关系的技术性方面分类，护士与李先生之间属于医患关系中的共同参与模式。

2. 共同参与模式主要适用于慢性病患者，这类患者患病时间长，反复发作。冠心病、糖尿病等患者对自己疾病的方方面面都了解较多，“久病成医”。

第2节 心理沟通

案例7-2

王某，女，33岁。被诊断为乳腺癌晚期，当护士进病房时，该患者正在哭泣，护士轻声对患者说：“王女士，您感觉很不舒服吗？”王女士：“不是的……”护士说：“那您需要我帮您做些什么吗？”王女士：“呜……不用……”

问题： 本案例中，护士怎样做是最合适的？

一、沟通的概念和方式

沟通又称交往，主要指信息的传递和交流，医患的沟通是指在社会医疗实践中医务工作者与患者之间信息的传递和交流，彼此交流思想、情感和各种观念，从而使个人从主观上感受与他人的互相依存关系。良好医患关系的建立，除了要求医务人员有良好的心理品质因素外，还必须具有较强的沟通能力和技巧，这样才能提高人际间相互吸引的程度，缩小心理距离，协调一致，心理相容。

沟通的方式一般有两种：语言沟通和非语言沟通。

1. 语言沟通　指借助语言而实现的沟通，是信息交流的重要形式。语言分为言语（即说话）和书面语言。言语，是医患交流思想和情感的主要方式。它可以清楚、迅速、直接地传达信息，表达情感。西方医学鼻祖希波克拉底说："医生有两样东西可以治病，一是药物，二是言语。"所以医务人员的语言美，不仅是医德问题，而且直接关系患者的生命与健康。医务人员应注意自己的语言修养，不但要惯于说安慰、鼓励和支持的话，避免说伤害的话，还要熟悉民间俚语，讲究沟通技巧，善于用通俗易懂的语言同患者交流。书面语言沟通有时也被采用，如同聋哑患者间的沟通。医院的导诊牌、入院须知等，也可视为入院沟通方式。

2. 非语言沟通　又称体势语言，指借助于面部表情、身体姿势、眼神、手势和说话时的声调等实现沟通。

考点：沟通的方式包括语言沟通和非语言沟通

非语言沟通分为 3 类：①副语言，指说话时的语调、音量、重音、语速、节奏和语言流畅度等。同样的话采用不同的副语言，则表达效果不同，如"你多美"这句话，若加强"多"的词音，则可能让人感受到讽刺挖苦之意。人的情绪状态也常从副语言中表现出来，如说话踌躇、失误多可能有焦虑，说话速度快而音调又高可能多为激动紧张。②动态无声的，包括手势、面部表情、目光接触和身体姿势等，如点头、摇头、耸肩、微笑、皱眉以及各种手势、抚摸和拥抱等。③静态无声的，如容貌、体格、坐、站、蹲姿、仪表、相互间的空间距离等。

二、沟通成功与否的判断标准

沟通成功与否，可用路易斯提出的反馈及时、反应恰当、高效应及灵活性四个标准来判断。

1. 反馈及时　就是沟通一方能及时地把信息引起的效应反馈给另一方。它要求医务人员一方在听懂患者的话后，及时将言语引起的效应返回给患者，使双方对谈话的含义得以确认、扩展或修正。

2. 反应恰当　指接受信息时，理解和反应符合实情，与输送的信息没有偏差。它要求医务人员一方对患者谈话的反应准确、恰当，与患者输送的信息相吻合，没有误差。既不会因反应太强而造成患者难以接受，也不会因反应太弱而被患者忽视。

3. 高效应　沟通信息简单明了，主题突出，没有对方不易理解的术语，则沟通效果良好。它要求医务人员在沟通时应使用尽量简明且主题明确的语言，避免使用让对方难以理解的专业术语或口头语，以保证沟通的高效应。

4. 灵活性　指沟通过程自然流畅，不拘谨，不放任，因势利导把握方向。它要求医务人员在沟通中既不拘谨，也不放任，及时、灵活地提示患者，并对谈话的内容做必要的指导，从而有利于沟通的成功。

按路易斯的观点，当一个人被理解，而且这种理解来自上述几种标准时，这种沟通就是成功的。相反，如果缺失上述标准中的一项或多项时，就会出现沟通双方信息交流受阻，从而妨碍双方沟通，因而这种沟通就不成功。

知识链接

人 际 吸 引

人际吸引意味着人与人之间在时间、空间上的互相接近。而在实践中，人际关系的变化和发展很大程度上受人际吸引因素的影响。增进人际吸引的因素：①相似性吸引；②接近性吸引；③仪表性吸引；④奖励性吸引；⑤互补性吸引。

三、沟 通 技 巧

（一）医学会谈的技巧

了解病情，进行体检、治疗、护理评估等医疗护理活动时，都需要会谈。成功的医学会谈不仅可以为准确诊断提供可贵资料，而且还是躯体治疗的基本保证和心理治疗的主要手段。此外，良好的医学会谈还是联络医患情感的纽带与建立良好医患关系的基石。因此，医学会谈是现代临床的一项基本技术，会谈成败很大程度上取决于会谈的技巧。

知识链接　**治疗性人际沟通**

治疗性人际沟通是治疗者与被治疗者为了治疗性的共同目标而建立的持续性的互动关系和心理交流。护理人员与护理对象之间建立的治疗性人际沟通，是医护人员与患者所建立的治疗性人际关系中的一部分，它有利于提高护理质量，有利于患者早日康复。

1．重视语言在沟通中的作用　医务人员的语言直接关系患者的生命与健康。因此会谈中医务人员要使用简明通俗、条理清楚的语言，避免使用具有特定含义的医学术语，如“里急后重”“盗汗”“尿失禁”等，由于患者不能理解，很容易造成误解；避免使用对患者有不良刺激的词句，要多说有利于恢复健康的话，传递利于恢复健康的信息。

2．善于引导患者讲话　患者面对陌生的医务人员讲述自身痛苦是有一定困难的，尤其是那些沉默寡言的患者更是如此。所以交谈开始时，医务工作者必须首先主动欢迎患者和自我介绍，开始进行交谈时可以使用“中性”聊天话题，缓解对方的紧张情绪，主动关注对方往日的话题进行交谈，注意加强鼓励、安慰、赞许、关注等沟通方法的使用，多采用开放式谈话进行交谈可获得更多的信息。如对腹痛患者，采用开放式谈话，如“您感觉如何？请您详细说一说”，就可能获得腹痛的部位、性质、时间、伴随症状等，并能建立鼓励交谈的氛围。

3．倾听的重要性　双方沟通时必须具备听和说两方面条件，而且听比说更重要。交谈时最好面向对方稍屈身，保持适当距离，表情自然，态度诚恳，聚精会神，双目注视，专心地倾听，表现出对交谈很感兴趣，这样才能获取患者的好感，患者才愿意讲述自己生活中的重要事件，医务人员才能全面掌握患者的情况，进行对症治疗。

4．处理好谈话中出现的沉默　在交谈过程中，有时患者会突然出现中断叙述的情况。应允许双方都有沉默的反应，“此时无声胜有声”，沉默本身就是一种信息交流，这样不但可以获得充分考虑问题的时间，还可以增加信息交流反馈的准确性。沉默一般有4种情况：一是有难言之隐，这时除耐心等待沉默后继续交谈外，还可以根据具体问题通过各种方式启发患者说出隐私，以便医治真正的病痛。二是故意沉默，这一般是寻求对方反馈信息，希望获取理解、赞同等。三是思维突然中断而显示的沉默，引起的原因很多，如过于激动、悲伤或头脑中突然出现新问题等。四是谈话思路进入延续意境，这时的沉默形式上是暂时谈话停顿，实际是富有情感色彩的谈话内容正在延伸。如果交谈中患者表现出沉默不语，这时可使用一些非言语的沟通技巧，如微微点头、轻轻叹息、慢慢抚摸等均会使对方感到安慰、鼓励或改变话题或继续交谈。

5．注意适当的保密　一是对患者的隐私、隐情保密。交谈时，不要轻易触及患者的短处或隐情隐私。二是对不该告知患者的病情及诊治措施保密，以免引起患者的不良心理反应。

（二）非语言沟通技巧

人的心理行为总是会有意无意地从外部行为和表情中反映，这就是心理和行为的一致性。生活中有许多事物是不能以语言来表明的，如悲喜交加的心情，度日如年的感受等。这时人际交往还需要非语言沟通参与。

1. 面部表情　人的情绪和情感完全可以从面部表情显露，面部表情能灵敏、真实、迅速地反映内心情感，如愤怒、快乐、厌恶、悲伤、恐惧、惊讶等。观察面部表情可以了解内心隐私和各种复杂的心理活动。

2. 目光接触　是非语言沟通的主要信息来源之一，目光可以显示个性的某些方面，可以表达和传递情感。“眼睛能说话”“眼睛是心灵的窗口”的说法，准确地表达了目光接触沟通信息的功能。交往双方在交谈、倾听和沉默的同时，若采用目光接触可辅助沟通，可使话语同步协调，思路一致。目光接触的多少还反映喜欢继续交往的程度。目光持续接触是强烈情绪反应的征象，既可以表达积极的情绪，也可以表达消极的情绪。凝视含义较多，可表示困苦、求助、敌意等。目光的转移可能提示有拒绝、内疚、恐惧。关系密切的交往双方会更多地选择目光接触沟通，这是因为彼此较容易了解相互交流信息的含义。目光接触也有民族和文化的差异，在英国有礼貌的听众总是聚精会神地注视讲话者，而某些东方民族则认为谈话时一直盯着对方是不礼貌的行为。谈话时还可以用目光接触检验信息的传递和反馈效果、判断对方的心理状态。

3. 距离与朝向　是指空间概念，而非心理距离，但其可显示心理状态。人际交往中双方之间的距离在交谈开始时起重要作用，交谈时的距离远近常取决于会见场合的条件、双方关系密切的程度和交往的预期目的与要求。一般来说，缩短交往距离有利于沟通，但有时交往距离过短也会引起反感。密友交谈时距离很近。正式的交谈、争论的谈话一般均为面对面朝向方式，以便于双方交流传递信息。但有时也会出现背对背的诉说，如双方气愤、赌气时。在交往中根据不同对象掌握距离与朝向，将有助于沟通。

4. 身体运动和姿势　均可进行信息交流，尤其是表示有关个体情绪状态的信息，但与面部表情相比较粗糙。因为面部表情反映情绪的本质，而身体运动是情绪强度表现的征象，挥手、踢腿、点头、摇头、耸肩、坐姿、站姿、行走等均可表达传递信息。如一个人行走轻捷，挺胸微抬头，肩向后则表示身体健康，心情愉快。又如交往一方满意时，用点头表示诚恳及友善，可使对方获得激动和温暖。

知识链接　　**人际距离**

一般人可将人际距离划分为 4 种：①亲密距离，0.50m 以内，可感到对方的气味、呼吸甚至体温；②个人距离，0.50～1.25m，这是一般个人间交往的距离，友好而有分寸；③社交距离，1.25～3.50m，这是一般公事公办的事务联系中的人际距离；④公众距离，3.50～7.50m，是在公共场所陌生人之间的距离。

5. 接触　指身体皮肤的接触。它是直接感知外部刺激的重要媒介。外部刺激可通过身体皮肤作用于中枢神经系统而产生心理效应。身体皮肤接触能表达强烈的感情，对儿童的心理、智力和情感的发育具有更为明显的作用。中国人不善于与周围的人有过多的身体接触。但在疾病状态下，在医院这一特殊环境中，医护人员紧握危重患者的手，检查身体后为患者整理衣服；轻按或者轻拍患者的肩头表示对患者的信任和对自己治疗护理方案的信心，这些有意的身体接触，都会使患者感到医生的善意，增强战胜疾病的信心。

考点：非语言沟通的技巧

（三）语言和非语言转换沟通

语言沟通和非语言沟通在交往中各有其作用，有时是某一部分发挥作用，有时是两部分一起发挥作用。人在交往过程中常常会出现由语言沟通转化为非语言沟通的情况，如当说到“我的父亲逝世了”的同时，会有低头、满含眼泪的表现，以提示“我很伤心”，这就是转换沟通。应注意的是语言和非语言的信息不一致时，应以非语言表示的信息为主要依据，如“讨厌”从词义上讲是消极的，但以热情的语调说出来，消极的词义可能被忽略而显示出一种“亲昵”的积极信息。通常认为，情绪信息通过非语言信息传递常常比语言表达更为真实，因为它是通过人的行为和体态实现的，是容易观察又难以掩饰的，所以不易被曲解。如说话时表情抑郁而言辞表示没什么时，要注意理解从而掌握真实的心理状态。

案例 7-2 分析

本案例中的患者，被诊断为乳腺癌晚期，她在病房里哭泣，是担心自己的病情恶化，又担心孩子无人照顾，护士应该理解患者此时的心情，在与患者的交流中适当运用沉默技巧。此时护士的沉默，表示了对患者的同情和理解，也缓解了患者悲伤的情绪，对患者来讲更是一种无声的安慰。

小　结

医疗环境中医务工作者，包括医生、护士及其他医务人员与患者之间的相互关系称为医患关系。体现在技术性和非技术性两方面。技术性方面主要存在三种模式：①主动-被动模式；②指导-合作模式；③共同参与模式。医疗实践中，这三种医患关系是不能截然分开的，只是需要根据具体情况运用。从“主动-被动模式”到“共同参与模式”，医生对于患者的主导作用逐渐减弱，而患者的主导作用逐渐增强。医务工作者必须明确的是只要患者能表达自己的意见，就应该充分发挥患者的主观能动性，尊重和鼓励患者共同参与疾病的治疗。

沟通又称交往，主要指信息的传递与交流。沟通的方式一般有两种：语言沟通和非语言沟通。沟通是否成功，可用路易斯提出的反馈及时、反应恰当、高效应及灵活性四个标准来判断。沟通技巧的应用体现在进行医学会谈中和非语言沟通的过程中。

自 测 题

选择题

A_1 型题

1. 主动-被动模式的医患关系不宜用于（　　）

A. 全麻患者　B. 昏迷患者
C. 局麻患者　D. 婴儿患者
E. 休克患者

2. 共同参与模式的医患关系适用于（　　）

A. 失血性休克患者
B. 急性期各科患者
C. 心搏骤停患者
D.“久病成医”的患者
E. 昏迷患者

3. 医患关系的核心是（　　）

A. 护患关系　B. 医生与患者的关系
C. 药剂师与患者的关系
D. 营养师与患者的关系
E. 护工与患者的关系

4. 医患间非语言交往形式包括（　　）

A. 动作　B. 动作和躯体两方面
C. 躯体　D. 副语言
E. 语调

5. 下列哪一项是医患关系中非技术关系的最主要内容（　　）

A. 道德关系　B. 利益关系
C. 法律关系　D. 文化关系
E. 价值关系

6. 医患关系的基础是（　　）

A. 技术性关系　B. 非技术性关系
C. 信任关系　D. 同情心
E. 真诚

7. 护士临床实习中，与患者交谈时，应采取的人际距离是（　　）

A. 0.50～1.25m　B. 1.25～3.50m
C. 3.50～7.50m　D. 0.50m 以内
E. 0.25～0.35m

（鞠小莉）

第8章 心理评估

引言

随着当今社会生活节奏的日益加快，人们所面临的压力越来越大，心理健康问题也逐渐凸显，同时心理评估也日益受到人们的关注。那么，什么是心理评估？心理评估的常用方法有哪些？如何选择合适的心理测验方法及临床常用量表？下面就让我们通过这一章的学习来了解心理评估的相关知识。

第1节 概 述

案例 8-1

为了了解某社区学龄前儿童的人际交往行为特点及学习风格，社区护士进入幼儿园，观察幼儿在课堂及游戏中的表现，并对表现进行记录。

问题： 1. 社区护士采用的是哪种心理评估方法？

2. 在本案例中，该种心理评估方法的优缺点分别是什么？

心理评估是对各种正常或异常的心理现象进行定性和定量的客观描述，为实施心理干预和心理护理提供基础。通过心理评估，护士可以获得患者的心理资料，从而对其认知、行为、人格等方面做出客观评价。

一、心理评估的概念

考点： 心理评估的概念

心理评估是通过观察、访谈及心理测验等手段对个体的心理状态、行为等心理现象做全面、系统、深入的客观描述的过程和方法。它对心理治疗和心理护理程序的制订与实施具有重要的指导意义，是护理评估不可缺少的环节。

二、心理评估的常用方法

（一）观察法

观察法是指有目的、有计划地观察和记录患者心理行为表现，如表情、姿态、动作、言语等，根据观察和分析，探讨其心理行为规律的一种研究方法。

观察法的分类有很多种，按时间分类可以分为长期观察和定期观察；按形式分类可以分为住院观察和门诊观察；按内容分类可以分为一般观察和重点观察。

考点： 观察法的概念、分类及特点

观察法实施方便，可以直接获得资料，结果较为客观真实，并且观察法无须患者配合，尤其适用于卧床不起的重症患者、婴幼儿和某些特殊人群（聋哑人、语言和精神障碍者等）。但在观察过程中观察者较为被动，需消极等待所观察的心理活动自然出现，患者的外显行为具有随意性、偶然性，可能只出现一次，不能重复观察及定量分析，观察结果受观察者经验及主观意识影响较大，不适用于大面积评估，比较适合对个体的评估。

（二）访谈法

访谈法又称会谈法、交谈法，是访谈者通过与被访者有目的的交谈来收集资料的一种重要方法。访谈法是心理评估中最常用的形式。

访谈法分为非结构式访谈、结构式访谈和半结构式访谈。其中，非结构式访谈又称自由式访谈，即双方自由交谈，被访者能自然而然说出想说的话，不拘泥于固定的问题格式或顺序，但需要时间较长，有时容易偏离主题；结构式访谈又称定式会谈，一种是访谈者根据特定目的预先设定访问大纲，对所有被访者进行相同的询问，然后将被访者的回答填到事先做好的表格中；另一种是将问题与可能的答案印在问卷上，由被访者自由选择答案。结构式访谈限定了谈话内容，效率较高，但缺乏灵活性；半结构式访谈只是将要问的问题交给被访者，但无固定的问题顺序，比较方便，容易取得被访者的合作。

访谈法具有较高的灵活性，访谈者和被访者之间可以直接接触和相互作用，在访谈过程中可以及时解释或者提示、澄清问题，提高回答的有效性，同时，访谈者可以根据具体情况调整问题的多少，决定时间的长短，更容易被不适用书面语言的对象接受。但访谈法对访谈者的要求较高，访谈结果的准确性、可靠性常受到访谈者素质的影响，访谈问题较复杂时，其结果不易量化和分析交流，访谈法对环境要求也较高，不太适合大面积的调查。

考点：访谈法的概念、分类及特点

（三）心理测验

心理测验是指用心理学的理论和技术对人们的心理状态和行为表现进行客观的标准化测量，它是在实验心理学的基础上形成和发展起来的一种测量工具。

心理测验的分类有很多种，其中按测验目的和功能可以分为能力测验、人格测验、神经心理测验、临床评定量表和职业咨询测验等；按测验方法可以分为问卷法、作业法、投射法等；按测验方式可以分为个别测验和团体测验。

心理测验可以在较短的时间内搜集到大量的量化资料，心理测验的编制十分严谨，一般采用标准化、数量化的方法，所得的结果可以参照常模进行比较和解释，因此可以减少主观因素的影响，较之观察法、访谈法等其他方法更客观。但是心理测验是对人的心理特质的间接测量与取样推论，不可能完全准确，并且在测验过程中一些无关因素的干扰会影响到测验结果的稳定性和准确性，测验分数不是一个确切点，而是一个范围，这就要求对心理测验的应用和测验结果的解释要慎重，不可夸大和滥用。

考点：心理测验的特点

三、心理评估的原则和注意事项

（一）原则

1．综合评估原则　心理评估方法各有其优势和劣势。可根据情况同时或交替使用几种评估方法，综合所得信息，以便于准确评估患者的心理状态，识别其心理问题和影响因素。

2．动态实时原则　患者的心理状态随疾病的变化而波动，也受到诊疗手段、医院环境和自身人格特点等影响，任何阶段都有可能发生心理危机，所以心理评估要遵循动态、实时的原则。

3．循序渐进原则　一般先确定患者是否存在威胁心身健康的负面情绪，如果评估结果提示其有严重抑郁或焦虑，则需进一步评估发生不良心理反应的原因。若初步评估显示无明显负性情绪反应，便无须进一步评估。循序渐进的方式还可减少心理评估的盲目性，避免给评估者和患者增加负担。

（二）注意事项

1．赢得患者认同　患者是否认同心理评估会直接影响评估结果。评估者应尽力让患者了解评估的积极意义，避免患者对评估产生误解，这样才能保证评估结果真实、可靠。

2．保护患者隐私　心理评估过程中，可能会涉及患者的隐私，评估者必须严格遵守职业道德，妥善保管患者的个人资料。

3．尊重患者权益　心理评估需要获得患者的知情同意，不能违背患者的意愿。如患者不予合作，可先观察患者的表情、动作，分析其情绪状态，发现异常及时干预。

知识链接　**心理评估在护理工作中的作用**

1. 筛选干预对象　在护理工作中，护士对患者进行简便、快速的评估，可以甄别重度心理危机，同时在确定相应心理评估标准的基础上，根据患者心理反应的程度区分心理干预的等级。

2. 提供干预依据　心理评估需要深入分析导致患者心理反应的原因，明确主要原因。不同患者虽然有相似的不良情绪表现，但其原因各不相同，所采取的干预策略也完全不同。

3. 评估干预效果　实施心理干预后，患者的心理危机是否化解，在其情绪或行为上能够得到反映。如果干预是有效的，患者不良情绪反应的强度便会显著降低，暂时脱离心理护理的重点关注人群。反之，则负性情绪反应将持续存在，严重威胁其身心健康，需继续列为心理护理的重点关注对象，并重新为其量身制订有效的心理干预对策。

案例8-1分析

1．社区护士有目的、有计划地观察和记录学龄前儿童的心理行为表现，根据观察和分析，探讨其心理行为特点，使用的是心理评估中的观察法。

2．在本案例中，社区护士进入幼儿园观察幼儿的行为特点，优点是实施方便，无须幼儿配合，通过观察可以直接获得资料，结果较为客观真实，同时观察具有即时性的优点，可以捕捉到正在发生的现象；缺点是观察者较为被动，需消极等待幼儿的心理活动自然出现，而且幼儿的外显行为具有随意性、偶然性，可能只出现一次，不能重复观察及定量分析，同时观察结果容易受到社区护士主观意识的影响。

第2节　心理测验

案例8-2

患者，女，高中生。患者初中时，学习刻苦，成绩一直较好，升入当地重点高中后，学习依然刻苦努力，但成绩却不理想，父母对其寄予很高的期望，导致其心理压力大，几乎把所有的时间都用在了学习上，很少参加集体活动，朋友较少。最近临近考试，患者经常失眠，食欲下降，自述感到十分焦虑和紧张。

问题： 1. 为了评估该患者的心理状态，可以采用何种心理测验量表？

2. 如何合理解释测验结果？

心理测验作为心理学的研究方法之一，始于欧洲，19 世纪传入中国。心理测验可以对个体的行为样本进行客观分析和描述，并且心理测验都经过标准化，其结果客观，可信度较高。

一、心理测验的概念

考点： 心理测验的概念

心理测验是依据心理学理论，在标准情境下，通过观察人的少数有代表性的行为，对贯穿在人的全部行为中的心理特点做出推论和数据化分析的一种科学手段。

二、心理测验的分类

心理测验量表数目甚多，但在临床工作中，目前常用的心理测验不过百余种，归纳起来可分为如下几类。

1．按测验目的和功能分类　可以分为能力测验、人格测验、神经心理测验、临床评定量表和职业咨询测验等。

（1）能力测验：包括智力测验、特殊能力测验、心理发展量表、适应行为量表等。其中，智力测验主要测量人的一般智力水平，常用的智力测验包括比内-西蒙测验、斯坦福-比内测验、韦克斯勒智力量表等；特殊能力测验主要测量个人的特殊潜在能力，多用于升学、职业指导及一些特殊工种人员的筛选，如音乐、绘画、文书才能等测验。

（2）人格测验：用于测量性格、气质、兴趣、态度、品德、情绪、动机、信念等个性心理特征。主要包括问卷法（明尼苏达多相人格调查表、卡特尔 16 种人格因素问卷、艾森克人格问卷等）和投射法（罗夏墨迹测验、主题统觉测验等）两类。

（3）神经心理测验：是研究大脑与行为关系的一种重要方法。通过测量行为来评估脑神经的功能状况（如感知运动测验、记忆测验等），既可用于评估正常人脑神经功能、脑与行为的关系，也可用于评定脑损伤患者的神经功能。

（4）临床评定量表：这类测验种类和数目繁多，用于症状程度评估、疗效评估等方面。包括症状评定量表、应激相关量表等，用于评价个体的精神症状等方面（如 90 项症状自评量表、抑郁自评量表、焦虑自评量表、A 型行为量表等）。

（5）职业咨询测验：常用的有职业兴趣问卷、特殊能力测验等，为了使评估结果更为全面，常与人格测验和智力测验联合使用。

2．按测验方法分类　可以分为问卷法、作业法、投射法等。

（1）问卷法：所用的是文字材料，均为问答题，一个命题后面有几种回答，让被试者选择，也可由被试者根据自己的状况来表明某种程度。

（2）作业法：非文字形式，测验项目多属于对图画、仪器、模型、工具或实物的辨认和操作，回答只要做简单记号、指点或操作，无须语言文字，不受文化程度的限制，适用于婴幼儿、文盲或有语言障碍者。

（3）投射法：用一些意义不明的图像、一片模糊的墨迹或一句不完整的句子，要求被试者根据自己的理解随意作答，来反映他的内心世界，如罗夏墨迹测验、主题统觉测验等。

3．按测验方式分类　可以分为个别测验和团体测验。

（1）个别测验：指每次测验过程都是以一对一的形式来进行，即一次一个主试者对一个被试者的测验。这是临床上最常用的心理测验形式。

（2）团体测验：指每次测验过程中由一个或者几个主试者对较多的被试者同时进行测验。

考点：心理测验的分类

三、标准化心理测验的条件

心理测验是心理评估最基本的方法，为了使测验结果客观有效，在心理测验实施过程中需具备下列条件。

1．测验工具的标准化　心理测验是一种标准化的测验，是指必须通过标准程序建立测验内容，制订评分标准，确定实施方法，而且必须具备主要的心理测量学指标。其主要技术指标包括：

（1）常模：是指心理测验在某一人群中测验结果的平均值，是可以比较的标准。某个人在某项测验的结果只有与这一标准比较，才能确定测验结果的实际意义。常模的形式有很多种，一般常用的常模形式有均数、标准分、百分位、划界分、比率（或商数）等。

（2）信度：是指测验分数的可靠程度，即指一个测验工具在对同一对象的几次测验中所得结果的一致程度，它反映测验工具的可靠性和稳定性。信度检验结果用信度系数表示，其数值为-1～+1，绝对值越接近1，表明误差越小，测验结果越可靠。

（3）效度：指测验结果的有效性，即指一个测验工具能够测量出其所要测内容的真实程度，它反映测验工具的有效性、正确性。

2．测验情境的标准化　一是指实施心理测验要有良好的环境，应当安静舒适、布置简洁、光照适宜、温度适中、通风性和私密性好，室内陈设不新异、不复杂，避免被试者紧张或好奇，影响测验结果。二是指测验情境需要有统一的指导语、测验内容、测验方法、评分标准、计分方法，才可保证测验结果准确可靠。

3．主试者的要求　具有良好的心理学基础，经过专业知识学习和操作技能训练，掌握测验的实施方法和程序，了解被试者的特点、病情、精神状态等，取得被试者的充分合作。具有良好的心理素质和沟通能力、敏锐的观察力、客观的评价能力，遵守职业准则，工作严肃认真，对被试者热情、耐心，对测验结果保密。

考点：标准化心理测验的条件

4．被试者的要求　被试者测验前应了解测验目的，熟悉测验程序，愿意接受测验，态度认真，情绪轻松稳定，并能理性对待测验内容和结果。

四、常用的心理测验

（一）智力测验

1．智力测验的概念　智力测验是对人的智力水平进行客观评估的一种手段，它是根据有关智力概念和智力理论经标准化过程编制而成。

2．智力商数（IQ）　简称“智商”，是智力测验结果的量化单位，用来衡量个体的智力发展水平。最常见的智商有两种：

（1）比率智商：又称年龄智商，是一个人的智力年龄（MA）和实际年龄（CA）的比值。其计算公式为 $IQ=MA/CA\times100$。智力年龄是指智力所达到的年龄水平，即在智力测验中取得的成绩。如果某人智力年龄与实际年龄相等，他的智商即为100，表示其智力中等。比率智商有一定的局限性，它是建立在智力水平与年龄成正比的基础上，而实际上，人的智力发展到一定年龄后会稳定在一定水平，此后随着年龄增加，智力会有所下降。因此，比率智商适用的实际年龄一般限制在15岁或者16岁。

（2）离差智商：为了解决比率智商存在的问题，美国心理学家大卫·韦克斯勒（David Wechsler）提出了离差智商的概念，用一个人在他同龄组中的相对位置，即通过计算被试者偏离平均值多少个标准差来衡量。每个年龄组IQ均值为100，标准差为15，计算公式为 $IQ=100+15(x-\bar{x})/s$。公式中 x 为被试者所得的原始分数，$\bar{x}$ 为被试者所在年龄组的平均分数，s 为样本成绩的标准差。由上式可以看出，当某被试者的测验得分与其同年龄组的均分相同时，其智商为100。离差智商实际上不是一个商数，当被试者测得的IQ为100时，表示他的智力水平恰好处于平均位置。离差智商弥补了比率智商的不足，可适用于任何年龄阶段，现在大多数的智力测验都采用了离差智商。大量统计资料表明，人的智商是呈正态分布的，即大多数人的智商落在中央部分，处于高低两个极端的人数很少。通常将智商平均值（IQ=100）和其上、下1个标准差（15）的范围定位为“平常智力”。智力等级分布见表8-1。

考点：智力等级分布

表 8-1 智力等级分布表

智商（IQ）	等级	占人群百分比（%）	智商（IQ）	等级	占人群百分比（%）
130 以上	极超常	2.2	80～89	低于平常	16.1
120～129	超常	6.7	70～79	临界	6.7
110～119	高于平常	16.1	69 及以下	智力低下	2.2
90～109	平常	50.0			

3．常用智力测验

（1）斯坦福-比奈智力测验量表（Stanford-Binet intelligence scale）：由斯坦福大学教授、心理学家特尔曼（Terman）对比奈-西蒙智力量表进行多次修订而形成的智力测验量表，它首次提出了比率智商的概念。我国使用的版本为吴天敏的 1986 年修订版，适用于 2～18 岁的城市儿童和少年，内容包括语义解释、理解、计算、推理、比较、记忆及空间知觉等能力，计分方法是按正确通过试题的题数计分，最后在附表中根据受试者的实际年龄即可查到相应智商（IQ）值。

（2）韦克斯勒智力量表（WIS）：由美国心理学家大卫·韦克斯勒编制，是目前世界上使用最广泛的智力评估测验。它包括韦氏成人智力量表（WAIS，适用于 16 岁及以上成人）、韦氏儿童智力量表（WISC，适用于 6～16 岁学龄儿童）和韦氏学龄前及幼儿智力量表（WPPSI，适用于 4～6 岁儿童）3 个量表。1981 年由龚耀先教授主持修订的韦氏成人智力量表中国版（WAIS- RC）分城市和农村两个版本。每个版本包括言语和操作两个分量表，二者合起来称为总量表。共包括 11 个分测验，其中 6 个与言语技能有关的分测验组成言语分量表，测查被试者以言语活动为主的认知能力或智力水平；另外 5 个与非言语技能有关的分测验组成操作分量表，测查被试者以空间知觉和操作为主的智力水平。韦氏量表可以同时提供总智商分数、言语智商分数和操作智商分数及分测验分数，能较好地反映智力的整体和各个侧面。

韦氏量表的计分方法为一个分测验中的各项目得分相加，得到分测验的原始分（粗分），根据手册上相应用表转化成量表分。言语测验和操作测验的各个分测验量表分相加，便可得到言语量表分和操作量表分，再将二者相加，便可得到全量表分。最后，根据相应用表换算成言语智商（VIQ）、操作智商（PIQ）和总智商（FIQ）。

考点： 常用智力测验量表

（二）人格测验

人格测验也称个性测验，是评定人格特征的一类方法。由于各学派的人格理论不同，人格测验的方法与形式也是多种多样的。主要有两类人格测验：一是客观测验，也称自陈量表；二是投射测验。

1．艾森克人格问卷（EPQ） 由英国心理学家艾森克基于人格特质理论编制。EPQ 分成人和儿童两个版本，成人问卷适用于 16 岁及以上的人群，儿童问卷适用于 7～15 岁的儿童。每个版本含 4 个分量表，其中 3 个测量 3 种不同的个性维度，1 个为效度量表。EPQ 见附录 3。

知识链接

人格特质理论

人格特质理论起源于 20 世纪 40 年代的美国。主要代表人物是美国心理学家高尔顿·威拉德·奥尔波特和雷蒙德·卡特尔。特质理论认为，特质是决定个体行为的基本特性，是人格的有效组成元素，也是测评人格所常用的基本单位。

（1）内-外向维度（E 量表）：测查人格的内外倾向性特征，是一个双向特质。高分表示人格外倾，低分表示内倾。外倾者爱交际，朋友多，渴望刺激和冒险，情绪易冲动。内倾者安静、深沉、内省、不愿与人接触，不喜欢刺激，喜欢有秩序的生活方式。

（2）神经质维度（N 量表）：测查情绪的稳定性，是一个双向特质。高分表示情绪不稳定，容易焦虑、紧张，易怒，遇到刺激有强烈的情绪反应。低分表示情绪稳定，性情温柔，善于自制，即使情绪激动时反应也缓慢而弱，而且易于平复。

（3）精神质维度（P 量表）：测验一些与精神病理有关的个性特征，是单向维度。高分者神经质，常表现为孤独、不关心他人、不近人情、缺乏同情心、社会适应能力差、人际关系不好、好攻击、不人道、对人抱有敌意、易产生反社会行为等。

（4）掩饰量表（L 量表）：亦称效度量表，表示掩饰、自我保护程度及纯朴性、社会适应的成熟水平，本身也代表一种稳定的人格倾向。低分者回答问题诚实可信，高分者掩饰自我或说谎。如果 L 分过高，提示测量的可靠性较差。

考点：艾森克人格问卷各维度评分意义及测验结果分析

EPQ 结果采用标准 T 分表示，根据各维度 T 分高低判断个性倾向和特征。将 N 维度和 E 维度组合，进一步分出外向稳定（多血质）、外向不稳定（胆汁质）、内向稳定（黏液质）、内向不稳定（抑郁质）四种气质类型，各型之间还有混合型气质。对测验结果的分析主要是依据标准分来进行的，标准分在 43.3～56.7 分为中间型，在 38.5～43.3 分或 56.7～61.5 分为倾向型，在 38.5 分以下或 61.5 分以上为典型型。一般而言，成人的 L 分随年龄而升高，儿童则随年龄而降低。

2．明尼苏达多相人格调查表（MMPI） 在 20 世纪 40 年代初由 Halthaway 和 Mckingley 制订，1989 年 Butcher 等完成了 MMPI 的修订工作，称 MMPI-2。MMPI 适用于 16 岁以上至少有 6 年以上教育年限者，MMPI-2 提供了成人和青少年常模，可用于 13 岁及以上青少年和成人。明尼苏达多相人格调查表侧重测量病理人格方面，评估疑病、变态人格、精神分裂等特征的严重程度，也可用于正常人的个性评定。MMPI 测验共 14 个分量表，其中 10 个临床量表，4 个效度量表。结果分析时分别统计 14 个量表的原始分。通过分析效度量表，初步判断测试结果是否有效。如果有效，接下来即评定、分析 10 个临床量表的得分，然后通过公式计算或查表将原始分转换成标准 T 分，一般某量表 T 分高于 60（中国常模），便视为可能有该量表反映的精神病理症状，但具体分析时应综合各量表 T 分情况解释。

3．卡特尔 16 种个性因素测验（16PF） 由美国心理学家卡特尔（Cattell）根据其个性特质理论采用因素分析法编制而成，测查 16 种人格因素。卡特尔认为 16 种个性因素在个体内的不同组合，就构成了一个人独特的个性，完整地反映了一个人个性的全貌。使用该问卷测评可以确定和测量正常人的基本人格特征，并进一步评估某些次级人格因素，也是了解心理障碍的个性原因及心理疾病诊断的重要工具，还可用于人才选拔、职业选择和发展咨询。

4．投射测验 观察个体对一些模糊或无结构的材料所作出的反应，通过被试者的想象将其心理活动从内心深处暴露或投射出来的一种测验，用于了解个体人格特征和心理冲突。

（1）罗夏墨迹测验（Rorschach inkblot test）：由瑞士精神科医生罗夏编制，对于诊断人格异常有一定价值。该测验由 10 张结构模糊的墨迹图构成，见图 8-1，按照顺序逐一呈现给被试者，测验者记下其解释和联想，对结果进行分析和评分。该测验虽然临床价值很高，但计分和解释方法复杂，经验性成分多，掌握比较困难，因此应用上受到限制。

（2）主题统觉测验（TAT）：由 30 幅画片和一张白卡片组成，画片都是含义隐晦的情境，见图 8-2，要求被试者对每一张画片，根据自己的想象和体验讲一个内容丰富、生动的故事，据此反映出他们潜在的人格结构和内容。TAT 适用于各种年龄、不同种族的个体，可测出被试者的某些病理特征，但不能作为诊断工具。

图 8-1 罗夏墨迹测验

图 8-2 主题统觉测验

（三）临床评定量表

临床评定量表是用来量化观察中所得印象的一种测量工具，是临床心理评估的常用方法。评定量表种类较多，如症状自评量表、抑郁自评量表、焦虑自评量表、A 型行为量表等。

1．症状自评量表（SCL-90） 主要反映有无各种心理症状及其严重程度。本量表共由 90 个项目组成 10 个因子，主要用于反映有无各种心理症状及其严重程度，SCL-90 因子结构及意义见表 8-2。SCL-90 广泛应用于精神科或心理咨询门诊，作为了解被试者心理卫生问题的一种评定工具，也可评定咨询前后病情演变的疗效，还可用于调查和从不同侧面反映不同职业群体的心理卫生问题。该量表属于文字性的自评量表，需要被试者具有一定的阅读能力、自制力和自知力。

计分时每个项目按“从无”“轻度”“中等”“偏重”“严重”等级以 0～4（或 1～5）级选择评分，由被试者根据自己最近一周的情况和感觉对各项目选择评分，总分为所有项目单项分相加之和。最后，根据总均分、因子分及表现突出的因子来了解患者问题的范围、表现及严重程度，可以根据前后几次测查结果的对比分析来观察病情发展或评估治疗效果。按照中国常模结果，总分超过 70 分（若采用 1～5 级评分则为 160 分），或阳性 43 项以上，或任一因子分超过 2 分，可考虑筛选阳性，需进一步检查。症状自评量表见附录 4。

表 8-2 SCL-90 因子结构及意义

因子	题号	意义
躯体化	1、4、12、27、40、42、48、49、52、53、56、58	反映躯体不适感，包括心血管、呼吸、消化等系统不适和头痛、背痛等
强迫症状	3、9、10、28、38、45、46、51、55、65	反映与强迫观念、行为有关的症状
人际关系敏感	6、21、34、36、37、41、61、69、73	反映人际交往障碍，如自卑、不自在、社交时焦虑不安等
抑郁	5、14、15、20、22、26、29、30、31、32、54、71、79	反映心境不佳、悲观失望、忧郁、对生活无兴趣甚至自杀观念等
焦虑	2、17、23、33、39、57、72、78、80、86	反映那些烦躁、坐立不安、紧张过敏的感受及躯体征象等
敌意	11、24、63、67、74、81	反映敌意的情绪、思想和行为
恐怖	13、25、47、50、70、75、82	反映对空旷场地、高空、人群、社交场合产生恐怖的感觉
偏执	8、18、43、68、76、83	反映投射性思维、猜疑、妄想、被动体验等偏执性思维特征
精神病性	7、16、35、62、77、84、85、87、88、90	反映各种限定不严精神病性急性症状和行为，如幻听、被控制感等精神分裂症症状
其他	19、44、59、60、64、66、89	附加项目，主要反映睡眠和饮食情况

2．抑郁自评量表（SDS） 由 20 个与抑郁症状有关的条目组成，能够全面准确地反映被试

者有无抑郁症状及其严重程度，适用于有抑郁症状的成人，也可用于流行病学调查。20 个条目中有 10 个正向计分题，10 个反向计分题（条目 2、5、6、11、12、14、16、17、18、20），每个问题后有 1～4 四级评分选择：①很少有该项症状。②有时有该项症状。③大部分时间有该项症状。④绝大部分时间有该项症状。由被试者按照量表说明进行自我评定，依次回答每个条目，将所有项目得分相加，即得总分（粗分），通过转换，将粗分乘以 1.25 后，取整数部分即得到标准分。根据中国常模解释，分界值为 53 分，标准分超过 53 分可判定为有抑郁症状，分数越高，症状越严重，53～62 分为轻度抑郁，63～72 分为中度抑郁，72 分以上为重度抑郁。抑郁自评量表见附录 5，SDS 评估标准可参考表 8-3。

表 8-3　SDS 与 SAS 评估参考标准

	程度	标准分（分）		程度	标准分（分）
SDS	正常范围	<53	SAS	正常范围	<50
	轻度抑郁	53～59		轻度焦虑	50～59
	中度抑郁	60～69		中度焦虑	60～69
	重度抑郁	≥70		重度焦虑	≥70

注：SDS，抑郁自评量表，SAS，焦虑自评量表。

3．焦虑自评量表（SAS）　由 20 个与焦虑症状有关的条目组成，用于评定焦虑症状的轻重程度及其在治疗中的变化，适用于焦虑症状的成人，也可用于流行病学调查。20 个条目中有 15 个正向计分题，5 个反向计分题（条目 5、9、13、17、19），每项问题后有 1～4 四级评分选择：①很少有该项症状。②有时有该项症状。③大部分时间有该项症状。④绝大部分时间有该项症状。由被试者按照量表说明进行自我评定，依次回答每个条目，将所有项目得分相加即得总分（粗分），通过转换，将粗分乘以 1.25 后，取整数部分即得标准分。根据中国常模解释，分界值为 50 分，标准分超过 50 分，可判定为有焦虑症状，50～59 分为轻度焦虑，60～69 分为中度焦虑，69 分以上为重度焦虑。焦虑自评量表见附录 6，SAS 评估标准可参考表 8-3。

4．A 型行为量表（TABP）　由 60 个条目组成，该问卷包含 60 个题目，分成 3 部分：①TH，共有 25 个条目，反映时间匆忙感、时间紧迫感和做事快节奏等特征，25 题评分累加即为 TH 分。②CH，共有 25 个条目，反映竞争性、缺乏耐性和敌意情绪等特征，25 题评分累加即为 CH 分。③L，共有 10 个条目，作为测谎题，检测被试者回答量表时是否诚实、认真，10 题评分累加即为 L 分。L 分大于或等于 7 分，反映回答不真实，问卷无效。TH 分和 CH 分相加为行为总分，行为总分高于 36 分时视为具有 A 型行为特征，28～35 分视为中间偏 A 型行为特征，低于 18 分时视为具有 B 型行为特征，19～26 分视为具有中间偏 B 型行为特征，27 分视为具有极端中间型行为特征。A 型行为量表见附录 7。

考点：临床常用心理评定量表的使用

案例 8-2 分析

1．根据该患者近期的表现，可采用焦虑自评量表来评估是否存在焦虑以及焦虑的程度。

2．由该患者按照量表说明进行自我评定，依次回答每个条目，将所有项目得分相加即得总分（粗分），通过转换，将粗分乘以 1.25 后，取整数部分即得标准分。标准分超过 50 分，可判定为有焦虑症状，50～59 分为轻度焦虑，60～69 分为中度焦虑，69 分以上为重度焦虑。

小　结

心理评估是通过观察、访谈及心理测验等手段对个体的心理状态、行为等心理现象做全面、系统、深入客观描述的过程和方法。常用的心理评估方法有观察法、访谈法和心理测验等，每种评估方法各有其优缺点，在临床应用时，可根据患者实际情况综合采用多种评估方法。护士在进行心理评估时，要注意赢得患者认同，保护患者隐私，尊重患者权益。

心理测验是依据心理学理论，在标准情境下，通过观察人的少数有代表性的行为，对贯穿在人的全部行为中的心理特点做出推论和数据化分析的一种科学手段。常用的心理测验有智力测验、人格测验、临床评定量表等，不同的心理测验有各自的适用范围和评定方法，要根据患者的实际情况进行综合运用。

自测题

选择题

A_1 型题

1. SDS 量表评定的时间范围是（ ）

A. 测验当时　B. 过去 1 周
C. 过去 2 周　D. 过去 1 个月
E. 过去 3 个月

2. 艾森克个性问卷中，表示情绪稳定性维度的是（ ）

A. L 量表　B. E 量表
C. N 量表　D. P 量表
E. T 量表

3. 以下测验量表中，属于智力测验的是（ ）

A. SAS　B. 16PF
C. SDS　D. WAIS
E. SCL-90

4. 抑郁自评量表（SDS）的分界值为（ ）

A. 50 分　B. 53 分
C. 59 分　D. 62 分
E. 63 分

5. 焦虑自评量表（SAS）的分界值为（ ）

A. 50 分　B. 53 分
C. 59 分　D. 62 分
E. 63 分

6. 在标准化心理测验中，一个测验工具能够测量出其所要测内容真实程度的是（ ）

A. 效度　B. 精确度
C. 信度　D. 灵敏度
E. 标准度

7. 评估者通过与评估对象有目的的交谈来收集资料的方法是（ ）

A. 实验法　B. 测验法
C. 观察法　D. 调查法
E. 访谈法

A_2 型题

8. 患者的人格特征表现为爱交际，朋友多，渴望刺激和冒险，情绪易冲动，做事欠踏实。若护士为他进行了艾森克人格问卷测量，你认为其结果可能是（ ）

A. P 分高　B. L 分低
C. E 分高　D. N 分低
E. H 分高

9. 患者，男，失业后心理压力大，自感无颜面对妻儿，常常失眠，食欲减退，使用 SAS 所得标准分为 65 分，该患者属于（ ）

A. 无焦虑　B. 临界状态
C. 轻度焦虑　D. 中度焦虑
E. 重度焦虑

10. 患者，女，大一学生，独生女，上大学前日常生活全由母亲照顾，进入大学后，不习惯集体住宿生活，不爱和同宿舍人交流，不喜欢参加班级活动，自觉难以融入集体，可以使用以下哪个量表测验该患者的人格特征（ ）

A. MMPI　B. SCL-90
C. SDS　D. WAIS-RC
E. SAS

（邢　爽）

第9章 心理治疗与心理咨询

·引 言·

现代社会分工精细，造成人心理功能的片面使用和发展；同时家庭结构和功能的变化，使家庭不稳定的趋势更加突出；人口密度的增加，更是造成了人际竞争甚至人际冲突。在这种压力下，难免会出现一些心理问题。如果处理不当，可能会发展成为心理障碍，这就需要心理咨询或者心理治疗。

第1节 心理治疗概述

一、心理治疗的概念

考点：心理治疗的概念

心理治疗是运用心理学的理论和技术，通过语言、表情、举止行为并结合其他特殊的手段来改变患者不正确的认知活动、情绪障碍和异常行为的一类治疗方法。其目的在于，通过建立良好的医（护）患关系，消除或缓解患者的心理问题与障碍，促进其人格的成熟和发展。

二、心理治疗的发展简史

心理治疗起源于欧洲，从精神病学中发展出来。一般认为，现代心理治疗的真正创始人是弗洛伊德。1895 年弗洛伊德和布洛伊尔合作出版了《歇斯底里研究》一书，这一事件通常被看作精神分析的心理治疗的开端。精神分析治疗是人类历史上第一个正式的心理治疗体系。精神分析从产生到 20 世纪 50 年代前，在心理治疗领域一直处于一家独尊的地位。20 世纪 30～40 年代，在美国土地上出现了一支后来被称为新精神分析的力量。约从 20 世纪 40 年代起，一些新的真正不同于精神分析的心理治疗体系开始出现。起先是罗杰斯在相对独立的情况下，发展出一种“非指导的心理治疗”。接着在 20 世纪 50～60 年代，心理治疗的创新进入一个短暂的暴发时期。20 世纪 70 年代以后，新体系的创造趋缓，此期间比较重要的是家庭疗法的发展。

三、心理治疗的适用范围

1. 综合性医院各科患者　包括急性疾病患者、慢性疾病患者、心理疾病患者等。

2. 精神科及相关的患者　是心理治疗应用较广泛的领域，包括各种神经症性障碍（精神衰弱、焦虑症、强迫症、恐怖症、癔症、疑病症等），以及其他精神疾病（恢复期精神分裂症患者、抑郁症患者）。

3. 各类行为问题　性行为障碍、人格障碍、过食与肥胖、烟瘾、酒瘾、口吃、遗尿、儿童行为障碍等问题的矫正。

考点：心理治疗的适用范围

4. 社会适应不良　正常人在生活中遇到难以应对的心理社会压力时，可能导致适应困难，出现抑郁、焦虑等心理行为问题的躯体症状，可采用支持疗法、放松训练、认知改变或危机干预技术给予求助者帮助。

四、心理治疗的基本原则

（一）良好的医患关系原则

良好和谐的医患关系在心理治疗中起至关重要的作用，心理治疗的成功与否，在很大程度上与心理治疗师是否能和治疗对象建立和谐关系有关。

（二）保密原则

为保证材料的真实，保证患者得到正确及时的指导，同时也为了维护心理治疗的声誉和权威性，必须在心理治疗中坚持保密的原则，不得将患者的信息公开。

（三）计划原则

计划治疗程序包括手段、时间、作业、疗程和目标等，预测治疗过程中可能会出现各种变化，在治疗过程中应记录各种变化形成完整资料，以利回顾。

（四）针对性原则

找出患者存在的具体问题，根据问题的性质、程度以及治疗师本人的熟练程度和设备条件等，有针对性地选择一种或几种治疗方法。

（五）综合原则

人受生物、心理、社会共同的影响，所以治疗师在决定采用一种方法治疗时，也应同时考虑利用其他手段和方法。

（六）灵活原则

患者心理受多种内外因素的影响，不同患者之间心理活动存在很大差异，同一患者在不同阶段的心理变化规律也难以预测，同时治疗师也要注意文化传统、风俗习惯、文化程度、经济地位等不同情况对治疗的影响，因此事先制订的方案也要根据新的需要灵活变更。

五、心理治疗的形式

（一）个别心理治疗

这是治疗师与求助者进行个别谈话所做的心理治疗。治疗师与求助者交谈的目的在于使治疗师了解疾病发生的过程与特点，帮助求助者掌握自己疾病的情况，对疾病有正确的认识，消除紧张不安的情绪，接受治疗师提出的治疗措施，并与治疗师合作，与疾病作斗争。

（二）集体心理治疗

这是治疗师把有同类问题的求助者组织起来进行的心理治疗。集体心理治疗的主要方法是讲课、活动与讨论。治疗师根据求助者中普遍存在的心理因素及观点，深入浅出地对求助者讲解有关的症状表现、病因、治疗和预后等。使求助者了解问题发生发展的规律，消除顾虑，建立信心。或组织求助者进行活动，之后大家分组讨论。求助者联系自身实际情况进行活动，讨论时要力求生动活泼，鼓舞求助者进行分析和自我分析。治疗师可邀请治疗效果较好的求助者作治疗经验的介绍，通过现身说法，起到示范作用。

（三）家庭心理治疗

治疗师根据求助者与家庭成员之间的关系，采取家庭会谈的方式，建立良好的家庭心理气氛与家庭成员之间的心理相容，家庭成员共同努力使得求助者适应家庭生活。

考点：心理治疗的形式

第 2 节　常用的心理治疗方法

案例 9-1

患者，女，45 岁，教师。性格孤僻，胆小，敏感，因一次乘电梯被困，感觉恐惧，继而看到电梯就会面色苍白、心悸气急、情绪不能自控。体检未见明显异常。

问题：该患者应采用哪种心理治疗方法？应该如何进行？

一、一般性心理治疗

一般性心理治疗又称支持疗法、支持性心理治疗，最早由 Thome 于 1950 年提出。这是目前国内精神科最普遍采用的一类心理治疗方法。采用普通常识性心理学知识和原理，其方法与日常生活中的谈心和说理等十分相似。

一般方法：治疗师鼓励患者说出自己的问题，听取诉述，然后提出建议，指导或劝告，帮助患者渡过难关或克服危机。最常用的方法为倾听、指导、劝解、鼓励、安慰疏导及保证等。

二、行为疗法

行为疗法也称行为矫正疗法，指通过学习消除已有的病理性条件反射，建立新的健康行为条件反射的过程。它的理论依据是行为主义理论。常见的疗法有以下几种。

1．放松疗法　又称放松训练，是一种通过训练有意识地控制自身的心身活动、降低兴奋水平、改善机体功能紊乱的心理治疗方法。它常与系统脱敏疗法结合使用，也可单独使用。适用范围是与抗焦虑的系统脱敏法结合，治疗各种焦虑症、恐怖症，且对各系统的心身疾病都有较好的疗效。无禁忌，老少皆宜，已被广为应用。

2．系统脱敏疗法　在 20 世纪 50 年代由沃尔普（Wolpe）创立，他根据一系列实验结果并借鉴前人的研究结论，提出交互抑制理论。本疗法主要用于恐怖症和强迫症的治疗，也适用于对某些事物过于敏感紧张、性功能障碍及口吃矫正者。

方法与步骤：

（1）学习放松技巧：让患者靠在沙发上，全身各部位处在舒适状态，想象自己处在轻松的环境中，达到一种安静平和的状态。然后，治疗者用轻柔、愉快的声调引导患者依次练习放松前臂、头面部、颈部、肩部、背部、胸部、腹部及下肢。每日 1 次，每次 20～30 分钟，一般 6～8 次即可学会放松。要求患者反复练习，直至能在生活中运用自如。

（2）建构焦虑等级：要求患者将引起焦虑的事件或情境按从大到小的顺序排列，给每个事件定一个焦虑分数，最小焦虑是 0，最大焦虑是 100。这样构成一个焦虑等级表，0 代表完全放松，100 代表高度焦虑。理想的焦虑等级建构应是各等级之间极差均匀，是一个循序渐进的系统层次。系统脱敏治疗成功的关键在于，每一级刺激引起的焦虑，应小到能被全身松弛所拮抗的程度。

（3）系统脱敏：待患者基本掌握放松技巧后，就可以按焦虑等级表由小到大逐级脱敏。首先让患者想象焦虑层次中的第一个情境，并同时做出松弛反应。待患者平静后开始想象第二个情境，并同时放松全身……直到最后一个情境出现时患者仍能放松为止。每次放松后都要询问患者焦虑分数，如果超过 25 分，就需要继续放松，反复次数不限，直到患者如此想象时不再感到焦虑为止，此时算一级脱敏。

3．冲击疗法　又称“满灌疗法”，是暴露疗法的一种。让患者迅速暴露在现实的或想象的唤起强烈焦虑的刺激情境中并持续一段时间，以消除其心理障碍的一种行为治疗方法。冲击疗法对一些过度恐惧，如飞行、坐火车、乘电梯等恐惧，以及对特定动物的恐惧性反应疗效很好。本疗法常用于治疗一些与焦虑有关的障碍、强迫性障碍、创伤后应激障碍及广场恐惧等。

知识链接　　**冲击疗法案例**

一位年轻妇女，不敢驾驶和乘坐汽车，尤其恐惧汽车通过隧道和桥梁。心理医生克拉夫茨（Crafts）将她强行安置在汽车后座上，驱车从她家一直驶到自己的诊所，沿途桥梁接二连三，还穿越了一条长长的隧道。途中该妇女极度惊恐，不断呕吐、战栗、叫喊。行驶 80km 后，以上反应减弱。返回途中，她几乎没有上述各种反应。她驾驶和乘坐汽车的恐惧消失了。

20 世纪 60 年代初，行为治疗家们将这种治疗方法命名为冲击疗法。

方法与步骤：

（1）体检：无重大躯体和精神疾病，身体健康。确定刺激物，选择患者最害怕、最忌讳的事物。

（2）签订治疗协议：详细介绍治疗原理、过程、痛苦、疗效等。经患者同意签订协议，包含以下内容：①患者自愿。②治疗者可强制执行。③治疗者负责。④治疗可随时终止。

（3）确定场地和刺激物：选择患者最恐惧的场所或刺激物，使其身临其境并无处可逃。为了防止意外，应准备地西泮、普萘洛尔、肾上腺素等应急药品。

（4）实施治疗：要求患者直接进入引起焦虑的情境，大多数人可能出现气促、心悸、出汗等生理反应，除非情况严重，治疗应继续进行。如果患者提出终止治疗，甚至因激动、愤怒而出言不逊，治疗者要保持冷静、酌情处理。一般实施 2～4 次，每日 1 次或隔日 1 次，每次 30～60 分钟。

4. 厌恶疗法　是通过附加某种刺激，使患者在进行不适行为的同时，产生令人厌恶的心理或生理反应。如此反复实施，使不适行为与厌恶反应之间建立条件联系。以后尽管取消了附加刺激，只要患者进行这种不适行为，厌恶体验依旧产生，为了避免厌恶体验，患者不得不终止或放弃原有的不适行为。厌恶疗法对各种成瘾行为（药物依赖、酒精依赖、烟草依赖等）、肥胖症、强迫症、性心理障碍等疗效较好，也可用于消除咬指甲、习惯性小动作等单个不良行为。

方法与步骤：

（1）确定靶症状：首先确定打算弃除的是什么行为。患者可能不止一种不良行为或习惯，但是只能选择一个最主要的或是患者迫切要求弃除的不良行为作为靶症状。

（2）选用厌恶刺激：不适行为常给患者带来某种满足或快意（如饮酒后的惬意等），这种快意不断强化这些不适行为。厌恶刺激必须有一定强度，使其产生的不快远远压倒原有的快感，才可能取而代之，从而削弱或消除不良行为。常用的厌恶刺激：①电刺激；②药物刺激（如阿扑吗啡、琥珀胆碱等）；③物理刺激（如橡皮筋、戒烟机等）；④想象刺激（用语言提示使患者进入想象，将不适行为和厌恶反应联系起来）。厌恶疗法的优点是安全，不会伤害患者，且随时随地可以进行。

（3）把握时机施加厌恶刺激。

5. 生物反馈疗法　也称内脏疗法，即用现代仪器监测系统，以声、光、指针、数据等信号将生物体内的生理变化和内脏活动情况，如血压、体温、心跳、胃肠蠕动及生物电变化，及时提供或反馈给患者，根据这些信息自我调节和控制机体功能，使之达到理想的水平。这种方法在临床上常用于治疗紧张性头痛、焦虑症、失眠、高血压、心律失常及脑卒中瘫痪等心身疾病。

三、精神分析疗法

精神分析疗法又称心理分析疗法，是 19 世纪末由奥地利精神病学家弗洛伊德创立的。精神分析学说强调，无意识中幼年时期的心理冲突，在一定条件下（精神刺激、环境变化等）可转化为各种神经症症状和心身症状。因此，治疗者在帮助患者将压抑在潜意识中的各种心理冲突带入意识中，转变为个体可以认知的内容进行再认识时，可以使患者重新认识自我，消除症状，改变原有行为模式，达到治疗的目的。该疗法的目的不是单纯消除症状，而是注重人格重建、思维模式和态度的转变，以及解决早年的心理冲突、消除心理冲突的影响，启发患者的自我意识。通过分析，达到认知领悟，促进人格成熟。精神分析疗法主要用于各种神经症、某些人格障碍、心境障碍（又称情感障碍）及心身疾病的部分症状。

主要技术：

（1）自由联想：治疗开始时，患者躺在沙发上，治疗者鼓励患者毫无保留地说出他想到的一切，甚至是一些荒谬或奇怪的想法，使患者绕过平时的防御机制，进入无意识世界，将其中的心理冲突带入意识领域，使患者对此有所领悟，从而建立健康的心理。该技术几乎贯穿整个治疗过程。

（2）释梦：弗洛伊德认为梦的内容与被压制在潜意识中的内容存在某种联系。治疗者要对梦境做出特殊解释，要求患者对梦的内容进行自由联想，来解释梦的真正含义。

（3）阻抗：是患者谈到某些关键问题时表现出的自由联想困难。当阻抗出现时，往往是自由联想的内容已触及或即将触及其心理症结所在。如果所有阻抗都逐一解除了，患者实际上已经重新认识了自己，分析治疗接近成功。

（4）移情：求助者把心理治疗师作为情绪反应对象，把自己内心冲突的情感转移或发泄到心理治疗师身上，这种现象称作移情。

四、人本主义疗法

以人为中心疗法是人本主义心理治疗的主要流派之一，20 世纪 50 年代由罗杰斯提出。该理论相信个体中蕴藏着实现倾向的巨大推动力和个体积极成长的力量，以及人有引导、调整和控制自己的能力。因此，该疗法的治疗过程就是让求助者处于治疗的中心地位，依靠调动其自身潜力来治愈疾病。治疗者的任务不是教育、指导或训练，而是创造一种环境和心理氛围，以人为中心疗法主要适用于正常人群的普通心理咨询，如大学生心理咨询。

具体要点：

1．无条件积极尊重和接纳　治疗者应不带任何附加条件地按本来的样子接受求助者，避免任何评价，只把求助者当作一个“人”，始终关注和理解他，使他渐渐学会以同样的态度对待自己，减少否认、歪曲的经验，更趋向于认同和体验自己的即时情感和经验。

2．共情　站在求助者角度考虑问题，按他看待世界的方式来理解他，用积极倾听、情绪反应和内容反应来表达对求助者的理解。目的是使求助者感到自己被接纳和理解，促进其自我表达和自我探索。

3．真诚、和谐　治疗者以“真正的自我”出现，不加伪装，而是表里如一，真诚自然地以真正的自我出现在求助者的面前，并能让对方感受到。这样，治疗者内心所体验的、现在所意识到的及对求助者所表达的三者间达到了紧密的匹配与和谐。

五、认 知 疗 法

认知是情感和行为的中介，个体的想法决定了他的内心体验和情感反应。外在的生活事件是客观的，个人对事件的评价、解释不同导致对待事件的态度和反应不同，因此要改变个体的情感、行为障碍，首先要改变个体拥有的不良认知或思维方式。认知疗法中最常用的是合理情绪疗法。

合理情绪疗法是 Ellis 在 20 世纪 50 年代末提出的，其核心是 ABC 理论。A 是指诱发事件，B 是指个体在遇到诱发事件后产生的相应信念，C 是指继事件后的个体情绪反应和行为后果。ABC 理论认为 A 只是 C 的间接原因，B 才是 C 的直接原因。采用诘辩 D（disputing）去检测、修正 B 因素，最后得出效应 E（effect），即治疗效果。医护人员要帮助患者认识自己存在的不合理的非理性信念及其与不良情绪之间的关系，指导患者放弃或改变那些不合理信念，帮助患者重建对诱发事件的理性信念，取代非理性信念，以达到消除不良情绪及行为的目的。

六、催眠暗示疗法

暗示疗法是指利用语言或非语言的手段，引导求助者顺从、被动地接受医生的意见，从而达到某种治疗目的的一种心理治疗方法。其通过言语或非言语手段暗示求助者不加主观意志地接受一种观点、信息或态度，以消除某种症状或加强某种治疗效果的心理治疗方法之一。

催眠暗示疗法是指用催眠的方法使求助者的意识范围变得极其狭窄，借助暗示性语言，以消除心理和躯体障碍的一种心理治疗方法。通过催眠方法，将人诱导进入一种特殊的意识状态，将医生的言语或动作整合入患者的思维和情感，从而产生治疗效果。催眠暗示疗法主要适应神经症和某些心身疾病。

七、森 田 疗 法

“森田疗法”又叫禅疗法、根治的自然疗法，由日本东京慈惠会医科大学森田正马教授（1874—1938 年）创立，取名为神经症的“特殊疗法”。1938 年，森田正马教授病逝后，他的弟子将其命名为“森田疗法”。

“森田疗法”的精髓是顺其自然。它的基本观点是：个体会意识到理想自我与现实自我之间存在差距，如果个体不能接受现实自我，就会产生内心冲突，而持续的心理冲突会导致情绪困扰或躯体变化，个体会注意到这些变化，并集中在这些感觉上，感觉从而处于过敏状态，而感觉的敏锐性又会使注意越发集中，这种恶性循环使得个体处于持续的内心痛苦之中，正常生活行为就会出现障碍。而人本身存在一定的自然规律，个体要认识到这些规律是客观存在的，应当遵循规律来调节自己的行为和认识。情绪困扰是心理冲突的外在表现，是正常的，个体应把它们看作是自身正常的组成部分，接纳症状，忘记症状，带着症状投入生活，做自己应该做的事，多做少想，情绪就会变得平静，注意力会转移，从而打破了精神交互作用的恶性循环，症状得到缓解。

考点：常用的心理治疗方法

案例 9-1 分析

该患者应采用冲击疗法，并经认真协商达成实施冲击疗法的协议。

在准备好的电梯里进行。患者走进电梯内，呼吸加深加快，全身战栗，手足无措，患者想反身退出，但电梯门关闭，无路可逃。患者大汗淋漓，呼吸急促，喘息不止。40 分钟后，患者的颤抖慢慢减轻，呼吸逐渐平稳，虽然一脸疲惫，但患者如释重负，恐怖症状明显减轻。

第 3 节　心 理 咨 询

案例 9-2　面临“整容”危机的李女士

李女士感觉自己的鼻子不够挺拔，于是在一家医学整形医院先后进行了 3 次整形手术，共花费 3 万元。谁知，过了一段时间后，发现鼻梁歪斜，两只鼻孔大小不一，并有持续恶化的倾向。照镜子时总是左看右看，工作时也不能集中精力，心情越来越糟糕，更令她心烦的是，她不知道是否应继续进行“修补”，陷入“整容”心理危机。

问题：李女士应该何去何从？是否需要进行心理咨询？

一、概 述

（一）心理咨询的概念

迄今世界上心理咨询的发展已有近百年的历史，建立在科学理论基础上的心理咨询是从 20 世纪 50 年代开始迅速发展的，但其起源可追溯到 19 世纪末 20 世纪初。

考点：心理咨询的概念

心理咨询是指运用心理学的方法，为心理适应方面出现问题并祈求解决问题的求助者提供心理援助的过程。需要解决问题并前来寻求帮助者称为求助者或者咨客，提供帮助的咨询专家称为咨询师。

（二）心理咨询师应具备的条件

心理咨询工作是一项特殊的助人工作，因此从事心理咨询工作的人员应具备专业条件的要求。

1．知识渊博　咨询师必须具备多方面的知识才能帮助求助者找出心理冲突的根源，解除心理障碍。

（1）临床医学知识。

（2）心理学、医学心理学、社会学等学科知识。

（3）良好的心理素质。

（4）性格外向而理智，情绪稳定，善于与人交流。

2．有较高的心理健康水平。

3．乐观自信，语言表达简明清晰。

4．高尚的职业道德。

二、心理咨询的范围和形式

（一）心理咨询的范围

心理咨询的范围较广，主要有发展心理咨询、社会心理咨询和医学心理咨询。

（二）心理咨询的形式

按照不同的划分标准，心理咨询可分为不同的形式。

1．按照咨询途径来划分　有门诊咨询、电话咨询、互联网咨询、专栏咨询和现场咨询等。

2．按照咨询的对象数量来划分　有个别咨询、团体咨询等。

三、心理咨询的原则

在心理咨询过程中，为了有效地帮助求助者排忧解难，必须遵循一定的原则，即心理咨询师在工作中必须遵守的基本要求。这些具有概括性、指导性的原则是心理咨询工作顺利开展的前提，主要有：

（一）保密性原则

咨询师应保守求助者谈话内容和内心秘密，妥善保管求助者来往信件、测试资料等，不得向外部任何人公开。如因工作等特殊需要不得不引用咨询事例时，也需对材料进行适当处理。

（二）时间限定的原则

心理咨询必须遵守一定的时间限制，时间一般规定为每次 60～90 分钟，原则上不能随意延长咨询时间或间隔。

（三）自愿的原则

到心理咨询室求助者，必须出于完全自愿，这是确立咨询双方关系的先决条件。简而言之，就是要做到“来者不拒，去者不追”。

（四）感情限定的原则

咨询师与求助者关系的确立和咨询工作的顺利开展的关键，是咨询师和求助者心理的沟通和接近。但这也是有限度的，在咨询过程中，咨询师和求助者除咨询关系外不能产生其他情感关系，使咨询师可以客观公正地判断事物。

（五）助人自助原则

咨询师的咨询不是为求助者出主意、想办法，而是帮助求助者自己想清楚问题的所在，从而找出解决问题的方法。可见，“助人”指通过心理咨询帮助求助者增强自己帮助自己的能力，给他“渔”而不是“鱼”。

（六）重大决定延期的原则

心理咨询期间，由于求助者情绪过于不稳和动摇，原则上应规劝其不要轻易做出诸如退休、调换工作、退学、离婚等重大决定。

四、心理咨询的技巧

所谓技巧，就是基本方法的灵巧运用。心理咨询工作的成败，与咨询师在工作过程中是否能灵巧地运用心理咨询的基本技巧紧密相关。根据国内外心理咨询工作的实践经验总结，心理咨询的基本技巧包括参与技巧、影响技巧及非言语交流的技巧。

（一）参与技巧

1. 倾听　是关注的关键，心理咨询条件下的倾听不同于一般社交谈话中的倾听，它要求心理咨询师认真地听、积极地听，并认同其内心体验，接受其思维方式。

2. 封闭式提问　是指咨询师事先对求助者的情况有一个固定的假设，而期望得到的回答，只是验证假设的是与否。其作用是获得特定的信息，澄清事实，缩小讨论问题的范围。

3. 开放式提问　是指咨询师让求助者从自己的参考框架出发，自主地确定回答问题的方向和内容，用自己的话表达内心所想的问题，给求助者回答问题留有充分的自由度，通常不能用一两个字就能回答问题。

4. 鼓励　是指了解自己的适应问题、心理困扰或疾病性质后，对消极悲观、缺乏自信的求助者，应得到咨询师的关注、理解和鼓励。其作用是使求助者能振作精神，鼓起勇气，增强应对危机的信心。

5. 释义　亦即说明，指把求助者的主要言谈、思想加以综合整理，再反馈给求助者。

6. 情感反应　咨询师把求助者在交谈中所叙述的情感内容、各种体验、感受表达出来，如咨询师对求助者说：“听了你的话我感觉很难过。”

7. 概括　是指咨询师将求助者言语和非言语行为进行分析综合，归纳整理，将其情感、事实观点系统地整理一遍。其作用是使求助者有机会把自己叙述的信息再次回顾整合一下，使其有一个重新审视自己的机会，更好地认识自己。

（二）影响技巧

1. 解释　是指咨询师运用有关的心理学理论来说明求助者思想、情感和行为产生的原因、发展过程、实质、影响因素等，促使其从一个新的角度加深对自身问题的认识和理解，产生领悟，进而做出积极的改变。

2. 指导　是指咨询师直接告诉求助者去说某话、做某事、如何做、鼓励他去做。

3. 自我暴露　是咨询师把自己的情感、思想、经验等方面的信息告诉求助者。

4. 反馈 是指求助者所发出的信息传递给咨询师后，咨询师通过某种方式把信息传回给求助者，使求助者的本意得以扩展、澄清或改变。

（三）非言语交流的技巧

非言语交流的途径包括目光接触、面部表情、身体姿势、肢体运动、皮肤接触及声调等。

咨询师要学会更多的非言语交流信息的技巧，有助于帮助了解求助者的内心活动，也便于咨询师用健康的心理感染求助者，促进咨询活动的顺利发展，以达到咨询的目的。

五、心理咨询的程序

（一）初始阶段

首先是收集求助者资料，了解情况，包括：①求助者的一般情况，如姓名、性别、年龄、民族、文化水平、职业、生活经历等。②求助者所面临的主要问题，如学习焦虑、人际关系失调、精神方面等。③求助者心理问题的背景资料，即与主要问题相关的资料。

其次是建立咨询关系。良好的咨询关系是心理咨询的基础，它受咨询师和求助者双方的影响。对求助者而言，其咨询动机、合作态度、期望程度、自我觉察水平、行为方式及对咨询师的反应，都会在一定程度上影响咨询关系。对咨询师而言，其咨询态度对咨询关系的建立和发展具有更为重要的作用。咨询师对求助者采取尊敬、真诚和赋予同感的态度，是影响咨询进程和效果的关键。

（二）分析与认知问题阶段

通过对所掌握的材料进行分析、比较和讨论，找出主要问题，然后制订咨询的目标、计划和策略，这是心理咨询的深入阶段。常采用的方法有询问、提问，让求助者自我解释，咨询师提醒可能被忽略的细节帮助求助者进一步了解自己，发现自己的问题，弄清问题的实质。

（三）行动转变阶段

这是咨询过程中最重要的阶段。求助者在这一阶段开始自我的转变。咨询师在一般情况下不要直接、具体告诉求助者应该如何做，而是提出建议，初步设想可能解决的办法，以及对这些办法可能引起的结果进行评价，让求助者通过对比，自己去体会其可行性，并选择其中最适合解决自己问题的方法。或启发求助者自己运用在咨询过程中得到的领悟，制订解决目前主要问题的方案并采取行动。

（四）结束与巩固阶段

考点：心理咨询的程序

咨询师应对整个咨询过程、咨询目标、存在问题、主要症结、处理建议和咨询的效果作简洁明确的小结，可使求助者更清楚地认识问题、获得领悟启示，以后依靠自己的力量塑造自己。咨询师理清思路，总结经验，巩固咨询效果。

案例 9-2 分析

李女士应该进行心理咨询。心理咨询师运用心理学的方法，对心理适应方面出现问题并祈求解决问题的李女士提供心理援助。收集李女士的资料，分析问题，帮助李女士行动转变，树立自信心，以后依靠自己的力量塑造自己。

小 结

心理治疗是运用心理学的理论和技术，通过语言、表情、举止行为并结合其他特殊的手段来改变患者不正确的认知活动、情绪障碍和异常行为的一类治疗方法。心理咨询是指运用心理学的方法，对心理适应方面出现问题并祈求解决问题的求助者提供心理援助的过程。心理咨询和心理治疗既有区别又有联系，其相似之处表现在理论依据、根本目标以及在服务对象的重叠上，而差别则在于服务对象、工作场所等方面的不同。

自测题

选择题

A_1 型题

1. 在心理咨询中起关键作用的是（　　）

A. 咨询师的方法和技术

B. 咨询师的成长和自立

C. 良好的咨访关系

D. 求助者的文化程度

E. 求助者的生活环境

2. 一位中年妇女因车祸丧偶，她来到心理门诊，情绪极度悲伤，大声痛哭，女咨询师递给她一张纸巾，握住她的手给其安慰。这位咨询师运用的心理咨询技术是（　　）

A. 参与技巧　　B. 非语言技巧

C. 指导技巧　　D. 影响技术

E. 倾听技巧

3. 关于咨询效果评估的时间点，下列说法正确的是（　　）

A. 可以在咨询的任何时间进行效果评估

B. 必须在咨询快结束时才能进行效果评估

C. 可以在咨询过程中不断地进行效果评估

D. 可以在咨询快结束时进行更全面的效果评估

E. 可以在咨询开始时进行更全面的效果评估

4. 开展心理咨询的前提条件是良好的（　　）

A. 咨询关系　　B. 合作态度

C. 资讯技术　　D. 行为方式

E. 工作方式

5. 现实冲击疗法最主要的特点是（　　）

A. 让求助者置身于想象环境之中

B. 让求助者暴露在实际的恐惧刺激中

C. 允许求助者用不适应的行为应对

D. 求助者可以采取缓解焦虑的行为

E. 这种疗法常给患者带来某种满足或快意

6. 厌恶疗法对靶症状的要求是（　　）

A. 复杂且具体　　B. 单一且具体

C. 多样且同类　　D. 多样且具体

E. 复杂且同类

7. 面质技术的含义是（　　）

A. 咨询师当面质问求助者

B. 求助者质疑咨询师

C. 咨询双方当面对质

D. 咨询师当面质疑求助者

E. 咨询师指出求助者身上存在的矛盾

8. 合理情绪疗法的核心点是（　　）

A. 改变诱发事件

B. 改变不合理的想法

C. 改变个体的情绪

D. 改变个体的行为

E. 改变个体所处环境

A_2 型题

9. 咨询师："你能具体谈一谈自己的问题吗？"求助者："我这半年晚上经常失眠，白天又感觉全身没劲，头痛，饭量也越来越小，有时一天不吃饭都感觉不到饿。"咨询师的提问方式属于（　　）

A. 间接询问　　B. 直接询问

C. 开放式提问　　D. 半封闭式提问

E. 封闭式提问

（于超然）

实 训 指 导

实训1 情商测试

【实训目的】

1．了解自己的情商水平。

2．在生活中有意识、有针对性地提升自己的情商。

【实训学时】

1学时。

【实训材料】

情商测试问卷。

【实训方法】

使用情商测试问卷对学生进行集体问卷调查。学生在教师指导下，进行答卷、计算和结果分析。

1．答卷　情商测试问卷见附录1。

2．计算　请按照计分标准，先算出各部分得分，最后将几部分得分相加，得到的分值即为最终得分。

<table>
<tr><td colspan="11">第1～9题，每回答一个A得6分，回答一个B得3分，回答一个C得0分。</td></tr>
<tr><td>1</td><td>2</td><td>3</td><td>4</td><td>5</td><td>6</td><td>7</td><td>8</td><td>9</td><td rowspan="2">总分</td><td rowspan="2"></td></tr>
<tr><td></td><td></td><td></td><td></td><td></td><td></td><td></td><td></td><td></td></tr>
<tr><td colspan="11">第10～16题，每回答一个A得5分，回答一个B得2分，回答一个C得0分。</td></tr>
<tr><td>10</td><td>11</td><td>12</td><td>13</td><td>14</td><td>15</td><td>16</td><td rowspan="2">总分</td><td rowspan="2" colspan="3"></td></tr>
<tr><td></td><td></td><td></td><td></td><td></td><td></td><td></td></tr>
<tr><td colspan="11">第17～25题，每回答一个A得5分，回答一个B得2分，回答一个C得0分。</td></tr>
<tr><td>17</td><td>18</td><td>19</td><td>20</td><td>21</td><td>22</td><td>23</td><td>24</td><td>25</td><td rowspan="2">总分</td><td rowspan="2"></td></tr>
<tr><td></td><td></td><td></td><td></td><td></td><td></td><td></td><td></td><td></td></tr>
<tr><td colspan="11">第26～29题，每回答一个“是”得0分，回答一个“否”得5分。</td></tr>
<tr><td>26</td><td>27</td><td>28</td><td>29</td><td rowspan="2">总分</td><td rowspan="2" colspan="6"></td></tr>
<tr><td></td><td></td><td></td><td></td></tr>
<tr><td colspan="11">第30～33题，从左至右分数分别为1分、2分、3分、4分、5分。</td></tr>
<tr><td>30</td><td>31</td><td>32</td><td>33</td><td rowspan="2">总分</td><td rowspan="2" colspan="6"></td></tr>
<tr><td></td><td></td><td></td><td></td></tr>
<tr><td colspan="11">最终得分</td></tr>
</table>

3．结果分析

高情商：如果最终得分在150分以上，说明是个EQ高手。

尊重所有人的人权和人格尊严。不将自己的价值观强加于他人。对自己有清醒的认识，能承受压力。自信而不自满。人际关系良好，和朋友或同事能友好相处。善于处理生活中遇到的各方面的问题。认真对待每一件事情。

较高情商：如果最终得分在 130～149 分，说明 EQ 较高。

负责任的“好”公民。自尊。有独立人格，但在一些情况下易受别人焦虑情绪的感染。比较自信而不自满。有较好的人际关系。能应对大多数的问题，不会有太大的心理压力。

较低情商：如果最终得分在 90～129 分，说明 EQ 一般。

易受他人影响，目标不明确。比低情商者善于原谅，能控制大脑。能应付较轻的焦虑情绪。把自尊建立在他人认同的基础上。缺乏坚定的自我意识。人际关系较差。

低情商：如果最终得分在 90 分以下，说明 EQ 较低。

自我意识差。无确定的目标，也不打算付诸实践。严重依赖他人。处理人际关系能力差。应对焦虑能力差。生活无序。无责任感，爱抱怨。

4. 注意事项　情商水平不是天生的，是可以在后天环境中逐步培养提高的。

【实训作业】

针对自己的情商结果分析，找出自己的优势和不足，并提出具体的改进不足的措施。

（周生彬）

实训 2　气质类型问卷调查分析

【实训目的】

1. 了解气质类型问卷调查表。
2. 测出自己的气质类型。
3. 能够在工作和生活中运用问卷进行气质类型的调查分析。

【实训学时】

1 学时。

【实训材料】

气质类型问卷调查表。

【实训方法】

使用气质类型问卷调查表对学生进行问卷调查。学生在教师指导下，进行答卷、计算和结果分析。

1. 答卷　气质类型问卷调查表见附录 2。
2. 计算

记分表

胆汁质	题号	2	6	9	14	17	21	27	31	36	38	42	48	50	54	58	总分
	得分																
多血质	题号	4	8	11	16	19	23	25	29	34	40	44	46	52	56	60	
	得分																
黏液质	题号	1	7	10	13	18	22	26	30	33	39	43	45	49	55	57	
	得分																
抑郁质	题号	3	5	12	15	20	24	28	32	35	37	41	47	51	53	59	
	得分																

3．结果分析　根据四个总分值按以下方法判断自己的气质类型。

（1）如果某一类型气质得分比其他三种类型得分高出 4 分或 4 分以上，则可评定为该气质类型。如果该气质类型得分超过 20 分，则为典型型，10～20 分为一般型。

（2）两种气质类型得分相等或差异不大于 3 分，而且又比其他两种类型得分高出 4 分或 4 分以上，则可评定为这两种气质的混合型。

（3）三种气质得分均高于第四种，而且接近，则为三种气质的混合型。

【实训作业】

1．根据气质类型问卷调查结果，写出自己的气质类型及特点。

2．为家人进行气质类型问卷调查分析。

（朱丽媛）

实训 3　心理障碍案例分析

【实训目的】

1．了解心理正常与心理异常的判断标准。

2．理解神经症的特点。

【实训学时】

2 学时。

【实训材料】

案例一：患者，男，40 岁。2 个月前外出踏青时，不慎摔倒受伤，立即到医院处理。因野外环境复杂，医生为其注射了破伤风疫苗。但该男子一直担心万一疫苗没有发挥作用而感染破伤风，因此反复去医院检查。虽经医生百般解释，仍不能放心。

案例二：患者，女，53 岁，已婚，退休。持续失眠，情绪低落近 2 个月，由家人陪同前来。患者自述自退休以来觉得无聊、烦躁，什么事都提不起兴趣，每天都在想这一天怎么过，一点意思都没有，还不如死了，晚上也睡不着，记忆力下降。这样活着真不如死了，以免拖累家人。

【实训方法】

1．熟悉案例。

2．分组讨论

（1）案例中患者最有可能的诊断分别是什么？

（2）这两类心理障碍主要症状表现有哪些？

3．采用角色扮演进行模拟实践，加深对各类心理障碍的认识和理解。有条件的学校也可安排学生去医院心理科或精神病医院见习。通过实地见习，使学生直观地感受心理异常的症状表现。

4．老师对各组同学讨论的结果和角色扮演进行小结。

【实训作业】

将神经症的特点，焦虑症、强迫症及分离（转换）障碍的主要症状表现整理完成书面作业，以加深知识掌握程度。

（贯新静）

实训4　医患沟通技巧训练

【实训目的】

熟练掌握治疗性环境中语言沟通和非语言沟通的技巧。

【实训学时】

1学时。

【实训材料】

案例一：张医生在查房时，5床患者李阿姨流着泪向张医生诉说自己的痛苦，张医生却低着头，一边听一边翻阅另一病床患者的病历，李阿姨看他漫不经心的样子就停止了诉说，这时张医生头也不抬地说："哦，得了病自然会痛苦，等治好了病，这些痛苦就没有了，你就多忍耐几天吧。"李阿姨很生气，觉得张医生一点同情心也没有，再也不愿和他多说一句话。

案例二：护士小王为患者张大伯输液时，未能一针见血，张大伯感觉很痛。小王责怪张大伯的血管太滑，不好扎针。张大伯很不高兴，对小王说："别的护士都是一针见血，就你不行。"小王没有检讨自己的技术不过硬，而是怪自己倒霉，摊上了这么个患者，惹得张大伯很生气。

【实训方法】

1．指导者介绍案例。

2．学生分成两人一组，分析案例中沟通失败的原因。

3．两人合作，尝试运用沟通技巧，就上述案例重新设计沟通方式，并进行角色扮演。

4．分组表演。

5．讨论（将学生重新分成4～6人一组，每组选出1名记录者，分组讨论并做好记录）

（1）哪几组表演的医患沟通是成功的？说明理由。

（2）哪几组表演的医患沟通不成功或有不足？说出不成功的原因或不足之处。

（3）如果你是医生或护士，你会怎样做？

6．分小组发言，指导教师总结。

【实训作业】

记录实训中讨论的内容及结果，并将你认为比较成功的沟通过程加以整理。

（鞠小莉）

实训5　临床常用评定量表的使用

【实训目的】

1．了解临床常用评定量表的使用方法。

2．能够熟练选择、使用恰当的量表并给予正确解释。

【实训学时】

1学时。

【实训材料】

症状自评量表（SCL-90）、抑郁自评量表（SDS）、焦虑自评量表（SAS）。

【实训方法】

学生在教师指导下进行答卷、计算和结果分析，学习使用临床常用评定量表进行心理测评。

1．答卷　症状自评量表（SCL-90）见附录 4，抑郁自评量表（SDS）见附录 5，焦虑自评量表（SAS）见附录 6。

2．计算　SCL-90 根据答卷情况按照 0～4 五级选择评分，由被试者根据自己最近一周的情况和感觉对各项目选择评分，总分为所有项目单项分相加之和。SDS 和 SAS 每项问题后有 1～4 四级评分选择，由被试者按照量表说明进行自我评定，依次回答每个条目，将所有项目得分相加即得总分（粗分），通过转换，将粗分乘以 1.25 后，取整数部分即得到标准分。

3．结果分析　SCL-90 若总分超过 70 分，或阳性 43 项以上，或任一因子分超过 2 分，可考虑筛选阳性，需进一步检查。SDS 和 SAS 结果分析见表 8-3。

【实训作业】

1．根据测评结果，了解自身有无相关心理症状及严重程度。

2．选择使用临床常用评定量表为家人进行心理测评。

（邢　爽）

实训 6　放 松 训 练

【实训目的】

1．熟悉放松疗法的步骤和要求。

2．帮助他人和自己调节紧张情绪，实现身心和谐。

【实训学时】

1 学时。

【实训材料】

播放器、放松疗法音像资料、训练计划等。

【实训方法】

1．教师讲解放松疗法的训练计划及视听音像资料。

2．全班分成若干组，按教师演示要求进行放松训练。

3．训练时，教师声音要低沉、轻柔、温和，让学生舒适地靠坐在沙发或椅子上，闭上眼睛。

4．在教师指导下进行放松训练。

（1）“一会儿我们要进行放松练习。为了让你体验紧张与放松的感觉，请先将身上的肌肉群紧张起来，再放松。请用力弯曲前臂，同时体验肌肉紧张的感受（约 10 秒）。然后，请尽量放松，体验紧张与放松在感受上的差异（停顿 5 秒）。”

（2）现在开始放松练习。

第 1 步：“深吸一口气，保持一会儿。”（停 10 秒）

“好，请慢慢地呼气，缓慢地呼气。”（停 5 秒）

“现在我们再做一次。深吸一口气，保持一会儿。”（停 10 秒）

“好，请慢慢地呼气，缓慢地呼气。”

第 2 步：“现在，请你伸出前臂，握紧拳头，用力握紧，体验手部紧张的感觉。”（停 10 秒）

“好，请放松，放松双手，体验放松后的感觉。你可能感到愉快、轻松、温暖，这些都是放

松的感觉，请体验这种感觉。”（停 5 秒）

“现在我们再做一次。”

第 3 步：“现在弯曲你的双臂，用力绷紧双臂肌肉，保持一会儿，体验双臂肌肉的紧张。”（停 10 秒）

“好，现在放松，彻底放松你的双臂，体验放松后的感觉。”（停 5 秒）

“现在我们再一次。”

第 4 步；“现在，开始练习放松双脚。”（停 5 秒）

“好，紧张你的双脚，脚趾用力绷紧，用力绷紧，保持一会儿。”（停 10 秒）

“好，放松，放松你的双脚。”（停 5 秒）

“现在我们再做一次。”

第 5 步：“现在，开始放松小腿肌肉。”（停 5 秒）

“脚尖用力向上翘，脚跟向下向后紧压，绷紧小腿肌肉，保持一会儿。”（停 10 秒）

“好，放松，彻底放松。”（停 5 秒）

第 6 步：“现在我们开始放松大腿肌肉。”（停 5 秒）

“脚跟向前向下紧压，绷紧大腿肌肉，保持一会儿。”（停 10 秒）

“好，放松，彻底放松。”（停 5 秒）

“现在我们再做一次。”

第 7 步：“现在，我们开始放松头部肌肉。”（停 5 秒）

“请皱紧额部肌肉，皱紧，皱紧，保持一会儿。”（停 10 秒）

“好，放松，彻底放松。”（停 5 秒）

“现在请闭紧双眼，用力紧闭，保持一会儿。”（停 10 秒）

“好，放松，彻底放松。”（停 5 秒）

“现在，转动你的眼球，从上，到左，到下，到右，加快速度；好，现在从相反方向转动你的眼球，加快速度；好，停下来，放松，彻底放松。”（停 10 秒）

“现在，咬紧你的牙齿，用力咬紧，保持一会儿。”（停 10 秒）

“好，放松，彻底放松。”（停 5 秒）

“现在，舌用力顶住上腭，保持一会儿。”（停 10 秒）

“好，放松，彻底放松。”（停 5 秒）

“现在，请用力将头向后压，用力，保持一会儿。”（停 10 秒）

“好，放松，彻底放松。”（停 5 秒）

“现在，收紧你的下巴，用力向内收紧，保持一会儿。”（停 10 秒）

“好，放松，彻底放松。”（停 5 秒）

第 8 步：“现在，请放松躯干部肌肉。”（停 5 秒）

“请往后扩展双肩，用力向后扩展，保持一会儿。”（停 10 秒）

“好，放松，彻底放松。”（停 5 秒）

“让我们再做一次。”

第 9 步：“现在，上提你的双肩，尽可能使双肩接近耳垂，用力上提，保持一会儿。”（停 10 秒）

“好，放松，彻底放松。”（停 5 秒）

“让我们再做一次。”

第 10 步：“现在，向内收紧你的双肩，用力内收，保持一会儿。”（停 10 秒）

“好，放松，彻底放松。”（停 5 秒）

“让我们再做一次。”

第 11 步：“现在，请向上抬起你的双腿，用力上抬，弯曲你的腰，保持一会儿。”（停 10 秒）

“好，放松，彻底放松。”（停 5 秒）

“让我们再做一次。”

第 12 步：“现在，请收紧你的臀部肌肉，会阴部用力上提，用力，保持一会儿。”（停 10 秒）

“好，放松，彻底放松。”（停 5 秒）

“让我们再做一次。”

以上放松训练，休息 2 分钟后，再从头做一遍。

（3）结束放松：“这就是整个放松过程。现在，请感受你身上的肌肉群，从上向下，全身每组肌肉都处于放松状态。你的脚部、小腿、大腿、臀部、腰部、胸部、双手、双臂、肩部、颈部、下颌、眼睛、额部，最后你身体的全部肌肉都处于放松状态。”（停 10 秒）

“进一步注意放松后的感觉，此时你有一种温暖、愉快、舒适的感觉，并将这种感觉尽量保持 1～2 分钟。然后我从一数到五，当数到五时，请睁开双眼，会有一种平静、安详、舒适、愉快、精神焕发的感觉。”（停 1 分钟）

“好，我开始计数，一、感到平静；二、感到非常安详平静；三、感到舒适愉快；四、感到精神焕发；五、睁开双眼。”

【实训作业】

在紧张时自行进行放松训练，调节自己的紧张情绪，同时指导家人进行放松训练。

（于超然）

实训 7　心理咨询案例分析

【实训目的】

1. 通过案例分析、角色扮演熟悉心理咨询的程序和技巧。
2. 了解合理情绪疗法的治疗过程。

【实训学时】

1 学时。

【实训材料】

案例：求助者小芳是一名普通的高二女生。小芳因近一个月情绪低落，郁郁寡欢，晚上睡不着觉而来咨询。

小芳自述：初中时，在班级里担任班干部，并每年在班里都被评为三好学生，老师偏爱自己，自己也感觉在同学面前有优越感。但进入高中后，学习难度比以前大得多，学习起来很吃力。半年前竞选团支书失利，感觉备受打击，小芳的好朋友也因为小芳对她无缘无故发脾气而不理睬她，每天下课小芳都独自一人到操场玩，觉得班里没人能容下她，特别失落。在本次期末考试中，考了第 12 名，父母对此严厉批评，自己也认为应该考入前 3 名，因此对自己很失望，感觉自己一无是处，进而情绪低落，郁郁寡欢，晚上睡不着觉，做事也丢三落四，魂不守舍，在父母陪同下进行咨询。

据了解小芳在入高中前与父母同住，家庭情况良好，父母皆是公务员，对小芳事事顺从。小芳从小性格比较要强，好争第一。

对求助者进行 4 次咨询。

第 1 次咨询：收集求助者资料，评估问题，并介绍合理情绪疗法 ABC 理论。A 是指诱发事件；B 是指个体在遇到诱发事件后产生的相应信念；C 是继事件后的个体情绪反应和行为后果。ABC 理论认为，A 只是 C 的间接原因，B 才是 C 的直接原因。

第 2 次咨询：帮助求助者找到具体的 ABC。诱发事件 A：考试没有考进前 3 名。不合理信念 B：①我必须考进前 3 名；②没有进前 3 名对我来说是糟糕至极的；③班里没人能容下她；④感觉自己一无是处。情绪及行为上的后果 C：情绪低落，郁郁寡欢，晚上睡不着觉，做事也丢三落四，魂不守舍。并在会谈后布置家庭作业：尝试把生活中的事件用 ABC 模型进行划分，对自己的信念进行思考、总结。

第 3 次咨询：集中解决两方面的问题。问题一：未选上班干部的不良情绪影响到人际沟通；问题二：期末考试不理想感到很沮丧。从情绪、认知和行为上，和小芳商定咨询目标。

行为目标：

1. 学会更有效的方式与同学沟通，而不是以情绪化的方式对待好朋友。

2. 纠正“我必须成功”等在学习上对自己的过高要求。

情绪目标：

1. 降低在学习方面感到的沮丧和失落感。

2. 降低与同学交往中因以自我为中心不能得到满足带来的愤怒感。

认知目标：改变以下两种不合理的认知。

1. “我必须获得成功，别人必须很好地对待我”。

2. “因为这次没考好，我一无是处，别人都比我强”。

第 4 次咨询：总结合理情绪疗法的理论，强化重新建立的新的认知模式，表扬鼓励她的理解力与领悟力，让其发现自己的潜力优势，从而接纳自我。

经过 4 次咨询，小芳取得了很大进步，期末考试的阴影已经从心中消除，和好朋友的关系也大为改善。情绪障碍的消除，使得她整个面貌焕然一新，终于真正赢得了老师和同学的喜爱，学习成绩也稳步提高。

【实训方法】

1. 熟悉案例。

2. 分组讨论

（1）作为咨询师，应如何对案例中的小芳进行心理咨询？讨论心理咨询的一般程序，咨询过程中会用到哪些技巧？

（2）本咨询案例采用了合理情绪疗法，效果很好，为什么？什么是合理情绪疗法？

3. 通过角色扮演模拟咨询过程，熟悉心理咨询的程序和技巧。

4. 老师对同学们讨论的结果和角色扮演进行小结。

【实训作业】

1. 总结心理咨询的一般程序、本案例具体咨询过程中会用到的技巧。

2. 本案例中求助者小芳存在哪些不合理信念？

（于超然）

参 考 文 献

曹海威，李惠兰，2008．医护心理学基础．第 2 版．北京：科学出版社
陈礼翠，陈劲松，2012．医护心理学基础．第 3 版．北京：科学出版社
崔丽娟，2007．心理学是什么．北京：北京大学出版社
丹尼尔·戈尔曼，2010．情商——为什么情商比智商更重要．杨春晓译．北京：中信出版社
杜昭云，2005．心理学基础．北京：人民卫生出版社
郭念锋，2012．心理咨询师．第 2 版．北京：民族出版社
郭少三，2006．医学心理学．北京：高等教育出版社
胡佩诚，2002．医护心理学．北京：北京医科大学出版社
黄希庭，1991．心理学导论．北京：人民教育出版社
姜乾金，2004，医学心理学．第 4 版．北京：人民卫生出版社
蒋继国，2004．护理心理学．北京：人民卫生出版社
蒋继国，2017．护理心理学．第 2 版．北京：人民卫生出版社
掘内敏，1980．儿童心理学．谢艾群译．长沙：湖南人民出版社
林崇德，2009．发展心理学．北京：人民教育出版社
刘康，2011．心理咨询师．北京：民族出版社
刘志超，2003．医学心理学．北京：人民卫生出版社
刘志超，2013．护理心理学．北京：中国医药科技出版社
罗劲梅，何俊康，2014．精神障碍护理学．南京：南京大学出版社
彭聃龄，2012．普通心理学．第 4 版．北京：北京师范大学出版社
孙颖心，齐芳，2014．老年人心理护理．北京：中国劳动社会保障出版社
田仁礼，2017．心理学基础．第 3 版．北京：人民卫生出版社
王斌，2011．人际沟通．第 2 版．北京：人民卫生出版社
吴均林，林大熙，姜乾金，2001．医学心理学教程．北京：高等教育出版社
杨家林，舒细珍，2013．心理与精神护理．北京：北京出版社
杨艳杰，2012．护理心理学．第 3 版．北京：人民卫生出版社
姚树桥，杨彦春，2013．医学心理学．第 6 版．北京：人民卫生出版社
张贵平，2014．护理心理学．第 2 版．北京：科学出版社
章虹，2014．护理心理学．北京：科学出版社

附　　录

附录1　情商测试问卷

情商测试问卷

下面的测试是可口可乐公司、麦当劳公司等世界 500 强众多企业为员工进行 EQ 测试的模板，帮助员工了解自己的 EQ 状况。共 33 题，测试时间 25 分钟，最大 EQ 为 174 分。

第 1～9 题：请如实选答下列问题，每回答一个 A 得 6 分，回答一个 B 得 3 分，回答一个 C 得 0 分。

1. 我有能力克服各种困难：
   A. 是的　　B. 不一定　　C. 不是的
2. 如果我能到一个新的环境，我要把生活安排得：
   A. 和从前相仿　　B. 不一定　　C. 和从前不一样
3. 一生中，我觉得自己能达到我所预想的目标：
   A. 是的　　B. 不一定　　C. 不是的
4. 不知为什么，有些人总是回避或冷淡我：
   A. 不是的　　B. 不一定　　C. 是的
5. 在大街上，我常常避开我不愿打招呼的人：
   A. 从未如此　　B. 偶尔如此　　C. 有时如此
6. 当我集中精力工作时，假使有人在旁边高谈阔论：
   A. 我仍能专心工作　　B. 介于 A、C 之间　　C. 我不能专心且感到愤怒
7. 我不论到什么地方，都能清楚地辨别方向：
   A. 是的　　B. 不一定　　C. 不是的
8. 我热爱所学的专业和所从事的工作：
   A. 是的　　B. 不一定　　C. 不是的
9. 气候的变化不会影响我的情绪：
   A. 是的　　B. 介于 A、C 之间　　C. 不是的

第 10～16 题：请如实选答下列问题，每回答一个 A 得 5 分，回答一个 B 得 2 分，回答一个 C 得 0 分。

10. 我从不因流言蜚语而生气：
    A. 是的　　B. 介于 A、C 之间　　C. 不是的
11. 我善于控制自己的面部表情：
    A. 是的　　B. 不太确定　　C. 不是的
12. 在就寝时，我常常：
    A. 极易入睡　　B. 介于 A、C 之间　　C. 不易入睡
13. 有人侵扰我时，我：
    A. 不露声色　　B. 介于 A、C 之间　　C. 大声抗议，以泄己愤
14. 在和人争辩或工作出现失误后，我常常感到震颤，精疲力竭，而不能继续安心工作：
    A. 不是的　　B. 介于 A、C 之间　　C. 是的
15. 我常常被一些无谓的小事困扰：
    A. 不是的　　B. 介于 A、C 之间　　C. 是的
16. 我宁愿住在僻静的郊区，也不愿住在嘈杂的市区：
    A. 不是的　　B. 不太确定　　C. 是的

续表

第 17～25 题：每一题请选择一个和自己最切合的答案，每回答一个 A 得 5 分，回答一个 B 得 2 分，回答一个 C 得 0 分。

17. 我被朋友、同事起过绰号、挖苦过：
A. 从来没有　B. 偶尔有过　C. 这是常有的事

18. 有一种食物使我吃后呕吐：
A. 没有　B. 记不清　C. 有

19. 除去看见的世界外，我的心中没有另外的世界：
A. 没有　B. 记不清　C. 有

20. 我会想到若干年后有什么使自己极为不安的事：
A. 从来没有想过　B. 偶尔想到过　C. 经常想到

21. 我常常觉得自己的家庭对自己不好，但是我又确切地知道他们的确对我好：
A. 否　B. 说不清楚　C. 是

22. 每天我一回家就立刻把门关上：
A. 否　B. 不清楚　C. 是

23. 我坐在小房间里把门关上，但我仍觉得心里不安：
A. 否　B. 偶尔是　C. 是

24. 当一件事需要我作决定时，我常觉得很难：
A. 否　B. 偶尔是　C. 是

25. 我常常用抛硬币、翻纸、抽签之类的游戏来预测凶吉：
A. 否　B. 偶尔是　C. 是

第 26～29 题：下面各题，请按实际情况如实回答，仅回答“是”或“否”即可，每回答一个“是”得 0 分，回答一个“否”得 5 分。

26. 为了工作我早出晚归，早晨起床我常常感到疲惫不堪：
是________ 否________

27. 在某种心境下，我会因为困惑陷入空想，将工作搁置下来：
是________ 否________

28. 我的神经脆弱，稍有刺激就会使我战栗：是________ 否________

29. 睡梦中，我常常被噩梦惊醒：是________ 否________

第 30～33 题：本组测试共 4 题，每题有 5 种答案，请选择与自己最切合的答案，从左至右分数分别为 1 分、2 分、3 分、4 分、5 分。

答案标准如下：

1. 从不　2. 几乎不　3. 一半时间　4. 大多数时间　5. 总是

30. 工作中我愿意挑战艰巨的任务。1 2 3 4 5

31. 我常发现别人好的意愿。 1 2 3 4 5

32. 能听取不同的意见，包括对自己的批评。 1 2 3 4 5

33. 我时常勉励自己，对未来充满希望。 1 2 3 4 5

附录 2　气质类型问卷调查表

气质类型问卷调查表

注意，在回答以下 60 道问题时，您认为符合自己情况的记 2 分；比较符合的记 1 分；介于符合与不符合之间的记 0 分；比较不符合的记−1 分；完全不符合的记−2 分。

1. 做事力求稳妥，不做无把握的事。
2. 遇到可气的事就怒不可遏，想把心里话全说出来才痛快。
3. 宁肯一个人做事，不愿很多人在一起。

续表

4. 到一个新环境很快就能适应。
5. 厌恶那些强烈的刺激，如尖叫、噪声、危险的情境等。
6. 和人争吵时，总是先发制人，喜欢挑衅。
7. 喜欢安静的环境。
8. 善于和人交往。
9. 羡慕那种善于克制自己感情的人。
10. 生活有规律，很少违反作息制度。
11. 在多数情况下情绪是乐观的。
12. 碰到陌生人觉得很拘束。
13. 遇到令人气愤的事，能很好地自我克制。
14. 做事总是有旺盛的精力。
15. 遇到问题常常举棋不定，优柔寡断。
16. 在人群中从不觉得过分拘束。
17. 情绪高昂时，觉得干什么都有趣；情绪低落时，又觉得什么都没意思。
18. 当注意力集中于一事物时，别的事很难使我分心。
19. 理解问题总比别人快。
20. 碰到危险情景，常有种极度恐怖感。
21. 对学习、工作、事业怀有很高的热情。
22. 能够长时间做枯燥、单调的工作。
23. 符合兴趣的事情，干起来劲头十足，否则就不想干。
24. 一点小事就能引起情绪波动。
25. 讨厌那些需要耐心、细致的工作。
26. 与人交往不卑不亢。
27. 喜欢参加热烈的活动。
28. 爱看感情细腻、描写人物内心活动的文学作品。
29. 工作学习时间长，常感到厌倦。
30. 不喜欢长时间谈论一个问题，愿意实际动手干。
31. 宁愿侃侃而谈，不愿窃窃私语。
32. 别人说我总是闷闷不乐。
33. 理解问题常比别人慢些。
34. 疲倦时只要短暂的休息就能精神抖擞，重新投入工作。
35. 心里有话宁愿自己想，不愿说出来。
36. 认准一个目标就希望尽快实现，不达目的，誓不罢休。
37. 学习、工作同样长时间后，常比别人更疲劳。
38. 做事有些莽撞，常常不考虑后果。
39. 老师讲授新知识时，总希望他讲慢些，多重复几遍。
40. 能够很快地忘记那些不愉快的事情。
41. 做作业或做一件事情时，总比别人花的时间多。
42. 喜欢运动量大的剧烈体育运动，或参加各种文艺活动。
43. 不能很快地把注意力从一件事转移到另一件事上去。
44. 接受一个任务后，就希望把它迅速解决。
45. 认为墨守成规比冒风险要强一些。
46. 能够同时注意几件事物。
47. 当我烦闷的时候，别人很难使我高兴。
48. 爱看情节起伏跌宕、激动人心的小说。
49. 对工作抱认真严谨、始终一贯的态度。

续表

50．和周围人们的关系总是相处不好。
51．喜欢学习学过的知识，重复做自己掌握的工作。
52．希望做变化大、花样多的工作。
53．小时候会背的诗歌，我似乎比别人记得清楚。
54．别人说我“出语伤人”，可我并不觉得这样。
55．在体育活动中，常因反应慢而落后。
56．反应敏捷，头脑机智。
57．喜欢有条理而不甚麻烦的工作。
58．兴奋的事使我失眠。
59．老师讲新概念，常常听不懂，但是弄懂以后就很难忘记。
60．假如工作枯燥乏味，马上就会情绪低落。

附录3　艾森克人格问卷（成人EPQ）

艾森克人格问卷（成人 EPQ）

说明：请回答下列问题。回答“是”时，就在“是”上打“√”；回答“否”时，就在“否”上打“√”。每个答案无所谓正确与错误。这里没有对你不利的题目。请尽快回答，不要在每道题目上太多思索。回答时不要考虑应该怎样，只回答你平时是怎样的。每题都要回答。

条目	是	否
1．你是否有许多不同的业余爱好？	□	□
2．你是否在做任何事情以前都要停下来仔细思考？	□	□
3．你的心境是否常有起伏？	□	□
4．你曾有过明知是别人的功劳而你去接受奖励的事吗？	□	□
5．你是否健谈？	□	□
6．欠债会使你不安吗？	□	□
7．你曾无缘无故觉得“真是难受”吗？	□	□
8．你曾贪图过分外之物吗？	□	□
9．你是否在晚上小心翼翼地关好门窗？	□	□
10．你是否比较活跃？	□	□
11．你在见到一个小孩或动物受折磨时是否会感到非常难过？	□	□
12．你是否常常为自己不该做而做了的事，不该说而说了的话而紧张？	□	□
13．你喜欢跳降落伞吗？	□	□
14．通常你能在热闹联欢会中尽情地玩吗？	□	□
15．你容易激动吗？	□	□
16．你曾经将自己的过错推给别人吗？	□	□
17．你喜欢会见陌生人吗？	□	□
18．你是否相信保险制度是一种好办法？	□	□
19．你是一个容易伤感情的人吗？	□	□

续表

条目	是	否
20. 你所有的习惯都是好的吗?	□	□
21. 在社交场合你是否总不愿露头角?	□	□
22. 你会服用奇异或危险作用的药物吗?	□	□
23. 你常有“厌倦”之感吗?	□	□
24. 你曾拿过别人的东西吗(哪怕一针一线)?	□	□
25. 你是否常爱外出?	□	□
26. 你是否从伤害你所宠爱的人而感到乐趣?	□	□
27. 你常为有罪恶之感所苦恼吗?	□	□
28. 你在谈论中是否有时不懂装懂?	□	□
29. 你是否宁愿去看书而不愿去多见人?	□	□
30. 你有要伤害你的仇人吗?	□	□
31. 你觉得自己是一个神经过敏的人吗?	□	□
32. 对人有所失礼时你是否经常要表示歉意?	□	□
33. 你有许多朋友吗?	□	□
34. 你是否喜爱讲些有时确能伤害人的笑话?	□	□
35. 你是一个多忧多虑的人吗?	□	□
36. 你在童年是否按照吩咐要做什么便做什么,毫无怨言?	□	□
37. 你认为你是一个乐天派吗?	□	□
38. 你很讲究礼貌和整洁吗?	□	□
39. 你是否总在担心会发生可怕的事情?	□	□
40. 你曾损坏或遗失过别人的东西吗?	□	□
41. 交新朋友时一般是你采取主动吗?	□	□
42. 当别人向你诉苦时,你是否容易理解他们的苦衷?	□	□
43. 你认为自己很紧张,如同“拉紧的弦”一样吗?	□	□
44. 在没有废纸篓时,你是否将废纸扔在地板上?	□	□
45. 当你与别人在一起时,你是否言语很少?	□	□
46. 你是否认为结婚制度过时了,应该废止?	□	□
47. 你是否有时感到自己可怜?	□	□
48. 你是否有时有点自夸?	□	□
49. 你是否很容易将一个沉寂的集会搞得活跃起来?	□	□
50. 你是否讨厌那种小心翼翼地开车的人?	□	□
51. 你为你的健康担忧吗?	□	□
52. 你曾讲过什么人的坏话吗?	□	□
53. 你是否喜欢对朋友讲笑话和有趣的故事?	□	□
54. 你小时候曾对父母粗暴无礼吗?	□	□
55. 你是否喜欢与人混在一起?	□	□
56. 你如知道自己工作有错误,这会使你感到难过吗?	□	□
57. 你患失眠吗?	□	□
58. 你吃饭前必定洗手吗?	□	□
59. 你常无缘无故感到无精打采和倦怠吗?	□	□
60. 和别人玩游戏时,你有过欺骗行为吗?	□	□

续表

条目	是	否
61．你是否喜欢从事一些动作迅速的工作?	□	□
62．你的母亲是一位善良的妇人吗?	□	□
63．你是否常常觉得人生非常无味?	□	□
64．你曾利用过某人为自己取得好处吗?	□	□
65．你是否常常参加许多活动，超过你的时间所允许?	□	□
66．是否有几个人总在躲避你?	□	□
67．你是否为你的容貌而非常烦恼?	□	□
68．你是否觉得人们为了未来有保障而办理储蓄和保险所花的时间太多?	□	□
69．你曾有过不如死了为好的愿望吗?	□	□
70．如果有把握永远不会被别人发现，你会逃税吗?	□	□
71．你能使一个集会顺利进行吗?	□	□
72．你能克制自己不对人无礼吗?	□	□
73．遇到一次难堪的经历后，你是否在一段很长的时间内还感到难受?	□	□
74．你患有"神经过敏"吗?	□	□
75．你曾经故意说些什么来伤害别人的感情吗?	□	□
76．你与别人的友谊是否容易破裂，虽然不是你的过错?	□	□
77．你常感到孤单吗?	□	□
78．当人家寻你的差错，找你工作中的缺点时，你是否容易在精神上受挫伤?	□	□
79．你赴约会或上班曾迟到过吗?	□	□
80．你喜欢忙忙碌碌地过日子吗?	□	□
81．你愿意别人怕你吗?	□	□
82．你是否觉得有时浑身是劲，而有时又是懒洋洋的呢?	□	□
83．你有时把今天应做的事拖到明天去做吗?	□	□
84．别人认为你是生气勃勃吗?	□	□
85．别人是否对你说了许多谎话?	□	□
86．你是否容易对某些事物冒火?	□	□
87．当你犯了错误时，你是否常常愿意承认它?	□	□
88．你会为一只动物落入圈套被捉而感到很难过吗?	□	□

附录4 症状自评量表（SCL-90）

症状自评量表（SCL-90）

指导语：以下表格中列出了有些人可能有的病痛或问题，请仔细阅读每一条，然后根据最近1个星期（或过去）下列问题影响你或使你感到苦恼的程度，在对应的方格内选择最符合你的一格，划上"√"，请不要漏掉问题。

项目	从无（0）	轻度（1）	中度（2）	偏重（3）	严重（4）
1．头痛	□	□	□	□	□
2．神经过敏，心中不踏实	□	□	□	□	□
3．头脑中有不必要的想法或字句盘旋	□	□	□	□	□

续表

项目	从无（0）	轻度（1）	中度（2）	偏重（3）	严重（4）
4．头昏或昏倒	□	□	□	□	□
5．对异性的兴趣减退	□	□	□	□	□
6．对旁人责备求全	□	□	□	□	□
7．感到别人能控制自己的思想	□	□	□	□	□
8．责怪别人制造麻烦	□	□	□	□	□
9．忘性大	□	□	□	□	□
10．担心自己的衣饰整齐及仪态的端正	□	□	□	□	□
11．容易烦恼和激动	□	□	□	□	□
12．胸痛	□	□	□	□	□
13．害怕空旷的场所或街道	□	□	□	□	□
14．感到自己的精力下降，活动减慢	□	□	□	□	□
15．想结束自己的生命	□	□	□	□	□
16．听到旁人听不到的声音	□	□	□	□	□
17．发抖	□	□	□	□	□
18．感到大多数人都不可信任	□	□	□	□	□
19．胃口不好	□	□	□	□	□
20．容易哭泣	□	□	□	□	□
21．同异性相处时感到害羞不自在	□	□	□	□	□
22．受骗，中了圈套或有人想抓住你	□	□	□	□	□
23．无缘无故地突然感到害怕	□	□	□	□	□
24．自己不能控制地大发脾气	□	□	□	□	□
25．怕单独出门	□	□	□	□	□
26．经常责怪自己	□	□	□	□	□
27．腰痛	□	□	□	□	□
28．感到难以完成任务	□	□	□	□	□
29．感到孤独	□	□	□	□	□
30．感到苦闷	□	□	□	□	□
31．过分担忧	□	□	□	□	□
32．对事物不感兴趣	□	□	□	□	□
33．感到害怕	□	□	□	□	□
34．我的感情容易受到伤害	□	□	□	□	□
35．旁人能知道自己的私下想法	□	□	□	□	□
36．感到别人不理解自己、不同情自己	□	□	□	□	□
37．感到人们对自己不友好，不喜欢自己	□	□	□	□	□
38．做事必须做得很慢，以保证做得正确	□	□	□	□	□
39．心跳得很厉害	□	□	□	□	□
40．恶心或胃部不舒服	□	□	□	□	□
41．感到比不上他人	□	□	□	□	□
42．肌肉酸痛	□	□	□	□	□
43．感到有人在监视自己、谈论自己	□	□	□	□	□

续表

项目	从无（0）	轻度（1）	中度（2）	偏重（3）	严重（4）
44. 难以入睡	□	□	□	□	□
45. 做事必须反复检查	□	□	□	□	□
46. 难以做出决定	□	□	□	□	□
47. 怕乘电车、公共汽车、地铁或火车	□	□	□	□	□
48. 呼吸有困难	□	□	□	□	□
49. 一阵阵发冷或发热	□	□	□	□	□
50. 因为感到害怕而避开某些东西、场合或活动	□	□	□	□	□
51. 脑子变空了	□	□	□	□	□
52. 身体发麻或刺痛	□	□	□	□	□
53. 喉咙有哽塞感	□	□	□	□	□
54. 感到前途没有希望	□	□	□	□	□
55. 不能集中注意	□	□	□	□	□
56. 感到身体的某一部分软弱无力	□	□	□	□	□
57. 感到紧张或容易紧张	□	□	□	□	□
58. 感到手或脚发重	□	□	□	□	□
59. 想到死亡的事	□	□	□	□	□
60. 吃得太多	□	□	□	□	□
61. 当别人看着自己或谈论自己时感到不自在	□	□	□	□	□
62. 有一些不属于自己的想法	□	□	□	□	□
63. 有想打人或伤害他人的冲动	□	□	□	□	□
64. 醒得太早	□	□	□	□	□
65. 必须反复洗手、点数目或触摸某些东西	□	□	□	□	□
66. 睡得不稳不深	□	□	□	□	□
67. 有想摔坏或破坏东西的冲动	□	□	□	□	□
68. 有一些别人没有的想法或念头	□	□	□	□	□
69. 感到对别人神经过敏	□	□	□	□	□
70. 在商店或电影院等人多的地方感到不自在	□	□	□	□	□
71. 感到任何事情都很困难	□	□	□	□	□
72. 一阵阵恐惧或惊恐	□	□	□	□	□
73. 感到公共场合吃东西很不舒服	□	□	□	□	□
74. 经常与人争论	□	□	□	□	□
75. 单独一人时神经很紧张	□	□	□	□	□
76. 别人对您的成绩没有做出恰当的评价	□	□	□	□	□
77. 即使和别人在一起也感到孤单	□	□	□	□	□
78. 感到坐立不安、心神不定	□	□	□	□	□
79. 感到自己没有什么价值	□	□	□	□	□
80. 感到熟悉的东西变得陌生或不像真的	□	□	□	□	□
81. 大叫或摔东西	□	□	□	□	□
82. 害怕会在公共场合昏倒	□	□	□	□	□
83. 感到别人想占自己的便宜	□	□	□	□	□

续表

项目	从无（0）	轻度（1）	中度（2）	偏重（3）	严重（4）
84. 为一些有关性的想法而苦恼	□	□	□	□	□
85. 您认为应该因为自己的过错而受到惩罚	□	□	□	□	□
86. 感到要很快把事情做完	□	□	□	□	□
87. 感到自己的身体有严重问题	□	□	□	□	□
88. 从未感到和其他人很亲近	□	□	□	□	□
89. 感到自己有罪	□	□	□	□	□
90. 感到自己的脑子有毛病	□	□	□	□	□

附录 5　抑郁自评量表（SDS）

抑郁自评量表（SDS）

填表说明：下面有 20 个条目，请您仔细阅读每一条，然后根据您最近 1 周的实际感受如实回答。答案用 A、B、C、D 表示，A 没有或很少时间；B 少部分时间；C 相当多时间；D 绝大部分或全部时间。请在适当的字母下划一个“√”。

1. 我觉得闷闷不乐，情绪低沉	A	B	C	D
*2. 我觉得一天之中早晨最好	A	B	C	D
3. 我一阵阵哭出来或想哭	A	B	C	D
4. 我晚上睡眠不好	A	B	C	D
*5. 我吃得跟平常一样多	A	B	C	D
*6. 我与异性密切接触时和以往一样感到愉快	A	B	C	D
7. 我发觉我的体重在下降	A	B	C	D
8. 我有便秘的苦恼	A	B	C	D
9. 我心跳比平时快	A	B	C	D
10. 我无缘无故地感到疲乏	A	B	C	D
*11. 我的头脑跟平常一样清楚	A	B	C	D
*12. 我觉得经常做的事情并没有困难	A	B	C	D
13. 我觉得不安而平静不下来	A	B	C	D
*14. 我对将来抱有希望	A	B	C	D
15. 我比平常容易生气激动	A	B	C	D
*16. 我觉得做出决定是容易的	A	B	C	D
*17. 我觉得自己是个有用的人，有人需要我	A	B	C	D
*18. 我的生活过得很有意思	A	B	C	D
19. 我认为如果我死了别人会生活得更好些	A	B	C	D
*20. 平常感兴趣的事我仍然照样感兴趣	A	B	C	D

*为反向计分题。

附录6　焦虑自评量表（SAS）

焦虑自评量表（SAS）

填表注意事项：下面有20条文字，请仔细阅读每一条，把意思弄明白。然后根据您最近一星期的实际情况在适当的英文字母下划一个√。A没有或很少时间；B少部分时间；C相当多时间；D绝大部分或全部时间。

1. 我觉得比平时容易紧张或着急	A	B	C	D
2. 我无缘无故感到害怕	A	B	C	D
3. 我容易心里烦乱或感到惊恐	A	B	C	D
4. 我觉得我可能将要发疯	A	B	C	D
*5. 我觉得一切都很好	A	B	C	D
6. 我手脚发抖打颤	A	B	C	D
7. 我因为头疼、颈痛和背痛而苦恼	A	B	C	D
8. 我觉得容易衰弱和疲乏	A	B	C	D
*9. 我觉得心平气和，并且容易安静坐着	A	B	C	D
10. 我觉得心跳得很快	A	B	C	D
11. 我因为一阵阵头晕而苦恼	A	B	C	D
12. 我有晕倒发作，或觉得要晕倒似的	A	B	C	D
*13. 我吸气呼气都感到很容易	A	B	C	D
14. 我的手脚麻木和刺痛	A	B	C	D
15. 我因为胃痛和消化不良而苦恼	A	B	C	D
16. 我常常要小便	A	B	C	D
*17. 我的手脚常常是干燥温暖的	A	B	C	D
18. 我脸红发热	A	B	C	D
*19. 我容易入睡并且一夜睡得很好	A	B	C	D
20. 我做噩梦	A	B	C	D

*为反向计分题。

附录7　A型行为量表

A型行为量表

指导语：请根据您过去的情况回答下列问题。凡是符合您情况的请选择“是”；凡是不符合您情况的请选择“否”。每个问题必须回答，答案无所谓对与不对、好与不好。请尽快回答，不要在每道题目上太多思索。回答时不要考虑“应该怎样”，只回答您平时“是怎样的”就行了。

条目	是	否
1. 我总是力图说服别人同意我的观点	□	□
2. 即使没有什么要紧的事，我走路也快	□	□
3. 我经常感到应该做的事太多，有压力	□	□
4. 我自己决定的事，别人很难让我改变主意	□	□
5. 有些人和事常常使我十分恼火	□	□

续表

条目	是	否
6. 我急需买东西但又要排长队时，我宁愿不买	□	□
7. 有些工作我根本安排不过来，只能临时挤时间去做	□	□
8. 上班或赴约会时，我从来不迟到	□	□
9. 当我正在做事时，谁要是打扰我，不管有意无意，我总是感到恼火	□	□
10. 我总看不惯那些慢条斯理、不紧不慢的人	□	□
11. 我常常忙得透不过气来，因为该做的事情太多了	□	□
12. 即使跟别人合作，我也总想单独完成一些更重要的部分	□	□
13. 有时我真想骂人	□	□
14. 我做事总是喜欢慢慢来，而且思前想后，拿不定主意	□	□
15. 排队买东西，要是有人加塞，我就忍不住要指责他或出来干涉	□	□
16. 我觉得自己是一个无忧无虑、悠闲自在的人	□	□
17. 有时连我自己都觉得，我所操心的事远远超过我应该操心的范围	□	□
18. 无论做什么事，即使比别人差，我也无所谓	□	□
19. 做什么事我也不着急，着急也没有用，不着急也误不了事	□	□
20. 我从来没想过要按自己的想法办事	□	□
21. 每天的事情都使我精神十分紧张	□	□
22. 就是去玩，如逛公园等，我也总是先看完，等着同来的人	□	□
23. 我常常不能宽容别人的缺点和毛病	□	□
24. 在我认识的人里，个个我都喜欢	□	□
25. 听到别人发表不正确的见解，我总想立即就去纠正他	□	□
26. 无论做什么事，我都比别人快一些	□	□
27. 人们认为我是一个干脆、利落、高效率的人	□	□
28. 我总觉得我有能力把一切事情办好	□	□
29. 聊天时，我也总是急于说出自己的想法，甚至打断别人的话	□	□
30. 人们认为我是个安静、沉着、有耐性的人	□	□
31. 我觉得在我认识的人之中值得我信任和佩服的人实在不多	□	□
32. 对未来我有许多想法和打算，并总想都能尽快实现	□	□
33. 有时我也会说人家的闲话	□	□
34. 尽管时间很宽裕，我吃饭也快	□	□
35. 听人讲话或报告如讲得不好，我就非常着急，总想还不如我来讲哩	□	□
36. 即使有人欺侮了我，我也不在乎	□	□
37. 我有时会把今天该做的事拖到明天去做	□	□
38. 当别人对我无礼时，我对他也不客气	□	□
39. 有人对我或我的工作吹毛求疵时，很容易挫伤我的积极性	□	□
40. 我常常感到时间已经晚了，可一看表还早呢	□	□
41. 我觉得我是一个对人对事都非常敏感的人	□	□
42. 我做事总是匆匆忙忙的，力图用最少的时间办尽量多的事情	□	□

续表

条目	是	否
43．如果犯有错误，不管大小，我全都主动承认	□	□
44．坐公共汽车时，尽管车开得快我也常常感到车开得太慢	□	□
45．无论做什么事，即使看着别人做不好，我也不想拿来替他做	□	□
46．我常常为工作没做完，一天又过去了而感到忧虑	□	□
47．很多事情如果由我来负责，情况要比现在好得多	□	□
48．有时我会想到一些说不出口的坏念头	□	□
49．即使领导我的人能力差、水平低、不怎么样，我也能服从和合作	□	□
50．必须等待什么的时候，我总是心急如焚，缺乏耐心	□	□
51．我常常感到自己能力不够，所以在做事不顺利时就想放弃不干了	□	□
52．我每天都看电视，同时也看电影，不然心里就不舒服	□	□
53．别人托我办的事，只要答应了，我从不拖延	□	□
54．人们都说我很有耐性，干什么事都不着急	□	□
55．外出乘车、船或跟人约定时间办事时，我很少迟到，如对方耽误我就恼火	□	□
56．偶尔我也会说一两句假话	□	□
57．许多事本来可以大家分担，可我喜欢一个人去干	□	□
58．我觉得别人对我的话理解太慢，甚至理解不了我的意思似的	□	□
59．我是一个性子暴躁的人	□	□
60．我常常容易看到别人的短处而忽视别人的长处	□	□

教学基本要求

一、课程性质和课程任务

“护理心理学”是护理专业学生必修的一门专业基础课程，是研究护理人员和护理对象心理活动的规律及特点，解决护理实践中的心理问题，以实施最佳护理的一门应用学科。

主要任务是使学生掌握个体心理发展的规律，培养学生良好的心理品质和健全的人格，促进其心理健康发展；使学生能将心理学的基本知识和技能与临床护理实践相结合，解决护理对象的心理问题，维护和促进其心身健康，适应现代医学发展的需要。同时为学生学习其他医学基础课程和护理学专业课程奠定良好的人文知识基础。

二、课程教学目标

（一）职业素养目标

1．培养自身良好的心理品质和健全人格。

2．树立整体护理的观念，具备良好的职业道德修养。

3．具备认真、严谨的学习态度和实事求是的工作作风。

（二）专业知识和技能

1．了解人的心理活动及其规律，运用心理学知识，分析人的个性心理，并对自我和他人做出客观评价。

2．熟悉各种心理防御机制、应激的概念及对健康的作用。

3．掌握常用的心理实验的操作方法并做出正确解释。

4．掌握医患关系与心理沟通的技巧。

5．具有识别正常心理与异常心理的能力；能够恰当运用心理知识、技能，提高社会适应能力和承受挫折的能力；具备心理卫生宣教和心理护理的基本能力。

三、教学内容和要求

教学内容	教学要求			教学活动参考
	了解	熟悉	掌握	
一、绪论				课堂讲授 多媒体演示 病案讨论
（一）心理学概述				
心理学的概念			√	
心理学的研究对象		√		
心理学的研究原则和方法	√			
（二）心理的实质				
心理是脑的功能			√	
心理是对客观现实主观能动的反映			√	
（三）医学模式的转变及其影响				课堂讲授 多媒体演示 病案讨论
医学模式的概念			√	
生物医学模式及其影响	√			
生物-心理-社会医学模式及其影响		√		
二、心理过程				课堂讲授 多媒体演示 病案讨论 实验实训
（一）认识过程				
感觉			√	
知觉			√	

续表

教学内容	教学要求			教学活动参考	教学内容	教学要求			教学活动参考
	了解	熟悉	掌握			了解	熟悉	掌握	
记忆			√	课堂讲授	心理发展的影响因素及其规律			√	课堂讲授
注意			√	多媒体演示	（二）心理卫生				多媒体演示
思维			√	病案讨论	心理卫生的概念	√			病案讨论
想象			√	实验实训	心理健康的标准	√			
（二）情绪情感过程					（三）不同年龄阶段的心理特征				
情绪与情感概述			√		及心理卫生				
情绪与情感的分类	√				胎儿期心理特征及心理卫生		√		
情绪与情感的生理变化和外部表现		√			婴儿期心理特征及心理卫生	√			
情绪与情感对个体的影响		√			幼儿期心理特征及心理卫生	√			
情商及其意义		√			学龄期心理特征及心理卫生	√			
（三）意志过程					青春期心理特征及心理卫生	√			
意志的概念			√		青年期心理特征及心理卫生	√			
意志行动的特征			√		中年期心理特征及心理卫生	√			
意志的基本品质及培养	√				老年期心理特征及心理卫生	√			
三、人格				课堂讲授	（四）社区心理卫生				
（一）概述				多媒体演示	社区心理卫生概述	√			
人格的概念			√	病案讨论	社区不同群体的心理卫生	√			
人格的一般特性	√			技能实践	五、心理防御与心理应激				课堂讲授
人格的形成与发展		√			（一）挫折与心理防御机制				多媒体演示
（二）人格心理特征					挫折				病案讨论
能力			√		心理防御机制			√	
气质			√		（二）心理应激				
性格			√		心理应激的概念			√	
（三）人格倾向性					心理应激的过程		√		
需要			√		心理应激与健康		√		
动机		√			（三）心身疾病				
兴趣	√				心身疾病的概念			√	
信念	√				心身疾病的范围	√			
世界观	√				心身疾病的病因和发病机制		√		
（四）自我意识					心身疾病的诊疗原则	√			
自我意识的概念	√				六、心理障碍				课堂讲授
自我意识系统的形成与发展	√				（一）概述				多媒体演示
四、心理发展与心理卫生				课堂讲授	心理障碍的概念			√	病案讨论
（一）心理发展				多媒体演示	正常与异常心理的判断标准		√		临床见习
心理发展及其一般特征	√			病案讨论	（二）心理障碍形成的原因				

续表

教学内容	教学要求			教学活动参考
	了解	熟悉	掌握	
生物学因素	√			课堂讲授 多媒体演示 病案讨论 临床见习
心理因素	√			
社会文化因素	√			
（三）常见的心理障碍				
神经症		√		
分离（转换）障碍		√		
抑郁症		√		
人格障碍		√		
性心理障碍		√		
成瘾		√		
七、医患关系与心理沟通				课堂讲授 多媒体演示 病案讨论 角色扮演
（一）医患关系				
医患关系的概念	√			
医患关系的模式类型			√	
良好医患关系的建立	√			
（二）心理沟通				
沟通的概念和方式		√		
沟通成功与否的判断标准			√	
沟通技巧			√	
八、心理评估				课堂讲授 多媒体演示 病案讨论 实验实训
（一）概述				
心理评估的概念			√	
心理评估的常用方法		√		
心理评估的原则和注意事项	√			
（二）心理测验				
心理测验的概念			√	课堂讲授 多媒体演示 病案讨论 实验实训
心理测验的分类		√		
标准化心理测验的条件			√	
常用的心理测验		√		
九、心理治疗与心理咨询				课堂讲授 多媒体演示 病案讨论 角色扮演
（一）心理治疗概述				
心理治疗的概念			√	
心理治疗的发展简史	√			
心理治疗的适用范围	√			
心理治疗的基本原则		√		
心理治疗的形式		√		
（二）常用的心理治疗方法				
一般性心理治疗		√		
行为疗法		√		
精神分析疗法		√		
人本主义疗法		√		
认知疗法		√		
催眠暗示疗法		√		
森田疗法		√		
（三）心理咨询				
概述			√	
心理咨询的范围和形式	√			
心理咨询的原则		√		
心理咨询的技巧		√		
心理咨询的程序		√		

四、学时分配建议（36 学时）

教学内容	学时数		
	理论	实践	小计
一、绪论	2		2
二、心理过程	8	1	9
三、人格	4	1	5
四、心理发展与心理卫生	2		2
五、心理防御与心理应激	4		4

续表

教学内容	学时数		
	理论	实践	小计
六、心理障碍	3	2	5
七、医患关系与心理沟通	1	1	2
八、心理评估	2	1	3
九、心理治疗与心理咨询	2	2	4
合计	28	8	36

五、教学基本要求的说明

（一）适用对象与参考学时

本教学大纲供山东省职业院校护理、助产等专业使用，总学时36学时，其中理论28学时，实践8学时，理论与实践教学学时接近3∶1。

（二）教学要求

1．本课程对知识的教学要求分为三个层次　①了解，能记住知识的内容；②熟悉，能领会概念的含义，理解知识的内容；③掌握，能深刻认识、分析知识的联系和区别，并能灵活地综合运用所学知识分析和解决临床护理问题。

2．本课程对实践教学的要求分为两个层次　①学会，在教师指导下，能正确分析案例，明确患者的心理问题；②掌握，能按照教学内容在不同病案中灵活运用与正确进行心理评估和护理。

（三）教学建议

1．本课程是护理专业基础课程，教学过程中要理论与实践相结合。在教学过程中，要以学生为中心，充分发挥教师的主导作用和学生的主体作用。注重理论联系实际，运用多种教学法，阐明要点，分解难点，联系临床实际充分发挥学生的学习积极性，培养其分析问题和解决问题的能力。

2．实践教学中，充分利用教学资源，可采用临床见习、案例分析讨论等教学形式，强化学生的实践能力。

3．教学评价建议采用期末理论考试与过程考核相结合的考核方法，过程性考核包括课堂提问、案例分析讨论、实验实训考核、小组考核等形式，进而能够对学生的学习能力、实践能力、创造性思维、综合分析及解决问题的能力进行综合考核。

自测题参考答案

第 1 章

1. D　2. A　3. C　4. B　5. A　6. C　7. D　8. B

第 2 章

1. E　2. A　3. E　4. A　5. B　6. A　7. D　8. B　9. B　10. C　11. B　12. C　13. A　14. D　15. B　16. B　17. A　18. A　19. C　20. C　21. A　22. A　23. B　24. E

第 3 章

1. B　2. C　3. E　4. C　5. C　6. B　7. E　8. E　9. D　10. A　11. B　12. C　13. C

第 4 章

1. D　2. C　3. D　4. A　5. D　6. D　7. A

第 5 章

1. E　2. B　3. A　4. A　5. D　6. E　7. D　8. C　9. A　10. C　11. B　12. D　13. A　14. C　15. E　16. B　17. C　18. B　19. E　20. C　21. A　22. C　23. A

第 6 章

1. E　2. A　3. B　4. D　5. C　6. D　7. A　8. B　9. D　10. C

第 7 章

1. C　2. D　3. A　4. B　5. A　6. A　7. A

第 8 章

1. B　2. C　3. D　4. B　5. A　6. A　7. E　8. C　9. D　10. A

第 9 章

1. C　2. B　3. A　4. A　5. B　6. B　7. E　8. B　9. C

自测题参考答案

第1章

1. D 2. A 3. C 4. B 5. A 6. C 7. D 8. B

第2章

1. C 2. A 3. E 4. A 5. B 6. A 7. D 8. B 9. E 10. C 11. D 12. C 13. A

14. D 15. E 16. B 17. A 18. A 19. C 20. C 21. A 22. A 23. B [illegible]

第3章

1. D 2. C 3. B 4. C 5. C 6. B 7. B 8. D 9. D 10. A 11. B 12. C 13. C

第4章

1. C 2. C 3. D 4. A 5. D 6. D 7. A

第5章

1. B 2. B 3. A 4. A 5. D 6. E 7. D 8. C 9. A 10. C 11. B 12. D 13. A

14. C 15. E 16. A 17. C 18. B 19. E 20. C 21. A 22. E 23. A

第6章

1. C 2. A 3. B 4. D 5. C 6. D 7. A 8. B 9. D [illegible]

第7章

1. C 2. C 3. A 4. D 5. A 6. A 7. A

第8章

1. C 2. D 3. B 4. A 5. C 6. B 7. D 8. A

第9章

1. C 2. B 3. A 4. A 5. D 6. A 7. B 8. B 9. C